Voces del 11-M

VÍCTOR SAMPEDRO BLANCO

VOCES DEL 11-M

Víctimas de la mentira

Planeta

Av. Diagonal, 662-664, 08034 Barcelona
www.planetadelibros.com

Iconografía: Grupo Planeta

Primera edición: febrero de 2024
Depósito legal: B. 989-2024
ISBN: 978-84-08-28349-2
Preimpresión: Realización Planeta
Impresión: Black Print CPI
Printed in Spain – Impreso en España

PEFC Certificado
Este libro procede de bosques gestionados de forma sostenible
PEFC
PEFC/14-38-00305
www.pefc.es

Índice

Prólogo

Arrastraban su mala suerte y recibieron una mala muerte en una de las peores masacres terroristas de todos los tiempos. Después, durante veinte años, fueron víctimas de una espiral de mentiras. Debiéramos pararla. En estas páginas comparecen quienes intentándolo pagaron un alto precio. Hablan tres víctimas (Pilar Manjón, Eulogio Paz y Aitziber Berrueta), otros tantos periodistas (José Antonio Zarzalejos, Gumersindo Lafuente y José Antonio Martínez Soler) y dos policías (Juan Jesús Sánchez Manzano y Rodolfo Ruiz) que mantuvieron la misma versión de los atentados del 11-M desde el primer momento. Plurales y diferentes, convergen en un testimonio colectivo. Al final del libro, aportaré el mío. Quisiéramos contribuir a restaurar una convivencia y a reivindicar la memoria democrática que fueron heridas de gravedad en marzo de 2004.

Mala suerte, mala muerte

Al Qaeda los mató a todos de golpe en un amanecer. No eran víctimas de ETA, que había acaparado titulares durante décadas. Sin casi antecedentes, la presencia pública de los afectados por el 11-M fue fugaz. Esto facilitó que los revictimizaran, usurpando su identidad al negar la de sus verdugos. Acabarían ensañándose con ellos por señalar las falacias de quienes saquean su memoria.

En cada aniversario, ciertos políticos y periodistas reabren las heridas. Les echan encima toneladas de sal, cubriéndoles de mentiras. Durante años, cuestionaron que la yihad hubiese matado a sus seres queridos. Sostenían que se trataba de ETA y de una conspiración para ganar unas elecciones. Nunca rectificaron. Todavía no les dejan llorar a sus muertos, hacer un duelo en paz.

Nosotros los enterramos en el olvido. Nunca fue cierto que todos íbamos en los trenes que estallaron el 11 de marzo. Lo decíamos porque resultaba fácil identificarse con los pasajeros. Se nos parecían. Pero nos bajamos en el primer apeadero. La tragedia sobrecogía por inesperada e inconmensurable. Olvidándoles pudimos subir de nuevo al tren.

Eran demasiados, aunque una sola víctima lo es. Sumaron casi doscientos muertos y más de dos mil heridos. Redondeando por lo bajo, representan a uno de cada cinco asesinados por el terrorismo en España. Uno de cada dos de los caídos en Madrid. Estos números no se pueden escamotear.[1] Des-

1. En 2017, el Ministerio de Interior reconoció a 10.181 españoles como víctimas del terrorismo en todas sus variantes (incluyendo a

mienten el discurso oficial que identifica a las víctimas del terrorismo con las de ETA. Cuando los afectados del 11-M se hacen presentes, denuncian una imprevisión y una dejadez, un abandono y desamparo intolerables. Les desprotegieron antes, durante y después de la guerra de Irak. Y la desatención se transformó en saña.

¿Será que no quisimos reconocer el alcance de aquella tragedia? El 11-M anticipaba los atentados masivos contra la población civil que estaban por venir. La Unión Europea nos lo advirtió: estableció el día oficial de las víctimas del terrorismo. Pero Europa no era su casa, sino una mansión amurallada. Uno de cada tres o cuatro fallecidos era migrante. Otra vez, tirando por lo bajo. Los heridos, ni sabemos. Muchos no tenían *papeles* y no acudieron a los hospitales, menos aún a las comisarías. Pertenecían a casi veinte nacionalidades y no deben ser pocos los aún *ilegalizados.* Ni se sabe.

Los conspiranoicos ningunean a quienes se declaran «afectados del 11-M». Les invocan sin darles voz. Se la niegan, así como la asistencia y los cuidados a los más vulnerables. He elegido conscientemente no recoger la voz de los migrantes. Para denunciar la persecución legal y el confina-

---

secuestrados y amenazados). ETA mató a 853 personas (398 solo en Madrid) e hirió a 6.389. El 11 de marzo de 2004 se registraron 1.997 víctimas y 192 muertes.

Redacción de Madrid, «Un censo de Interior reconoce a 10.181 víctimas del terrorismo y cifra en 853 los asesinados por ETA», *Europa Press,* 18 de junio de 2017. Disponible en <https://www.europapress.es/nacional/noticia-censo-interior-reconoce-10181-victimas-terrorismo-cifra-853-asesinados-eta-20170618102154.html>.

miento social que han impedido que, en veinte años, les representase alguna figura pública. Ninguna víctima extranjera tuvo una aparición mediática ni un reconocimiento institucional reseñable.

Las familias de los españoles escaparon del hambre de la posguerra. Igual que los extranjeros habían saltado los muros de un planeta en crisis. Les reunió la muerte en los trenes de la periferia, yendo a trabajar y a estudiar. La mayoría de víctimas pertenecía a las clases populares de Madrid, y ahora del mundo.

Las voces que escucharemos hablan de los caídos en la retaguardia de las guerras del siglo XXI. Mueren sin que los Gobiernos asuman responsabilidades. Porque la maldad intrínseca del adversario desdibuja su identidad y justifica un combate eterno que conlleva la inmolación de los más humildes.

Les abocaron y expusieron a una mala muerte: fuera de tiempo, absurda, estéril... La que corresponde a los no uniformados y expatriados. Con pocos recursos se dieron apoyo y cuidados mutuos. Siguieron en pie. Pero no pudieron reivindicarse ni comprar favores, porque no se vendieron a ningún partido. Así que se les trató, una vez más, como víctimas de segunda. Cuanto más invocadas, más desatendidas y olvidadas. A algunas las convirtieron en víctimas de tercera o cuarta categoría. Cuanto más visibles y peleonas, más perseguidas. Igual que sus valedores. Por eso les damos la palabra.

No es toda la verdad, sino memoria democrática

Toda la verdad no cabe en estas 320 páginas. Además, el que escribe y los entrevistados asumen no ser omniscientes. Quien pretenda tener el monopolio de la verdad sobre cualquier acontecimiento histórico incurre en un autoritarismo intolerable. Si además impone su versión como única, absoluta y definitiva, nos aboca a vivir en una dictadura con tufo nazifascista o estalinista. Da igual, hablamos de regímenes que obligan a vivir *en* la mentira. Reprimen a quien la cuestiona. Estigmatizan a quien no se adhiere a ella.

Aquí hablan voces que, juntas, componen una memoria plural y convergente. Plurales son las miradas de los entrevistados. Representan (nunca en exclusiva) a las víctimas con más sentido cívico, a los periodistas más íntegros y a los policías más competentes. En conjunto, enuncian una verdad sólida y, al mismo tiempo, diversa: con enfoques emocionales y analíticos, de izquierdas y de derechas, nacionalistas españoles y periféricos...

Los testimonios, siendo plurales, convergen en un consenso sobre lo que importa: qué ocurrió el 11 de marzo de 2004 y cómo evitar que algo así suceda de nuevo. Aportamos hechos y declaraciones incontrovertibles porque, aunque formuladas desde la diferencia, se validan entre sí. Y, no menos importante, porque los testigos muestran el aval de haber pagado un coste muy alto por defender el bien común y el Estado de derecho. Esto les convierte en voces de una memoria democrática.

Esa memoria que se reclama democrática, además, guarda el silencio debido sobre cuestiones íntimas o privadas. Algunos entrevistados sobrellevan traumas en los que no querían ni podían seguir hurgando. Afectan a trayectorias familiares o profesionales, historias médicas, de cura y sanación muy frágiles. El dolor a veces impide hablar. Al intentarlo se reaviva, revive. Exige el bálsamo del silencio.

Al silencio (por impotencia, discreción y decoro) se suman las reservas sobre cuestiones que, de exponerse sin constancia documental, comprometerían a quien las denunciase. Conste que no callamos para prevenir represalias jurídicas o aquelarres mediáticos. Quienes hablan saben que las agresiones sufridas han acabado por normalizarse. Después de lo que han pasado, apenas temen nada. Simplemente desean evitar más afrentas.

Les negaron los altavoces mediáticos o políticos. A algunos les arrebataron las condiciones para hacerse oír. Al menos la mitad de los entrevistados rechazó, en un principio, exponerse de nuevo. Y, sin embargo, lo han vuelto a hacer: recordar la verdad y afrontar el castigo, la penitencia que comporta: revivir un cúmulo de vejaciones.

Dar voz a las víctimas de la mentira

El periodismo consiste en permitirle a la ciudadanía ejercer, al menos, de contrapoder. Así actúa de contrapeso y dique de quien pretende imponer la verdad única. Como dijimos, tiende a ser una mentira totalitaria. Propia del terrorismo, puede contagiar a quienes lo combaten. Resulta inasequible a los hechos y a la lógica. No aporta evidencias y niega el diálogo con quien disiente. Vulnera, en fin, los derechos humanos, porque exige adhesión incondicional. Es cuestión de fe y hay que exteriorizarla con entusiasmo, sin excepciones ni cuestionamientos.

Esto que escribo son algunos contenidos de las clases que imparto. Desde hace dos décadas, arranco el temario con el discurso que Pilar Manjón pronunció en el Congreso de los Diputados en 2005. Ella es también la primera en hablar: la madre de una víctima. Rehúye esa etiqueta y, en consecuencia, cofundó y presidió la Asociación 11-M Afectados del Terrorismo (que no víctimas).

La intervención de Manjón paralizó el país y está a la altura del discurso «*I have a dream*» (Tengo un sueño) de Martin Luther King. Ella dijo «Vivimos una pesadilla» y desafió a los monstruos. Les preguntó a los diputados: «¿De qué se ríen?». Porque los hubo que la recibieron entre carcajadas. King y Manjón (en clase estamos por apodarla *the Queen*) encarnan dos figuras de talla histórica, heraldos de una comunicación política genuina: personificaron a una comunidad dándole protagonismo público para reivindicarse como ciudadanía de pleno derecho, de primera clase.

Pilar Manjón y quienes le siguen en tomar la palabra son esa sociedad civil a la que el periodismo debiera proteger y dar proyección. Igual que los políticos deberían respetar (jamás arrogarse) su dolor, asegurando su bienestar antes que el cargo. Sin embargo y a pesar de sus heridas, les usaron como munición, les revictimizaron en batallas partidistas y mediáticas.

En 2004 se instaló la máquina que propaga fango a diestro y siniestro, en las derechas, las izquierdas..., entre nosotras. La afectada más visible, Pilar Manjón, ha vivido una pesadilla recurrente de afrentas. Igual que Aitziber Berrueta, que cierra la ronda de entrevistas. Ella reivindica justicia y memoria para su padre, asesinado por negar la autoría etarra del atentado.

Parar la espiral de mentiras, evitar la pseudocracia

Estos testimonios desmienten una afamada teoría sobre la opinión pública: la espiral del silencio,[2] que sostiene que las mayorías, manejadas por el poder, provocan una espiral creciente de adhesiones que acallan a las minorías. En realidad, no nos callamos, sino que mentimos por conveniencia. Y así se desata una espiral de mentiras, que no silencios.

A no ser que tomen la palabra gentes como Pilar, Aitziber (Ángel Berrueta, mientras pudo) y otras que aquí comparecen. Desafían el desprecio institucional y aparcan el interés propio para decir la verdad, su verdad. Reunimos y damos publicidad a testimonios avalados por el compromiso, el riesgo y el valor que han asumido sus portavoces. Enuncian verdades incómodas, movidos por principios morales y éticos. No aplican un cálculo estratégico de intereses. Saben que pagarán un alto precio. Están dispuestos a hacerlo mientras el cuerpo aguante.

2. Elisabeth Noelle-Neumann, *La espiral del silencio. Opinión pública: nuestra piel social,* Barcelona, Paidós, 1995. Frente a esta teoría, propongo desde hace mucho tiempo otra que he dado en llamar la «espiral de la mentira prudente», basada en la obra de Timur Kuran, *Private Truths, Public Lies. The Social Consequences of Preference Falsification,* Cambridge, Harvard University Press, 1997.

Estos testigos cobran valor en el mundo de las mal llamadas *fake news* (noticias falsas). El 11-M es el origen y propulsó su crecimiento. Hablamos, en realidad, de noticias mentirosas; es decir, pseudoinformación, del griego *pseudo-* (ψευδο-), 'mentira'. La mentira reside en presentar como si fuesen noticias lo que en realidad es publicidad, relaciones públicas y propaganda.[3]

Cuanto más repetimos o viralizamos una mentira, más eficaz resulta y más veraz parece. Además, la gravedad del infundio ha de ser creciente para aumentar su difusión. Así que el resultado sería la *pseudocracia*. Un término que, precisamente, formulé en el cinco aniversario del 11-M.[4] Una vez más, la pseudocracia es el régimen donde gobierna quien mejor miente porque nos convierte en propagandistas de sus patrañas.

Las democracias sobreviven parando espirales de mentiras *prudentes* o miedosas. De ahí este intento de escuchar a los afectados, adalides de los derechos humanos y el Estado de derecho. Y a auténticos servidores públicos: periodistas y policías indomables. Para que, sumados a las voces de quien nos lea, aflore una verdad colectiva y tejamos una memoria democrática.

3. Víctor Sampedro, *Teorías de la comunicación y el poder. Opinión pública y pseudocracia,* Madrid, Akal, 2023.

4. Víctor Fco. Sampedro Blanco, «Conspiración y pseudocracia. O la esfera pública a cinco años del colapso del 11-M», *Viento sur,* 103, 60-68, 2009. Disponible en <https://cdn.vientosur.info/VScompletos/Sampedro.pdf>.

Sócrates en el 11-M

La primera parte del título de este libro es un plagio de una obra admirable, *Voces de Chernóbil.*[5] Su autora, Svetlana Aleksiévich, practica un periodismo que mereció el premio Nobel de Literatura porque está a la altura de los clásicos rusos. En realidad, cumple con la más alta misión de una reportera. Hacer hablar, escuchar. Y desaparecer, tras destilar una verdad coral tan valiosa como lo que les costó a los entrevistados revivirla.

Los protagonistas de este libro imitan a Sócrates, asumiendo el papel que jugó en la democracia ateniense. No bebieron cicuta, pero les atacaron sin tregua y la mayoría sobreviven lacerados. Por transparencia, desvelo el método seguido para entrevistarlos.

Antes de vernos les envié una relación extensa de preguntas, acompañadas de contexto y citas. Les proponía un ejercicio de memoria a partir de hechos documentados y testimonios previos, que antes había contrastado. Los encuentros llegaron a durar cuatro horas. Seguimos el guion, alterándolo. Pedí que precisasen y aclarasen ciertos asuntos. Sobre la marcha, surgieron otros.

Después de transcribir la conversación, la edité para hacerla legible. A continuación agregué contenidos extraídos de blogs, libros, diarios y documentos que los entrevistados me compartieron. Así pudimos avalar y detallar, ampliar y matizar sus declaraciones. Tienen a su disposición

5. Svetlana Aleksiévich, *Voces de Chernóbil. Crónica del futuro,* Barcelona, Debolsillo, 2015.

los audios, bajo la condición de pactar antes las condiciones de uso con sus protagonistas. Aplico así un «periodismo (de código) libre» que defiendo en las aulas.[6]

El resultado es un texto en voz propia. A veces parece un monólogo interior; otras, una conversación personal que se hace pública. La intención y el sentido original se asentaron tras numerosos, innúmeros intercambios. He perdido la cuenta de las revisiones. Vía presencial o telemática, viajaron entre nosotros de ida y vuelta. Tras una revisión editorial encomiable (gracias a Ángeles Aguilera y su equipo), se decantó el texto final.

Eulogio Paz sucede a Pilar Manjón en tomar la palabra como actual presidente de la Asociación 11-M Afectados del Terrorismo. Ofrece, creo yo, un contrapunto analítico a Manjón. Aporta una crítica feroz, pero justificada, del entramado de insidias e indiferencia que sufrieron. Señala los frentes de batalla en los que fueron revictimizados: luchas entre partidos y en el seno del PP conectadas con batallas mediáticas y jurídicas, entre las asociaciones de víctimas... y así hasta el enfrentamiento entre el Gobierno de J. L. Rodríguez Zapatero y los obispos.

A continuación, José Antonio Zarzalejos y Gumersindo Lafuente cuentan cómo fueron destituidos de sus cargos. Eran directores, respectivamente, del *ABC* y *elmundo.es*. Cumplieron con la primera obligación de un periodista: no difundir una mentira a sabiendas. Zarzalejos y Lafuente serían los Bartleby de esta historia. Emularon al escribiente

6. Víctor Sampedro Blanco, *El Cuarto Poder en red,* Barcelona, Icaria, 2014.

del cuento de Herman Melville. Les dijeron a los propietarios de los medios en los que trabajaban: «Preferiría no hacerlo», mentir de forma consciente. Y los despidieron. Por negarse a caracterizar a los afectados del 11-M como víctimas de ETA.

Juan Jesús Sánchez Manzano (comisario jefe de los Tédax, que desactivaron los explosivos) y Rodolfo Ruiz (que custodió una bomba que no estalló) aportan conocimiento técnico y experiencia policial. Lo propio de unos servidores públicos encomiables. Reconocen errores involuntarios; por supuesto, no premeditados. Mantuvieron su versión. No se plegaron ni acobardaron ante el bando conspiranoico que coordinaba sus infundios contra ellos.

Les injuriaron con mentiras que, una vez publicadas, se replicaban en las tribunas parlamentarias y en los tribunales. A partir de una manifestación de víctimas de ETA, los conspiranoicos acorralaron mediáticamente y desataron una persecución jurídica contra Rodolfo Ruiz. Ambos policías se reconocen abandonados a su suerte por los cargos políticos y los superiores que debieran haber revindicado su labor. Sus carreras profesionales se truncaron y a Rodolfo Ruiz, además, le destrozaron la familia: su mujer de entonces se suicidó.

Juan Antonio Martínez Soler habla después de su amigo Rodolfo Ruiz y representa al periodismo irredento. Durante la Transición, ocupó cargos de responsabilidad en varios ministerios y en los medios privados y públicos más relevantes. Sufrió el veto del poder y las componendas políticas. Refugiado en un sector emergente, la prensa gratuita, logró la independencia necesaria para sostener la verdad frente a la mentira oficial.

Tras los entrevistados, retomo la palabra para ampliar algunos de sus argumentos y dar mi testimonio sobre aquellos tres días de marzo de 2004. Aún vivía en el barrio de Lavapiés, que acoge a una importante comunidad árabe. Estábamos sobrecogidos y pronto conoceríamos la detención de algunos vecinos por participar en los atentados. El 12 de marzo, el Gobierno convocó una manifestación claramente electoralista. Mantenía la autoría etarra como «vía prioritaria de investigación». Ese mensaje oficial se mantuvo desde el atentado hasta las elecciones celebradas el día 14.

El día 13, el tejido ciudadano madrileño, movilizado antes contra la guerra de Irak, se autoconvocó frente a las sedes del PP para denunciar la mentira sobre la autoría de ETA. Los manifestantes exigían una demanda democrática elemental: que el Gobierno dijese la verdad antes de ir a votar. Escribimos un libro sobre aquellas concentraciones. Formábamos parte de las redes que las convocaron.

Desvelaré información, incluida la identidad de quién lanzó el primer mensaje telefónico del 13-M, un SMS que remataba conminando a viralizarlo: «Pásalo». El PP acusó al PSOE y a la izquierda de haber lanzado a sus militantes a la calle. Algún líder de Podemos ha intentado reivindicar la paternidad de aquello. En cambio, refrendaré la naturaleza cívica y estrictamente ciudadana de aquella convocatoria. Se trata de desmentir, de nuevo y ojalá para siempre, las acusaciones de manipulación partidista.

Ese mismo día 13, pero en Pamplona, un policía nacional y su hijo asesinaban a Ángel Berrueta porque rehusó condenar a ETA por el 11-M. El padre era escolta de uno de los parlamentarios más conspiranoicos. Por otra parte, dos hijos de la familia Berrueta habían sido detenidos, acusados de participar en la *kale borroka* en 1997. Y, por si las coincidencias fueran pocas, en aquellos años Sánchez Manzano estuvo destinado en Pamplona para combatir los disturbios callejeros. El caso contra los hijos de Berrueta se archivó por falta de pruebas y Manzano no los recuerda. Tampoco la familia Berrueta a él. Quizás nunca se encontraron. Se conocerán en estas páginas que, ante todo, representan un intento de diálogo para reparar las heridas de la memoria y, en definitiva, restaurar la memoria herida.

En el libro *13-M Multitudes on line*[7] manteníamos que las concentraciones ciudadanas de aquel día y la actitud de Ángel implicaban el fin de la espiral de la mentira. Nos apoyábamos también en que *20 Minutos* publicó la misma verdad que la prensa mundial el día de las votaciones: «11-M: fue Al Qaeda». Nos equivocábamos. La guerra de embustes contra las víctimas del yihadismo no había hecho más que empezar.

7. Víctor F. Sampedro Blanco, *13-M Multitudes on line,* Madrid, Catarata, 2005. Manuscrito y materiales audiovisuales disponibles en: <https://victorsampedro.com/libros-victorsampedro/13m-multitudes-on-line/>.

Pilar Manjón

Presidió la Asociación 11-M
Afectados del Terrorismo entre 2004 y 2016

Nací en Cáceres y soy madre de Daniel Paz Manjón, asesinado el 11-M en la estación de El Pozo. Que yo era sindicalista lo dio a conocer *El Mundo* el día previo a mi comparecencia en la Comisión sobre el 11-M del Congreso de los Diputados. Sacaron un editorial dedicado exclusivamente a mí y mi militancia en CC. OO. A partir de ahí, se complicaron las cosas. Hasta entonces era una ciudadana absolutamente anónima. Me conocían en Comisiones Obreras, donde entré muy joven en la clandestinidad. Pasados muchos años, salí elegida en las primeras elecciones sindicales para representar al personal laboral del Ministerio de Defensa.

La militancia

Para los adalides mediáticos de la conspiración, que yo fuese sindicalista suponía un demérito. ¿También mi militancia antifranquista me invalidaba para hablar en nombre de las víctimas del 11-M? En su momento, llegué a preguntar a mis compañeros si es que habían ilegalizado Comisiones y no me lo habían comunicado. Representar al sindicato en un ámbito como el Ministerio de Defensa (precisamente ahí y no en otro sitio) y siendo, además, mujer, fácil no era. Más aún en aquellos años, aunque ganáramos por mayoría absoluta.

¿Desde qué ideología me podían reprochar ser sindicalista y, por eso, considerarme demasiado politizada? Pedro J. Ramírez escribió todo lo que le dio la gana. ¿Porque estaba afiliada a Comisiones y no a otro sindicato? Mi respuesta siempre ha sido la misma: ¿no se puede ser sindicalista, pero sí del PP o de la extrema derecha, como otras víctimas? Por ejemplo, quienes habían presidido la Asociación de Víctimas del Terrorismo (AVT). Una de las primeras presidentas, Ana María Vidal-Abarca, era militante distinguida de Alianza Popular, el partido del que proviene el PP. Y una las presidentas de la Fundación de Víctimas del Terrorismo (FVT) más recientes, Mari Mar Blanco, ha sido candidata y cargo representativo del PP desde que murió su hermano hace dos décadas. No las critico, no critico nada. Señalo la incongruencia de aplicarnos la etiqueta de «politizados» precisamente a nosotros. Y, de paso, la diferencia del reconocimiento social que se nos da.

Jamás llevé, y menos aún impuse, mi ideología, ni mi religión, ni nada de eso por bandera. La asociación es, siempre fue, suprapartidaria y aconfesional. Así consta en el frontispicio de los estatutos y así actuamos, eso se cumple a rajatabla. Nunca surgieron conflictos sobre estos temas en las asambleas ni en ninguna otra ocasión. Y a mí o a quien me sucedió como presidente siempre nos dio igual decir lo que tocase ante el PP, el PSOE o quien fuese.

El que no quiera entender o rechace mi etapa antifranquista allá él o ella. Es mi responsabilidad y mi orgullo haber militado donde quise y decidí. Después entré a trabajar en el Ministerio de Defensa y tuve a mis dos hijos muy joven, con veintidós años. Uno tiene cuarenta y dos. Y Daniel, asesinado el 11-M, habría cumplido cuarenta años el pasado 19 de diciembre.

El atentado e Ifema

El día del atentado estaba en mi casa a las 07:30, cuando Daniel se marchó. Iba a ir al precongreso de Comisiones, que empezaba a las 08:30; si no, no hubiera visto a Daniel a la hora que se fue. Aproveché para terminar de hacerle la comida. La última comida, su última hora de vida. Me despedí de él, su perra también. Y después vino la vorágine, oyendo a Iñaki Gabilondo.

La primera noticia que dio fue que había ocurrido algo en Santa Eugenia. Eso está antes de la parada de mi casa, en Villa de Vallecas. Así que me dio una taquicardia. Daniel se había ido. Llamé a mi otro hijo, que estudiaba por la tarde. Le desperté y, a partir de ese momento, nos pusimos a buscar a Daniel como locos.

En el estado de nervios que tenía, no podía ni conducir. Cogió el coche mi hijo y, cuando vio lo que había en la estación de El Pozo del Tío Raimundo, me dijo: «Mami, te llevo a casa. Si el niño llama, va a llamar allí. Y no va a haber nadie». Me llevó. Pero fue porque vio lo que había allí, en El Pozo: uno de los puntos donde hubo más asesinados y heridos y al que aún no habían llegado los efectivos sanitarios ni policiales.

Ya en casa empezó a correr la voz por el bloque. Los vecinos llegaban con tilas, con no sé qué... Y yo lo único que quería era que sonara mi teléfono. Y que mi hijo me llamara. A las 11:00 volvió el mayor. Me cogió de la mano y me dijo «Vamos a ir al Gregorio Marañón, que allí tienen la lista de a dónde están llevando los heridos».

Efectivamente, en ese hospital había una sala inmensa. Creo que era el Aula Magna... Allí estuvimos horas y horas. Iban leyendo nombre tras nombre, pero el de mi hijo no lo decían nunca. Nunca. No sé a cuanta gente pedí y rogué: «Por favor, buscad a mi niño». En ese intervalo llamé a su padre y le dije: «Daniel no aparece». Luego se vino al Gregorio Marañón y allí estuvimos.

En este tiempo recuerdo haber visto pasar a los reyes, que, con todos mis respetos, lo único que hicieron fue estorbar, porque llevaban mucha escolta. Pararon en la entrada de la puerta de Urgencias; aquella puerta, desde mi punto de vista, tendría que haber estado siempre, en todo momento, libre para las ambulancias y los coches particulares que llegaban con heridos muy graves. Pero esta es mi opinión.

A las 14:00 o a las 14:30 horas nos enteramos por el boca a boca de que habían organizado todo en el Ifema, y allá que nos fuimos. No recuerdo hasta qué hora estuvimos. No sé qué hicimos ni cómo llegamos. No lo recuerdo. Solo que los taxistas se portaron con nosotros de maravilla, ofreciéndonos sus servicios gratis. Yo seguía acercándome a cualquiera, a quien fuese, para que me dijeran dónde estaba mi hijo. Te escuchaban, se iban y no volvían. Con el paso del tiempo lo vi claro: debajo de nosotros habían improvisado un tanatorio del que no supimos nada hasta bien entrada la noche.

En Ifema, aquello era un caos. Después de un tiempo, me senté en el suelo. Conseguí un teléfono, no sé dónde, y me dio por llamar a los hospitales. ¿Qué otra cosa podía hacer? Pero, claro, tampoco te atendían en aquellos momentos. La prioridad eran los mil y pico heridos y evacuar a los muertos que llegaban a los centros médicos.

Estuvimos en Ifema, no sé, muchas, muchas horas. Calculo que, como a las 22:00, aparecieron los amigos de mi hijo, compañeros del colegio y de la facultad, los míos del trabajo, amistades... y demás familiares, míos y de su padre. Mi jefa se portó genial. Yo trabajaba en el Instituto Nacional de Técnica Aeroespacial, en Informática. Y recuerdo que la responsable de mi servicio dijo que se aparcara el trabajo y que todo el mundo se pusiese a buscar a mi hijo en los hospitales. Esperando noticias de Daniel, éramos muchísimos.

Ya por la noche, después de las 22:00 o las 23:00, no sé (el tiempo volaba o se hacía eterno), nos pusieron en salas individuales por apellidos. Ahí fue donde encontramos a gente que estaba buscándonos en otras salas. Y pasamos toda la noche. No te podías mover. Si ibas al cuarto de baño o a dar una vuelta a que te diera el aire, acababas en una zona vallada. Era un sitio donde, supuestamente, te dejaban en paz para descansar la cabeza o pensar un rato a solas.

Pues resulta que por allí pululaban todas las sectas del mundo. Todas.

Recuerdo con estupor y horror que se me acercó alguien preguntándome a quién buscaba. Le dije: «A mi hijo. ¿Y usted?». Y me respondió: «No, no, nosotros somos del Opus Dei». Le dije, entonces: «Me parece perfecto. Pero ¿qué hacen ustedes aquí?». Y respondió: «Hombre, acompañar». No pude reprimirme: «¿Esto se lo ha mandado su Dios? Pues le dice de mi parte que no tengo ninguna cuenta con él».

Seguí encontrando personajes extrañísimos. Uno que hacía un programa en Televisión Española cogió la tapadera de una caja de folios sobre la que puso tres o cuatro vasos de agua, o de lo primero que pilló, como si llevara una bandeja. Esa era su excusa para meterse en los cuartos. Había un descontrol total. Aquello era buscar el puro morbo. Cuando te enteras de quién estaba a cargo de la organización... en fin, lo entiendes todo.

Lo más espantoso eran los gritos que se oían a las dos o tres de la madrugada en el silencio de la noche, solo roto por el llanto. «¡Hijos de puta! ¡Hijos de puta!». No se me han olvidado, no los olvidaré nunca. Se me quedaron grabados.

Luego, o antes, no lo recuerdo, nos llamaron para que bajáramos a una sala oscura y siniestra. Debía de ser una entreplanta. Habían organizado los restos y enseres recogidos en los distintos puntos del atentado en tres montones: uno era el círculo de El Pozo, otro el de Atocha-Calle Téllez y otro el de Santa Eugenia.

Te hacían bajar a ver si encontrabas algún objeto del ser

querido que buscabas. Nosotros encontramos la cartera de Daniel. Chamuscada y sin carnet. Llevaba dentro dos entradas. Esa tarde jugaba en Madrid la selección de hockey hierba las semifinales del preolímpico de Atenas. Todo lo que fuera deporte era su pasión. Imagino que pensaba ir con Beatriz. Dinero no había, aunque había salido con él de casa, igual que con carnet. No entiendo por qué se lo sacaron de la cartera, porque mi hijo estaba perfectamente reconocible. Y, de tener el carnet, no hubiéramos pasado siete días y siete noches esperando su ataúd.

A Daniel se le reconocía perfectamente. Me lo aseguró Carmen Baladía, la jefa del equipo de forenses. Cuando me entregaron a mi hijo le dije: «Júrame, aunque no sea verdad, que mi hijo no sufrió». Me contestó: «Te lo prometo, Pilar. Tu hijo tiene cara de paz. No se enteró de nada, iría leyendo». Siempre me lo imagino así. Habría cogido el *20 Minutos* en la entrada de la estación y lo leería tan tranquilo, con sus gafas recién compradas, hasta que llegara al destino.

Cuando me dieron la autopsia, supe que le habríamos identificado de haber bajado. Pero, bueno, eso ya fue al día siguiente. Pasamos toda la noche en aquellas condiciones. Pedí un taxi para ir a ducharme a mi casa. Una ducha y listo, vuelta al Ifema. Las pertenencias de Daniel estaban en el grupo de víctimas de El Pozo. Y, sabiéndolo, ya podíamos calcular que había muerto en un intervalo de diez, quince minutos desde que salió de casa.

¿No se le podía haber desatado una zapatilla, haberse tenido que parar y perder ese tren? Es lo que siempre he dicho. Y me lo he repetido muchas veces. Pero estaba escrito. Él nunca se metía en el segundo vagón. Siempre entraba en el primero, porque le llevaba directamente a Nuevos Ministerios. Salía por la primera puerta y ahí estaba la parada del autobús de la universidad. Ese día, Daniel iba en la parte de arriba de un vagón de dos pisos. Me lo contó un superviviente que iba sentado debajo.

Asociación de afectados, que no víctimas

Yo abría la puerta en la asociación. Me sentaba a la mesa y recibía a las víctimas. Así que conozco a muchísimas; claro, a casi todas. Hablo de cuando pudimos alquilar el local que todavía pagamos, porque ninguna administración nos ha concedido uno aún. No hemos tenido la suerte de otras asociaciones. Me sentaba en la entrada, como estoy ahora delante de ti. Llegaba una víctima, y lo normal: le preguntabas en qué tren iba y qué le había pasado. Con todas las personas que he recibido, jamás nadie, nadie, ni una sola vez, se desahogó contándome lo que vio. La empatía entre las víctimas existe. Estaba en la puerta, me sentaba con ellas y llorábamos juntas.

Recuerdo una historia curiosa, la de un hombre que iba en el primer vagón de Atocha. Le extrañó mucho un árabe muy alto, que luego resultó ser uno de los hermanos Oulad Akcha que se suicidaron en Leganés. El hombre me contó que aquel tipo llevaba una mochila grande, que la dejó en el suelo y que pensó que no iba a dejar a la gente entrar y salir. Pero, antes de cerrar las puertas, aquel señor se tiró al andén y dejó la bomba en el tren. Fue la que estalló en el primer vagón de Atocha. Y me decía: «¡Fíjate qué tonto soy, Pilar!

¡Y yo agarrado a los papeles de mi empresa! Que no se volaran, que no les fuera a pasar nada».

Una de las cosas que nos diferencian a los del 11-M de las víctimas de ETA es que un 30 % de nosotros eran inmigrantes sin papeles. Y claro, esos, nada de nada. En principio no iban a recibir ninguna pensión ni ayuda. Nada de nada. Pues que se sepa y se recuerde siempre: fueron los primeros en volver a entrar en los trenes después de las explosiones. Se metieron a ayudar, a riesgo de que hubiera más bombas. Muchos volvieron, a sacar gente.

Creo que no se podían ir de allí oyendo el clamor de los heridos. Aunque, según decían, lo que más se oía era el silencio. Casi todos quedaron afectados de sordera, acúfenos, estrés postraumático... También es cierto que bastantes, muchos migrantes sin papeles, no fueron a los hospitales ni a la policía para no tener problemas. En resumen, que ni siquiera sabemos el número exacto de víctimas.

Uno de los primeros problemas que afrontamos en la asociación fue el de las quince parejas de hecho que había entre nosotros. Nos agarramos a la jurisprudencia del Yak-42 para sostener que contábamos con precedentes de pensiones para parejas no casadas. Cuando tomó posesión el Gobierno de Zapatero, empezamos a tramitarlas. Me acuerdo del caso de Andrés con mucho cariño. Su pareja había fallecido en el atentado y su hija tenía veintitrés años. Nos preguntaba: «¿Cómo quieren que lo demuestre? Iré con ella cogida de la mano y diré: "Miren, esta es mi hija. ¿No les queda claro?"». El trato que se nos daba era tan incongruente que tenía estas cosas. Se metían en las opciones personales y las cuestionaban. Algunos no se habían querido casar, pues ya está.

Desde el primer momento preferimos identificarnos como *afectados*; la etiqueta de *víctimas* no encaja con nosotros. Nuestro nombre lo deja bien claro: 11-M Afectados del Terrorismo. Una vez que aceptas llamarte víctima, no te quitas de encima la etiqueta. Es una forma de revictimización. ¿Me vas a llamar, tratar y, al final, estigmatizar como víctima de por vida? Sufrimos las consecuencias de las decisiones que tomaron otros. Pero, al menos, permítannos considerarnos *afectados*. Afectados por un acto de terror. Porque yo no soy víctima. ¿Qué clase de víctima sería? ¿Viuda de un hijo? Esto es cuestión de afectos y, por tanto, de afectados. Te lo puedes aplicar tú o quien sea; con distintos grados, claro.

La primera presidenta de nuestra asociación fue Clara Escribano, que cogió el tren en Santa Eugenia. Estalló el vagón de detrás del suyo y sufrió heridas leves. Creo recordar que trabajaba de enfermera. Le sucedió Jesús Ramírez, para presidir la gestora que organizó las siguientes elecciones. Ya contábamos entonces con estatutos nuevos, específicos. Los primeros creo que se habían copiado de una asociación de vecinos, con algún añadido. Nadie entendía de estas cosas. Pero para inscribirnos como asociación era necesario presentar algo y aquello sirvió de momento.

Para sorpresa nuestra, en octubre de 2004 (dos meses antes de que finalizase la Comisión de Investigación en el Congreso), se creó la Asociación de Ayuda a las Víctimas del 11-M, hoy llamada Asociación de Víctimas del 11-M. Se definían como «víctimas», y la palabra «ayuda» remarcaba su carácter asistencial. Tres años después, solo representaron a ocho víctimas en el juicio. Nosotros llevamos en torno a mil quinientos casos.

En la génesis o nacimiento de esa asociación está Esperanza Aguirre. Les concedieron de inmediato un local cerca de la Casa del Reloj, con medios, abogados, psicólogos, trabajador social... Tenían de todo y apenas representaban a gente. Se vio en el juicio. Repito que, al dejar la presidencia, éramos mil quinientos y, además, auditados; cosa que no podía decir ninguna otra asociación. Nuestros números han ido creciendo, con independencia de los socios que se han marchado de Madrid. Hay gente que ya no aguanta esta ciudad.

La Comisión de Investigación

Íbamos a manifestarnos ante el Congreso los días que se reunía la Comisión parlamentaria. Lo hacíamos por una razón bien sencilla: hablaban de nosotros y nunca recibimos ni una invitación, ni un acta de las sesiones, absolutamente nada. No sabíamos qué estaban haciendo, solo lo que nos contaban los medios... Y de aquella manera. Decidimos hacernos visibles reuniéndonos en la puerta del Congreso. Nos dijeron que no podíamos estar ahí y nos mandaron a la Puerta del Sol. Creo recordar que íbamos un día a la semana y en la plaza formábamos una cadena o grupos.

Relacionado con esto, recuerdo que, un día, un grupo de socios fue a la sede de la Comunidad, que está cerca de Sol. No tengo claro lo que iban a solicitar. Estaba en la entrada. Y Esperanza Aguirre, como de pasada, les dijo que teníamos mucha suerte, porque nuestras indemnizaciones eran mejores que la lotería, ya que no cotizaban en Hacienda. Nada más. Esta fue la única frase que nos dirigió Aguirre en veinte años. Pero volvamos a la Comisión.

Recibimos una carta un tanto amenazante del Congreso. Nos decían que, si no asistíamos a la Comisión parlamentaria, nos arriesgábamos a recibir una pena de cárcel. Pensamos: «¿De qué van?». Después de lo que estábamos pasando y habiéndonos dejado sin saber nada de nada, ¿nos amenazáis? Así que debatimos largo y tendido si íbamos. Muchos eran partidarios de que no y de que nos lo diesen todo investigado, ya que no nos habían dejado participar.

Esa fue la primera postura y la más apoyada. Pero cambió cuando el PP nos vetó. Entonces, claro que fuimos e hicimos una lluvia de ideas. Partíamos de preguntas así: «¿Cómo se lo explicarías tú a una niña de cuatro años, que ese día perdió a su... a su madre, y que con cuatro años no entiende nada... que no sabe que su madre no va a volver? ¡Explícaselo!». Me acuerdo de que tomaba notas sin parar. Soy muy de anotar mientras otros hablan.

Entre muchos y muchas, aquello tomó forma y se convirtió en la ponencia que leí en el Congreso. Me tocó participar la última en la Comisión. Antes habían intervenido Aznar y Zapatero. Y allá que me fui con un portátil de aquellos chiquitos, para revisar las notas. No nos permitieron acercarnos a los leones ni a la puerta. Acabé sentada en la calle, en el bordillo de la acera, porque allí podía seguir escribiendo. Y ahí ocurrió otra movida curiosa.

Estábamos en un lugar muy estrecho, que daba a la entrada de un parking. Como se había escrito que en la comparecencia de Aznar habíamos ido con las manos rojas, tuvimos que soportar que alguno de los que bajaban a por el coche nos insultara y dijera que nuestros hijos estaban bien muertos. Llevábamos la foto de cada uno de los nuestros prendida en el pecho. Siempre me he preguntado si esas personas habrían ido a la manifestación del día 12.

Nos presentamos aquella mañana del día 15 diciembre en el Congreso. Dos días antes habíamos solicitado una sala para que me acompañaran algunas víctimas y estar un poco arropada. Aquel no era mi sitio y no quería estar sola, ni sentirme tan insegura. Ni siquiera nos contestaron. No nos dieron ninguna sala. Y hay que agradecerle al diputado de Asturias por Izquierda Unida, Gaspar Llamazares, que nos ofreciese su despacho. Acabó convertido en el camarote de los hermanos Marx. Las víctimas seguían mi discurso desde la tele que tenía allí.

Cuando entré al Congreso nadie salió a recibirme, excepto un ujier que me dijo por dónde tenía que ir. A pesar de todo lo que pasé, guardo un recuerdo muy bonito de la gente del comité de empresa o la Junta de personal. Me hicieron un pasillo y, mientras pasaba, decían: «Ser sindicalista no es un delito». Así entré y salió a recibirme el presidente de la comisión, el diputado canario Paulino Rivero. Y va y me dice que le dé la carpeta, que quiere saber qué voy a decir.

— Lo que consensuamos ayer es lo que voy a leer. Y si no tengo la libertad de leerlo desde la tribuna, desde donde han leído el resto de los que han intervenido, tengo fotocopias. Se las reparto a la prensa y me marcho.

— No, no, es que querríamos saber qué es lo que usted va a decir.

— Pues, cuando yo hable, escuche.

Se fue y me tuvieron allí no sé cuánto tiempo, que se te hace eterno. ¿Una hora en aquel pasillo? Eso, por lo menos. Hasta me sé cómo eran los dibujos de la alfombra. Luego ya lo comprendí. Habían estado negociando con el PP para que también acudiese el representante de la AVT, Francisco Alcaraz. Debió de ser porque nosotros no podíamos tener la última palabra en la Comisión. Si no, aquello no tenía ningún sentido. ¿Qué hacía yo allí de pie? Sin una sala ni una silla para sentarme. Lo supe cuando vi que detrás de mí entraba Alcaraz. Se le esperó hasta que llegó de donde fuera que estuviera.

Entré con el presidente de la comisión y, cuando subí al estrado, me dejaron sola. Me encontré en la mesa soltando mis papeles. Y con las manos me agarré a un fular que llevaba. No sabía dónde estaba ni qué tenía que hacer... Muchos flashes y, por fin, el presidente dijo: «Tiene la palabra doña Pilar Manjón, en nombre de la Asociación 11-M Afectados del Terrorismo».

Estaba muy estresada, me había puesto muchísimo más nerviosa durante aquella espera. Para entonces, casi todas las televisiones se habían marchado. Lógico, porque primero quisieron que fuese a puerta cerrada (a lo que me negué) y porque habíamos perdido una hora. Arranqué a hablar y leí nuestra propuesta. Como prácticamente me lo sabía, pude levantar la cabeza varias veces y, cuando lo hacía, me llamaban la atención muchas cosas.

Una chica del PSOE y Labordeta estaban llorando. No entendía nada. Y por parte del PP estaban Vicente Martínez Pujalte, Eduardo Zaplana y no sé quién más... leyendo la prensa económica y riéndose. Bueno, lo que todos pudimos ver luego. Después de la intervención, cuando acabé, se me hizo difícil salir. La prensa no me dejaba y yo estaba muy agobiada... Aún no me había ido y ya estaba hablando Alcaraz alentando la teoría de la conspiración. En la puerta me pidieron entrevistas, pero ahí yo ya estaba ida por completo.

Agresiones a una víctima de tercera

Me arrepentí muchas veces de haber ido al Congreso. Si ya éramos víctimas de segunda, a mí me convirtieron en víctima de tercera. Los días previos a los aniversarios del 11 de marzo llegaban archivos de PowerPoint con mucho peso, que yo no abría. Eran fotos de la masacre, cadáveres sin cubrir. Creo que me pusieron escolta en 2005, cuando empezaron las amenazas de muerte. Llevé guardaespaldas ocho años.

Entre quienes me agredieron había un miembro de las juventudes del PP. Sus improperios no bajaban de «Protoetarra, terrorista. ¡Qué bien te vino que reventaran a tu hijo!». Otro era profesor de Educación Física. Aquello me dolió en el alma. Le pudimos localizar y averiguamos desde dónde escribía. Todas las mañanas entraba a las ocho en el *e-mail* del instituto. Me insultaba, me amenazaba de muerte y apagaba el ordenador. Después se iría a dar clase tan tranquilo en un centro, creo que de Parla. Así que llamé a la directora y le mandé todo lo que su profesor me había enviado. Me llamó llorando, no daba crédito. Nunca más supe de él. Por lo menos me di el gusto de que sus compañeros y compañeras supieran con quién convivían.

Las cosas empeoraron cuando ya no llevaba escolta. La tuve solo mientras gobernó Zapatero. El domingo 20 de noviembre de 2011 se celebraron las elecciones que ganó el PP. El lunes de la semana siguiente por la tarde me llamó del Ministerio del Interior el jefe de Seguridad, y me comunicó que, para el martes, ya no dispondría de «los funcionarios», que es como llamaban a los escoltas. Los dos eran policías. Le dije: «Vale. ¿Y la razón?». «Que ETA ya no mata».

Cuando aún llevaba guardaespaldas fui a la presentación de un libro del que no recuerdo el título. Y los escoltas tuvieron que actuar. Apareció de la nada un tío que venía a por mí... Durante el juicio me destrozaron el coche a patadas, y eso que siempre aparcaba en la zona vigilada. Lo cambié porque me daba miedo, estaba ya muy identificado y me lo habían destrozado. Me compré otro coche. A los pocos meses lo aparqué en Santa Eugenia. Allí no tenemos parking y lo dejamos donde todo el mundo. Por la noche fuimos a cogerlo y nos encontramos con que tenía una pintada que ocupaba todo el capó con la palabra «puta». Podría seguir así un buen rato. ¿Para qué?

Los ocho años con escolta tampoco fueron fáciles. La policía me dejó muy claro que, en la asociación, me tenía que sentar siempre mirando a la calle, que tenía que controlar las puertas desde dentro. Hubo que poner cortinas en el local, un abridor de la puerta desde el interior... No podías ni cruzar a la farmacia, que está en la misma plazoleta. Ni eso me dejaban hacer sola. Apliqué a rajatabla todos los consejos y las claves que me dieron: subir las escaleras y dar la luz cuando entras en casa y has cerrado la puerta con llave. Entonces es cuando los escoltas pueden arrancar el coche e irse a sus casas. Estar amenazada significa no tener vida propia. Es un sinvivir, andas todo el día pendiente. Tampoco querían que habláramos mucho por teléfono para que no nos localizasen. Fueron ocho años muy muy complicados. Y los siguientes, como te decía, sin escolta, a partir de Rajoy, aún peores.

Guerra y mentiras

Mi hijo Daniel fue el primero en el barrio que colgó en su balcón una pancarta contra la guerra de Irak. «No a la guerra». ¡Era tan bonita! Con ella fuimos a todas las manifestaciones. A oponernos a una guerra desatada por unos pozos de petróleo y unas armas de destrucción masiva que nunca existieron.

Ni Aznar, ni Acebes, ni Zaplana son responsables de la muerte de mi hijo. Pero, si creían que había que suspender las elecciones por un atentado de aquella magnitud, que las hubieran desconvocado. Yo no tenía capacidad ni poder para hacerlo. Tenía un hijo que quería votar. Sí considero responsables, en concreto, a Aznar y a los otros tres de las Azores, de tomar decisiones no aprobadas por los organismos internacionales. Lo decidieron porque sí, por interés propio y sin adoptar las medidas necesarias para proteger a su ciudadanía.

Mintieron desde el primer momento, a sabiendas del riesgo y por electoralismo puro y duro. Creyeron que ganarían si mantenían la mentira sobre la autoría de ETA hasta las elecciones. Ellos las daban por ganadas y, al perderlas, intentaron cambiar el foco. No podían asumir que habían perdido por sus mentiras. Tenían que atribuir su fracaso a «cuatro muertos de mierda», que era lo que, en realidad, nos consideraban.

Fueron ellos, el Gobierno de Aznar, quienes enviaron el famoso escrito a todas las embajadas para que mantuviesen que había sido ETA. Aznar les aseguró lo mismo, personalmente y por teléfono, a todos los directores de periódicos. No hace falta pensar que hubiera segundas o terceras personas responsables de la mentira. Ni el CNI, ni los servicios secretos marroquíes o franceses... ni yo qué sé.

El pueblo entendió que le estaban mintiendo. Bastaba con ver las teles extranjeras. No me creo que Rubalcaba convocara a la gente el día 13 frente a las sedes del PP. Me lo desmintió en persona tiempo después. Lo de la calle Génova frente a la sede del PP tenía que explotar. ¡A ver si así se enteraban y decían la verdad! ¡Y bien tarde que ocurrió!

La verdad es que, luego, la infraestructura para el tema yihadista cobró unas dimensiones considerables. Nombraron a Dolores Delgado fiscal especial, porque los atentados de este calibre no los puede llevar un fiscal de turno.

La conspiranoia, tapadera electoral

Los problemas de descoordinación entre las distintas policías y cuerpos de seguridad fueron obvios. El CNI estaba completamente apartado y se le desoyó. La Guardia Civil cometió errores muy graves en la custodia de los explosivos y con los confidentes. Y si tú te guardas lo que sabes y yo hago lo mismo, pues al final volverán a pagar los de siempre. ¿Quién te dice a ti que no vuelva a haber un atentado yihadista? Ya llevamos tres. El último de Barcelona iba a tener unas proporciones enormes. Esto sigue estando cogido con pinzas, faltó la coordinación necesaria.

Donde primero se hicieron patentes las carencias fue en que los efectivos llegaron muy tarde a los escenarios de las explosiones. Tenemos el testimonio de Javier, una víctima que fue a El Pozo a dejar a su mujer en el tren. Después iba a trabajar. Y, entonces, oyó el estallido. Volvió a la estación. Y Javier cuenta que allí no llegó nadie hasta que pasó muchísimo tiempo.

Tampoco se coordinaron cuando apareció la furgoneta en Alcalá, y no la llevaron a la sede central de la policía, sino a otra comisaría. Y nadie entiende por qué. Se suceden las incongruencias y los errores, pero de ahí a elucubrar que alguien escondió evidencias o manipuló pruebas periciales... Tengo el mismo derecho a elucubrar que ellos porque, entre otras cosas, ya no tengo un hijo.

Estuve siete días encerrada en mi casa, y claro que hay muchísimas cosas que no te encajan. Pero había momentos que, si tuviésemos ganas y fuerzas, provocarían risa. Destaca el esperpento de defender que fue ETA por haber encontrado una cinta de la Orquesta Mondragón, que ni siquiera era tal. Pero, vamos, que la conspiración realmente fueron los tres días antes de las elecciones y las muchas legislaturas de mentiras. Lo explica muy bien el documental *72 horas, del 11M al 14M*, de Canal Historia.[8]

8. Mar Abellán, *72 horas, del 11M al 14M,* History Channel Español, 2005.

Los infundios sobre Rodolfo Ruiz, el comisario de Vallecas (que custodió la mochila de El Pozo) y Juan Jesús Sánchez Manzano, el comisario jefe de los Tédax, intentaban responsabilizarles de una descoordinación y de errores que les eran del todo ajenos. Cumplieron con las órdenes y los protocolos. Y, aun así, no les han podido decir cosas peores. Les concedimos el Premio por la Memoria y la Paz de nuestra asociación, por todo lo que han sufrido. Si no tanto como nosotros, parecido.

Una de las promesas que me hice es: «No vas a entrar en la teoría conspiranoica, a mirar si queda por aclarar esto o lo otro, y a desconfiar de todo y de todos». Porque eso es lo que quieren, obviamente. Y ya vale, ¿no? Lo digo así de claro y de harta, como con la última sandez del excomisario José Manuel Villarejo. Que ya ni le sigo. Como decía mi madre, que tenía mucho sentido del humor: «A ese señor no le cambian nunca la carpeta, ni se la quita de la boca. No te puedes fiar de él». Pues eso, nada que añadir sobre sus teorías de si los servicios secretos marroquíes se compincharon con los franceses, el yihadismo y no se sabe quién más. ¿Todos actuando en comandita el 11-M?

El 12 de marzo aún buscaba a mi ser querido para acabar descubriendo que ya no estaba conmigo. Y ese mismo día hubo una manifestación oficial con el lema «Con las víctimas, con la Constitución y por la derrota del terrorismo». Convocaron a la población justo la noche previa a la jornada de reflexión electoral. Nunca me ha gustado esa utilización de las víctimas. ¿No podían haber esperado a que pasaran las elecciones? ¿A qué venía tanto énfasis en quién y por qué las ganó? Y, después, que si Zapatero había llegado al Gobierno en un tren de cercanías, que si había entrado en la Moncloa manchado de sangre... Podrían haber dejado todo aquello, haberlo aparcado antes y después de las elecciones, para siempre... Y haber preguntado cómo nos encontrábamos las víctimas que estábamos en Ifema. Yo, al menos, creo que estaba allí haciéndome la prueba de ADN para reconocer a mi hijo.

Aquella manifestación fue un acto electoral desesperado y el inicio de la ruptura del Pacto Antiterrorista, que habla bien claro de no utilizar a las víctimas con fines partidistas. Tampoco sé qué pintaba la Constitución en la pancarta, a no ser que se tratase de otra pelea más con los separatistas. Lo de añadir al final de la pancarta «por la derrota del terrorismo», bueno... Me imagino que a algún iluminado se le ocurrió que las tres cosas juntas iban bien. La pancarta empezaba invocándonos, «con las víctimas». Aunque ahí iban muy pocas; prácticamente ninguna. Los heridos seguían en los hospitales. Los dados de alta estaban en sus casas, probablemente agarrados a un cojín y llorando. Y los asesinados se apilaban en Ifema. Había muchísimas otras cosas que hacer, porque manifestaciones contra la guerra ya habíamos hecho muchas.

Solo con ver la cabecera te dabas cuenta de que era un acto político, como lo fue el funeral en la Almudena, oficiado por un obispo integrista. Los funerales de Estado debieran ser laicos, porque así lo dice la Constitución, donde caben más visiones de España, que no tiene que ser católica por narices. Tendremos que convivir con los que están llegando con otras religiones y otras formas de ver la vida. Hay que integrar. Si integras, convives y el otro deja de ser tu enemigo.

Hostilidad partidaria; solidaridad civil

Me cuesta hablar de la enemistad y la frialdad que el PP mostró hacia nosotros. Y siento decir que apenas hubo diferencia entre familias o miembros del partido. Recuerdo uno de estos actos que se celebran en el Congreso de los Diputados el Día de las Víctimas del Terrorismo, que cae a finales de junio. Solamente hablan los parlamentarios y, cuando acaba la intervención de las asociaciones, que solía hacer la presidenta de la AVT, se baja al Salón de los Pasos Perdidos. Rajoy ya era presidente y estaba por ahí. Así que le dije a mi acompañante que si íbamos a saludarle. «Buenos días, señor Rajoy». «Hola, buenos días. Pues nada, aquí estamos, a ver si acaba pronto esto, que esta tarde hay fútbol». Nos dimos la vuelta y le perdimos de vista. Una empatía increíble.

Creo que todavía tienen clavado que perdieron las elecciones del 2004 por nuestra culpa. Pero nosotros no queríamos sufrir un atentado. No escogimos perder la vida de nuestra gente. No hubo en su momento ni hay ahora un solo político o cargo del PP, incluido el sector más liberal, que nos llamase y preguntase cómo estábamos, qué podíamos necesitar.

Tengo que agradecer a Zapatero que en sus ocho años de gobierno las subvenciones del Ministerio de Interior fueran idénticas, con los mismos céntimos, a las que recibía la AVT. Pero, nada más entrar Rajoy, nos quitaron más de un 33 % de esa subvención. Y fue entonces cuando dije que apenas teníamos dinero en la asociación para pagar la luz, los alquileres, las camas calientes o llenar los frigoríficos de las víctimas.

Ese fue un momento muy duro. Por ejemplo, cuando ya teníamos las terapias psicológicas en marcha, llegó a la asociación una psicóloga y me dijo: «Oye, tengo a una paciente que lleva dos terapias sin venir». «¿Y le has llamado ya?». «Sí, pero dice que no tiene saldo en el móvil y no podemos quedar». Así que fue a su casa. No tenía dinero para el abono de transporte, el frigorífico estaba vacío y vivía con tres niños a su cargo. Nos vino con un recibo de la compra con yogures, leche, pan y cosas básicas. Pero eso no vale como factura para recibir una subvención o ayuda. No te la admiten y, como nosotros no tenemos cuota, a ver dónde colocas gastos así.

Muchas veces hemos pagado camas calientes. Significa que estás todo el día en la calle y hasta las diez no puedes subir. Y, a las ocho, arriba; que entra otro a dormir en esa cama. Ha sido así para una de cada dos o tres víctimas migrantes, que eran irregulares. Si antes lo tenían complicado, con las secuelas no te quiero ni contar.

Son las cosas que nos diferencian de las víctimas de ETA. Todos nos sentimos iguales en el dolor, de eso no cabe la menor duda, y nos reconocemos de modo fraterno en ese dolor. Pero un tercio de nuestras víctimas y afectados eran extranjeros sin papeles. Y se quedaron sin nada de nada. No es lo mismo que un guardia civil, policía, concejal o periodista víctima de ETA. Todas esas personas dejaban una pensión a sus viudas y viudos, incluso se les buscaba trabajo a sus hijos (como en el caso del atentado del Puente de Vallecas). El dolor es el mismo. Pero quedarse sin nada es quedar en la nada. Y ahí el agravio comparativo en el trato institucional es manifiesto.

Este ejemplo resulta bastante ilustrativo. Firmamos un convenio de colaboración con ocho ayuntamientos gobernados por el PSOE en la Comunidad Autónoma de Madrid. Aunque eran pocos, se mostraron proclives a ayudarnos. Con cada uno hacíamos proyectos individuales y, a finales de año, justificábamos la cuantía asignada con las correspondientes facturas. Pero, cuando cambiaron de signo político, solo se mantuvo la colaboración con Fuenlabrada, donde seguía gobernando el PSOE. A la pérdida económica hay que añadir que habíamos entregado en todos los ayuntamientos las facturas justificativas. Al final, o bien no nos devolvieron el importe, o lo hicieron fuera de plazo, dejándonos un agujero económico de más de 60.000 euros que, por supuesto, aún arrastramos.

Al vacío institucional del PP se añadía la equidistancia del PSOE. No fuera a ser que alguien dijera que éramos de su partido, o no sé qué. La consecuencia de ese doble desafecto fue el olvido. Pero el maltrato o la indiferencia institucionales no borrarán jamás todo el apoyo recibido y el cariño de la sociedad civil. No se me ha ido de la cabeza ni una de las muestras de solidaridad, de abrazo social. Como ejemplo, cuando estábamos en el juicio ocurrió algo maravilloso, aunque amargo. A la salida una señora mayor me entregó un sobre. Creí que contenía una carta de solidaridad. Al abrirlo, lloré de emoción: eran 20 euros que ella necesitaba más que nosotros, entre otras cosas para comprarse unas zapatillas. Nunca fuimos tan ricos en amor.

Las instituciones que se mostraron más afines fueron, por ejemplo, las catalanas. Allí hemos ido a sembrar árboles, un madroño, un árbol del amor, a recibir premios y libros de condolencias que habían puesto para firmar en los ayuntamientos, etcétera. Y en el País Vasco nos concedieron el premio más prestigioso que dan y exhibieron nuestra exposición durante diez días en un local precioso mirando a la ría... Son cientos de premios, también de otros lugares. Tantos, que es imposible recordarlos todos. Los fuimos colocando en una docena de vitrinas y aún siguen llegando.

Memoriales y desmemoria

El reconocimiento y el abrazo ciudadano chocan de nuevo con los monumentos que nos han dedicado. Van más allá de lo que he contado. Basta pensar en el caso de Madrid. Al principio colocaron un arbolito por cada asesinado del 11 de marzo en un lugar inicialmente llamado *El bosque de los ausentes*. Después, los llevaron al Retiro, ya con nuestra propuesta de rebautizarlo como *El bosque del recuerdo* y con una placa referente al 11-M. Pero Alberto Ruiz-Gallardón la cambió por otra dedicada a todas las víctimas del terrorismo. Solo recientemente lo hemos solventado poniendo otra placa, alusiva al 11-M, y colocada sobre el riachuelo que bordea ese memorial.

Se supone que el monumento de Atocha era el principal. Nos vinieron a visitar tres personas del estudio que había ganado el concurso de ideas. Les dieron un premio de 48.000 euros y 4 millones de euros de presupuesto, que al final fueron 6,6 millones, tras el sobrecoste. Era un estudio llamado Fascinante Aroma a Manzana de arquitectos muy jóvenes y de muy buena familia; entre ellos un Colón de Carvajal. Hasta entonces eran desconocidos.

En 2015 denunciamos que el Ayuntamiento de Madrid no había abonado el mantenimiento durante seis años. La instalación tenía goteras, se desprendían partes, la climatización no funcionaba porque no se conocían las claves informáticas para encenderla y no había presupuesto para arreglarla.

Iban a figurar los nombres de todos los asesinados el 11-M. Pero Esperanza Aguirre dijo que no, que había que poner frases. Hablamos entonces con el Alto Comisionado de Apoyo a las Víctimas del Terrorismo, Gregorio Peces Barba, que consiguió que se pusieran los nombres en una placa a la entrada. El monumento está dentro de la estación de Atocha, sin señalizar. Fuera de la estación hay una especie de cubo invertido, en plena rotonda, con los coches dando vueltas y la gente, imagino, pensando qué será aquello.

Prefiero el monumento que creamos, juntándonos cada jueves en la estación de El Pozo. Quedábamos con Carmen Pagés, que representaba a los artistas plásticos. Peridis, el arquitecto y viñetista de *El País,* venía con todo su equipo; el presidente de la Asociación de Vecinos, nosotros... Desde el primer momento nos encantó el proyecto. Tenía de todo: aire que pasa a través de los monolitos, una cubeta con agua cayendo como lágrimas y luz. Luego le pusimos otros símbolos, como los laureles del triunfo y la inmortalidad, al estilo de la antigua Roma. Duele que casi todos los 11 de marzo rompan algún cristal, y eso que van acorazados. Pero hemos conseguido convertir aquello en una plaza pública. Pasas y ves a los vecinos sentados.

El juicio, las asociaciones de víctimas y el Estado de derecho

Después de la Comisión parlamentaria vino el juicio, al que acudíamos cada mañana con la lista de afectados que comparecerían. Ya dije que la AVT se coordinó con la Asociación de Ayuda a las Víctimas del 11-M que, como también dije, solo representaba a ocho afectados. Acusaban sin acusar y con un tono racista innegable, repetían que «esos moritos» no podían estar detrás de los atentados. Ambas asociaciones intentaron plantear, una a una, las ciento cincuenta preguntas que había publicado *El Mundo*. Sus abogados colaban algunas cada día, sosteniendo la teoría de la conspiración y cabreando al juez sobremanera.

Había días que no sabían ni quién declaraba. De hecho, querían retirar la acusación a varios de los imputados, aunque no lo consiguieron. El juez del Olmo sufrió una enfermedad y la jueza que le sustituyó no firmó los dos años de prórroga de prisión preventiva de uno de los acusados, con lo cual quedó en libertad vigilada. De modo que tuvimos que convivir con él y con los otros que habían traído la munición a Madrid en el ALSA desde Asturias.

Total, que, de los veintiún sentenciados, solo quedan tres en prisión: Jamal Zougam y Otman El Gnaoui, ambos condenados a 42.922 años; y José Emilio Suárez Trashorras, condenado a 34.715 años. Los tres saldrán de prisión en el 2044.

No me resisto a leer nuestra respuesta a cómo reaccionó la AVT, que cuestionaba la sentencia:

> García Casquero, portavoz de la AVT [...] en un alarde de frivolidad, establece que no se ha aclarado ni la autoría intelectual ni tampoco la material de los atentados del 11-M. Pero [...] la AVT ni tan siquiera recurrió la Sentencia dictada por la Audiencia Nacional, limitándose a presentar un escueto recurso referido a quien deben corresponder las indemnizaciones, simplemente a eso, vil dinero.
>
> Si no la recurrieron fue exclusivamente porque estaban conformes con la resolución de la Audiencia Nacional y, ahora, no solo es frívolo, sino torticero, insistir en que son ellos los que buscan la verdad.

Nosotros, en lugar de elucubrar y conspirar, pedimos una ley del confidente después del juicio. Era necesario establecer qué implica ser un confidente. ¿Qué conlleva? ¿A qué protocolos se somete? Cuando rinde cuentas, ¿cómo lo hace? Y también promovimos una ley de testigos protegidos. En España tampoco existe y se encuentran en el abandono más absoluto.

La sentencia de la Audiencia Nacional, además de floja en las penas, olvidó meter a los asesinados. Hubo que hacer una ampliación para poner todos los nombres. Se llamó Pacto del Lago, o algo así. En su momento, dije que la sentencia intentaba «contentar a tirios y troyanos». Por una parte, había que aguantar actitudes como la de la AVT y agradarles. Por otra, estábamos las víctimas: olvidadas hasta en la sentencia.

Luego, en los recursos al Supremo, esas asociaciones ni siquiera pedían años de cárcel para los veintiún acusados. Además, la AVT reclamó algo que jamás había ocurrido en nuestro país, en ninguno de los atentados que habíamos tenido: que las indemnizaciones a las que hubiera lugar fueran concedidas por el Código Civil y lo que dispone sobre las sucesiones. Siempre se había aplicado la Ley antiterrorista. Según el Código Civil, primero heredan los hijos, si los hay, y, después, los padres. En tercer lugar, van la esposa o marido o la pareja de hecho. A algunos padres les quitaron las ayudas. Con la Ley antiterrorista, los primeros en recibirlas habrían sido los consortes.

Tengo que reconocer que se les pasó a nuestros abogados. Y mira que era un pedazo de equipo. A pesar de eso, las otras asociaciones aprovecharon nuestro descuido. Los consortes de nuestras víctimas (sobre todo, las parejas de hecho) quedaron desprotegidos. Se lio una muy gorda. Porque, claro, hubo que aplicar las leyes de herencia de todos los países implicados. Y aquello duró una eternidad.

Lo peor de todo esto es que, después de los años que hemos vivido con la lacra del terrorismo, no exista un registro oficial de víctimas. La verdad, aquí uno es víctima porque dice que lo es. Y, además, podría serlo de dos o tres asociaciones al mismo tiempo o montar la asociación, plataforma o fundación propia que le dé la gana. Repito que, al menos hasta donde yo sé, el único libro de socios que se auditó es el nuestro. Vinieron y se metieron en el local tres funcionarios del Ministerio del Interior, de la Oficina de Atención a las Víctimas. Les dije: «¿Y a los demás?». «Ya, ya les tocará», me contestaron. Hace años de esto.

Medios, redes y vida

Los afectados del 11 de marzo somos los grandes olvidados de este país. Ahí afuera se nos reconoce como las víctimas del peor atentado jamás producido en suelo europeo. Por eso la fecha del atentado es el Día Europeo en Memoria de las Víctimas del Terrorismo. Este país no se merece la vida de mi hijo, ni las demás que cayeron entonces. Lo tengo muy claro. Su vida, sus sueños, sus alegrías, sus besos... eso lo echaré de menos yo. Pero este país no se acuerda de nada, de ninguno de nosotros. Y eso después de que casi todos los medios comerciaran sin pudor con las imágenes de las heridas y el dolor de nuestra gente. No contentos con eso, determinados periodistas nos sometieron a una revictimización atroz.

Lo denunciamos hasta la saciedad. Ni sé el número de veces que hablamos con Elvira, que es la madre del niño que aparecía en la foto más reproducida. Se le muestra sangrando, sentado, sujeto a una farola. No te puedes imaginar por lo que pasa Elvira cuando se encuentra con esa imagen de su hijo, con la sangre manando de su ojo. Implica un año de retroceso en la evolución psicológica. Solo hay una conducta apropiada con estas imágenes: borrarlas, no publicarlas; tan claro y tan sencillo como eso. El niño, por cierto, se llama Alberto.

El de Laura Vega quizás sea el caso más duro de falta de respeto. Murió tras diez años en coma y los de *El Mundo* fueron capaces de meterse en su habitación a hacerle fotos con una falta total de escrúpulos. La familia llevó el caso a juicio, porque rayaba lo inhumano, y lo ganaron. El juez consideró a Laura menor de edad. Aplicó la Ley del Menor porque ese era su estado desde el atentado: una niña en coma, sin capacidad de interactuar e indefensa. Eulogio Paz, que me sucedió como presidente de la asociación, escribió un artículo muy duro en su blog.[9]

Me quité de en medio hace tiempo. Fui presidenta durante demasiados años, doce. Después me tocó cuidar de mi madre otros cuatro. Reconozco que me cuesta. Me cuesta acordarme de cosas. Aún pesan demasiado. Si soy sincera, cada mañana me levantaba preguntándome ¿qué habrán publicado o dicho hoy en la radio? Era una tortura, una auténtica tortura... Y cuando se acercaban los onces de marzo era... no sé cómo definirlo. Sabías que no iban a sacar nada agradable. Me daban ataques de ansiedad, pensando: «Otro día teniendo que aguantar esto. Y mañana, más».

Se metieron en esta conspiranoia por dinero. Sus mentiras se vendían muy bien y, mientras así fue, las mantuvieron. Por audiencias, por publicidad, por dinero. Luego está la cuestión personal que debían de tener conmigo. Había mucho de personal en todo lo que escribían. Imagino que se debe a que no me podían tentar ni comprar. No lo consiguieron. Por eso tenían que hacerme polvo.

Peor fue con los más débiles. Intentaron que dos testigos protegidos, que identificaron a los terroristas en los trenes, cometieran perjurio. Imagínate, con las consecuencias

9. Eulogio Paz, «11-M: El periódico "El Mundo" condenado por la Audiencia Nacional», *11-M Cartas al director,* 15 de abril de 2012. Disponible en <https://11mcartasaldirector.blogspot.com/2012/05/11-m-el-periodico-el-mundo-condenado.html>.

penales que eso acarrea. Querían aprovechar su situación para presionarlas y que mintiesen al tribunal. Los conspiranoicos negaban que estuvieran en los trenes, cuestionaban su testimonio.

No todo son malos recuerdos con la prensa. Pienso en una pieza muy hermosa, que creo que era de José Yoldi, periodista de *El País*. Un artículo precioso sobre el vuelo de los patos. Nos comparaba, diciendo que, también entre nosotros, cuando el guía se cansaba, venía alguien desde atrás a tomar el relevo. Nos llegó al corazón. Era bonito imaginarnos como un grupo de aves que volaban juntas. Cuando en el juicio veías que alguien iba a estallar al ver la pecera donde recluían a los acusados, estábamos pendientes, arropándonos. Nos habíamos jurado que, delante de ellos, ni una lágrima. Todo el mundo estaba pendiente para que si alguien flaqueaba diese una vueltecita hasta recomponerse. Así aguantamos cuatro meses y medio.

Lo que publicaban los medios era en su mayoría horrible y empeoraba en las redes sociales. De todas las querellas que pusimos, más de cincuenta, solo admitieron dos que, además, gané. Los fiscales no las admitían o daban la callada por respuesta. Los insultos que recibieron condena salieron en el diez aniversario desde unas cuentas de Twitter que se llamaban ¡Arriba España! (@arriba_ae), Viva Franco (@fachanazi), Democracia de mierda (@Geralt_De_Rivia) y Tannäuser (@Tannhuser1).

Me llamaban «puta prototerrorista» y me acusaban de ser «La golfa de Pilar Manjón a la que le tocó la lotería cuando mataron al hijo». «Imagino que el padre del hijo de la Manjón no dice nada porque no se sabe quién es», añadía aquel tuit. Eulogio, padre de Daniel, dio cumplida respuesta a esto en su blog.[10]

Cuesta recordar experiencias positivas con la administración. Despidieron a los psicólogos el 31 de diciembre del año de los atentados. Según las autoridades, en menos de diez meses ya estábamos todos curados. Entonces reunimos un equipo de especialistas que han sido nuestros pies y nuestras manos. Gracias también a que tenemos un trabajador social que es genial, de los que siempre está para todo lo que haga falta. Igual que otros muchos y muchas. Hemos consolidado un equipo pequeño, pero muy cohesionado y atento a lo que necesita nuestra gente. Hay que agarrarse a las historias vitales bellas, que las hay y muchas.

Vuelvo la vista atrás y confieso que me arrepiento del día que fui al Congreso de los Diputados. Creo que mi vida hubiera sido muchísimo más fácil. No hubiera tenido que pasar por tantísimo como luego pasé. Ni escoltas ni insultos... ni esa victimización inacabable.

Probablemente la gente se recupera antes desde un segundo plano. Sin estar en primera línea, siempre en el frente. Yo hablaba por todos, todos los 11 de marzo. Era la única a la que la prensa quería entrevistar o machacar o ignorar. No sé si las cosas hubieran sido diferentes sin tanta visibilidad. Lo supongo, porque otra gente se recuperó

10. Eulogio Paz, «11-M: Mi querella criminal contra la identidad @arriba_ae ¡arriba españa!», *11M Cartas al director,* 24 de mayo de 2014. Disponible en < https://11mcartasaldirector.blogspot.com/2014/05/11-m-mi-querella-criminal-contra-la.html>.

antes no estando siempre bajo presión, acosos... sin desconectar.

Al margen de esto, tengo un nieto que es mi alegría de vivir. Y me alegro por todos aquellos afectados que han sido capaces de poner una sonrisa en su cara y soñar bonito. Otros no han tenido esa suerte; es muy difícil seguir adelante sin nada.

Eulogio Paz

Preside la Asociación 11-M Afectados del Terrorismo desde 2016

Me manifesté contra la guerra de Irak. Mi hijo Daniel, asesinado en los atentados, también participó del «No a la guerra». La ONU no la avaló. Y José María Aznar involucró a España siendo consciente del riesgo que implicaba. Digo ahora lo mismo que llevo diciendo hace veinte años. Ya a principios de 2003 (es decir, un año antes de los atentados), la Fundación para el Análisis y los Estudios Sociales (FAES) afirmaba: «Cabe esperar un recrudecimiento de la amenaza terrorista si es que se produce la guerra contra Irak, una amenaza que afectará preferentemente a los países que participen en ella».[11] Se trata del *think tank* que Aznar presidía cuando tuvieron lugar los atentados y que sigue presidiendo a día de hoy. Lo que anticiparon que podía pasar, pasó.

11. Redacción, «Un informe de la fundación que preside Aznar alertaba en 2003 de atentados islamistas», *ABC,* 28 de junio de 2004. Disponible en <https://www.abc.es/espana/abci-informe-fundacion-preside-aznar-alertaba-2003-atentados-islamistas-200406280300-9622286222326_noticia.html>.

La ocupación de Irak

Por supuesto que había otros conflictos de tipo religioso, económico y geopolítico. Pero, evidentemente, la entrada de España en la guerra de Irak fue una de las causas por las que se cometieron los atentados en Madrid. Aznar declaró aquella guerra junto a Bush y Blair. Es obvio que Aznar no es el autor de la muerte de Daniel y otras 191 personas ni el que causó más de 1.800 heridos. Pero sí es responsable de la implicación de España en una guerra ilegal contra Irak, que motivó a los terroristas yihadistas para cometer los atentados.

En su libro *Ocho años de gobierno: una visión personal de España*, el mismo Aznar alude a la responsabilidad de su Gobierno en lo que ocurrió el 11 de marzo. Era un balance de sus ocho años como presidente. Lo iba a publicar en marzo de 2004, pero lo retrasa precisamente por el 11-M. Dos meses después, en mayo, en el epílogo, dice: «Debo reconocer, sin embargo, que tal vez la opinión española no era lo suficientemente consciente, hasta el 11 de marzo, del alcance de la amenaza del terrorismo islámico, o por lo menos no tanto como lo ha sido de la amenaza del terrorismo de ETA. Si es así, el Gobierno tiene sin duda una responsabilidad que asumir. Quizás los propios éxitos conseguidos en la lucha contra ETA en los últimos años nos han llevado a bajar la guardia ante la amenaza fundamentalista...».[12]

Que yo sepa, Aznar y su Gobierno nunca asumieron

12. José María Aznar, *Ocho años de gobierno: una visión personal de España,* Barcelona, Planeta, 2004, pág. 264.

en público ninguna responsabilidad por lo sucedido. La razón son las elecciones generales, que se celebraron tres días después de los atentados y les desalojaron del Gobierno. Si hubiesen asumido su responsabilidad antes de las elecciones, podrían incluso haberlas ganado. En el epílogo, Aznar dice esto otro: «Las redes del terrorismo fundamentalista islámico están extendidas por todo el mundo, y también por Europa y por nuestro país. En algunos casos hemos sido capaces de detectar sus movimientos a tiempo. El 11 de marzo, desgraciadamente, no supimos hacerlo...».[13] Así fue, no supo hacerlo.

Tengo claro que toda la carga de la prueba de la mentira pesa sobre el PP y sus medios de comunicación afines. No en vano, el responsable de Interior (Ángel Acebes) era miembro del PP antes y en el momento de los atentados. Se mantuvieron en sus cargos hasta que les reemplazaron los socialistas en abril. Prácticamente desde el primer día se supo que el atentado era yihadista, tal como decía la prensa extranjera. Y durante tres días, intentaron ganar las elecciones a cualquier precio.

Los asesores del PP, a primera hora del día 11, sostenían que la autoría etarra les daría la victoria y que un atentado yihadista les desplazaría del Gobierno. En sus memorias, el exministro de Asuntos Exteriores con Rajoy, José Manuel García-Margallo escribe: «El 11-M entraron Pedro Arriola y Paco Villar y les pregunté: "¿Sabemos quién ha sido?". "Todavía no (me respondieron). Si ha sido ETA nos salimos del mapa, pero si han sido los yihadistas nos

13. *Ibid.*, pág. 264.

vamos a casa"».[14] Desde luego, el diagnóstico no pudo ser más certero.

No nos dieron el cuerpo de Daniel hasta la tarde del día 16, después de confirmar que era él con las pruebas de ADN. Me incorporé al trabajo once días después del asesinato de mi hijo. Fue entonces cuando empecé a conocer las teorías de la conspiración promovidas por el PP y los medios afines; principalmente *El Mundo,* la COPE y Telemadrid. Rayaban en el golpismo. Acusaron al candidato del PSOE de ganar las elecciones de 2004 gracias a los atentados.

El PP atacaba al PSOE para deslegitimar al nuevo Gobierno socialista. Y el PSOE respondió. Pero algunos dirigentes, tal vez para no ahondar más en la fractura que provocaron los atentados, contemporizaron con cierta tibieza y condescendencia. Por ejemplo, en la visita que hizo a EE. UU. en 2005, José Bono, ministro socialista de Defensa, evitó relacionar el 11-M con la participación española en la guerra de Irak.

La conversación de José Bono con el director de *El Mundo* el 11 de marzo de 2004 da fe de la mezcla de mentira, manipulación e hipocresía con que abordaron los atentados. Bono cuenta en su *Diario de un ministro* que contactó con el director de *El Mundo*, a las 20:30 horas, y

14. José Manuel García-Margallo, *Memorias heterodoxas de un político de extremo centro,* Barcelona, Península, 2020. Cita en línea en: <https://asociacion11m.org/discurso-que-el-presidente-de-la-asociacion-11-m-afectados-del-terrorismo-eulogio-paz-fernandez-tenia-previsto-hacer-en-el-acto-en-atocha-conmemorativo-del-xvi-aniversario-de-los-atentados-del-terr/>.

que este le dijo: «Me ha llamado Aznar y lo tiene clarísimo: ha sido ETA. Pero no me ha dado ni un solo argumento con pruebas que avalen su tesis. Es más, me ha dicho que han encontrado una furgoneta con una cinta en árabe y unos detonadores. Tras escucharle, yo, Pepe, me inclino por los moros, por Al Qaeda».[15]

Tal vez Pedro J. ya intuía la derrota del PP e intentaba acercarse a las esferas de poder socialista. Desconozco los motivos por los que Bono no aireó la conversación a los cuatro vientos, además de otras vivencias del 11-M, que ahora escribe en sus memorias. ¿Amistades?, ¿exigencias del cargo?, ¿cálculo programado?, ¿componendas? Mejor haberlo dicho en su momento, cuando los conspiranoicos fracturaban a la sociedad. Ahora son memorias. En cualquier caso, se agradece su publicación más de diez años después de los atentados. Contribuye a que tengamos más datos de aquello.

La mentira consentida, artífices políticos y mediáticos

La noche del 16 velamos el cuerpo de Daniel, y lo incineramos a la mañana siguiente. Había votado el domingo 14 y pasé esos días en familia, recibiendo a amigos, atendiendo llamadas, escuchando música... ajeno a todo lo que ocurría fuera. Luego supe que, por ejemplo, en TVE, justo un día

15. José Bono, *Diario de un ministro. De la tragedia del 11-M al desafío independentista catalán,* Barcelona, Planeta, 2015, pág. 34.

antes de las elecciones, habían emitido un documental sobre Fernando Buesa. Un diputado socialista al que asesinó ETA, junto a su escolta. Era una estrategia de manipulación para que los votantes relacionasen el 11-M y ETA. Todo eso, repito, conociendo ya la autoría islamista. ¿Insistieron en culpar a ETA por otras vías? Claro que sí.

El PSOE recibió una acusación brutal por parte del PP. Llegaron a afirmar que si el general Pavía había entrado en el Congreso a caballo, Zapatero lo había hecho en un tren de cercanías.[16] Los populares también culpaban, sin ningún fundamento, a los socialistas de haber ido a la sede del PP en la calle Génova a manifestarse, en la jornada de reflexión. Desde el principio, la conspiración mezcló diferentes temas y todos se alimentaban entre sí con vasos comunicantes.

En paralelo al enfrentamiento bipartidista, se desarrolla otra guerra: la periodística. Los medios que se coordinaban con el PP sostenían, sin ambages, que los terroristas habían ocupado el poder o que habían aupado al PSOE al Gobierno. Por tanto, lo consideraban ilegítimo.

Pedro J. Ramírez y Casimiro García-Abadillo desde *El Mundo* y Losantos desde la COPE fueron los padres de la conspiración. Sacaron muchos réditos. Jiménez Losantos creó *Libertad Digital*, financiada con la caja B, el dinero negro de la corrupción del PP.[17]

16. Agencias, «Dirigentes del PP insisten en tildar a Zapatero de "golpista"», Cadena SER, 17 de enero de 2006. Disponible en <https://cadenaser.com/ser/2006/01/17/espana/1137459019_850215.html>.

17. Tribunal Supremo (Sala de lo Penal), sentencia núm. 507/2020,

Otros medios mantuvieron una posición distinta. En *El País* recuerdo leer a José Yoldi o Pablo Ordaz. Eran más objetivos. Abordaban la guerra de Irak, hablaban del yihadismo y descartaban a ETA. Debo admitir que el *ABC* me sorprendió al rechazar las posturas conspiranoicas. Y *La Razón* también, porque llega un momento en que tampoco las suscribe. A nivel de audiencia, *El País, Público* o la SER fueron los medios más relevantes que constataban la autoría yihadista, con una línea editorial clara.

Envié a *El País* unas diez cartas al director, que recopilé en un libro del año 2006.[18] Otras treinta cartas aparecen en un segundo libro de 2007.[19] No me publicaron ninguna. Ni una sola. Tendrían más extensión de la permitida. Pero yo leía cartas más largas. Creo que ya tenían bastante con lo que estaba cayendo como para publicar las mías. Después de la sentencia no escribo más cartas y comienzo el blog *11-M Cartas al director.*[20] Ahí se pueden descargar los dos libros citados. En 2016, me eligen presidente de la Asociación 11-M Afectados del Terrorismo y el cargo no me deja tiempo para seguir escribiendo en el blog.

Unos diez días después del asesinato de Daniel, me acerqué a la estación de El Pozo. Su ausencia me llevaba al

---

14 de octubre de 2020. Disponible en <https://www.rtve.es/contenidos/documentos/sentencia-gurtel-ts.pdf>.

18. Eulogio Paz, *11-M, palabras para Daniel y cartas al director,* Rivas Vaciamadrid, Ayuntamiento de Rivas Vaciamadrid, 2006.

19. Eulogio Paz, *11-M Cartas al director,* Málaga, Del Planeta Rojo Ediciones, 2007.

20. Eulogio Paz, *11-M Cartas al director.* Disponible en <https://11mcartasaldirector.blogspot.com/>.

lugar cuyos alrededores quizás pudo contemplar por última vez mientras se paraba el tren de su vida. La posibilidad de encontrar palabras dejadas por sus amigas y amigos también me llevó hasta allí. Así fue. En la torre triangular que señala la estación había velas apagadas, flores y mensajes escritos en el suelo, en hojas de papel y sobre los tubos de hierro rojos. Leí como pude y luego, sin subir al andén, caminé por el pasadizo que comunica los dos lados de la estación. Más flores, velas, lazos negros, escritos, fotos y dibujos dedicados a los asesinados cubrían paredes y cristales. Pintadas más grandes llenaban los muros cercanos.

El día estaba nublado, como mis ojos. Me envolvió una sensación de incredulidad y vacío cuando abandoné la estación. Con el transcurrir de los días, pensé que el tiempo (el físico y el meteorológico) y los servicios de limpieza acabarían borrando aquellas palabras, los mensajes, los escritos... No quería que se perdiesen, que cayeran en el olvido. Pensé en regresar para copiarlos. Volví a la estación una soleada tarde de domingo de abril. Fui anotando en un viejo cuaderno de rayas las frases que conseguía leer. Hoy no queda ni rastro de todo aquello, pero está en ese primer libro. Para mí, para su familia, para sus amigas y amigos, para la sociedad, para la historia.

Contradicciones en el PP y cómo acabar con el terrorismo

A nivel político no hubo solo conflicto entre el PSOE y el PP, sino también luchas internas en este último partido.

Con el tiempo fueron aceptando la autoría yihadista por la acumulación de datos y evidencias. Pero una cosa es rumiarlo y otra exteriorizarlo. Lo segundo, no lo hicieron. Dar el brazo a torcer, no. Pedir perdón públicamente por mentirnos, tampoco. Había que salvaguardar el partido para recuperar el Gobierno por las buenas o por las malas. De ahí que Rajoy, en un momento dado, comparase el 11-M con el asesinato de Kennedy.

El 27 de noviembre de 2006 le respondí esto: «Rajoy tiene dos caras, o más, ante el 11-M. Dice creer en la ley y en los tribunales, pero calla y asiente en las manifestaciones a las que acude y en las que se despliegan pancartas con textos como: "11-M Mentira y manipulación", amén de otros improperios. [...] Lo último, de momento, es la comparación que hace entre el 11-M y el asesinato de Kennedy».

Manuel Fraga afirmó que las elecciones generales no se habían celebrado en condiciones normales ni legales después de los atentados. Entonces cabía preguntarle, como hice en mi blog, «¿por qué no denunció las elecciones antes de votar?, ¿acaso esperaba a si ganaba el PP y, entonces, serían legales?».

Estoy completamente de acuerdo con que se mantuviese la jornada electoral, para que los terroristas no interrumpiesen el proceso democrático. Pero, como apuntaba, tras el 11-M, comenzó una operación de deslegitimación de los Gobiernos del PSOE que continúa hasta hoy.

Condeno el terrorismo sin paliativos. No se justifica nunca, bajo ningún concepto. Pero para erradicarlo no bastan las actuaciones policiales. Se necesita explicar el contexto que lo produce, sus motivaciones ideológicas, económicas, religiosas, culturales, sociales y de cualquier otro tipo. Por otra parte, no procede usar el terrorismo y a las víctimas para una estrategia partidista. Si abandonan las armas, no cabe afirmar como el anterior presidente del PP, Pablo Casado, sobre Bildu: «No pueden conseguir por haber dejado de matar lo que pretendían conseguir matando».[21]

Estas palabras son un despropósito, dificultan la convivencia democrática. Son similares a las de Miguel Folguera, presidente de honor de la Asociación-Plataforma de Apoyo a las Víctimas del Terrorismo y consejero de la AVT. Tras nueve años de la desaparición de ETA, sostenía que «ETA está consiguiendo lo que no consiguió matando».[22] El mismo argumento, literal, que Casado.

Conviene recordar que José María Aznar, siendo presidente entre 1996 y 2004 negoció con ETA. Entonces sí que estaba viva y asesinaba. Te leo estas citas de Aznar: «El Gobierno y yo personalmente he autorizado contactos con el entorno del Movimiento Vasco de Liberación» (3 de noviembre de 1998); «Tomar posesión de un escaño siempre es preferible a empuñar las armas» (18 de diciembre de 1998).[23]

21. DNA, «Casado sitúa la elección de Fanjul al frente de NNGG en la senda de la lucha contra ETA», *Noticias de Álava,* 2021. Disponible en <https://www.noticiasdealava.eus/politica/2021/04/11/casado-situa-eleccion-fanjul-frente-1122579.html>.

22. *Revista Fundación de Víctimas del Terrorismo,* n.º 73, diciembre 2020, pág. 72 https://fundacionvt.org/catalogo/revistas/diciembre-2020/

23. Anónimo, «El capítulo que el PP quiere borrar de los libros de Historia», Servicio de Publicaciones de la Universidad de Valencia. Disponible en <https://www.uv.es/~pla/terrorisme/ETAPP.htm>.

Y solo añadir un par de datos: entre septiembre de 1998 y de 1999 el Gobierno del PP acercó más de ciento veinte presos etarras a cárceles próximas al País Vasco. Y permitió a más de trescientos exiliados vascos regresar a nuestro país.

Ojalá mañana (mejor hoy mismo) las organizaciones yihadistas o cualquier otra comuniquen que dejan de matar, como hizo ETA hace más de una década.

La Iglesia y los cuerpos de seguridad

Resultó muy significativa la connivencia de la jerarquía de la Iglesia con las teorías de la conspiración. Transmitieron a sus fieles lo que los conspiranoicos mantenían. No pocos obispos e instancias mayores exigieron «la verdad última»; cuestionando investigaciones policiales y sentencias de los tribunales. Por eso, el 14 de marzo de 2007 publiqué en mi blog que el obispo de Huesca, Jesús Sanz Montes, también se apuntaba a la teoría de la conspiración, diciendo: «Supongo que no pondrán más obstáculos para saber la verdad de la maraña confusa y confundida de otra matanza: el 11-M».[24]

Acudí a la misa de la Almudena con mi familia. «¿Por qué no?», pensé. También se hizo una misa católica en la universidad donde estudiaba Daniel. En la medida en que

24. Agencias, «El obispo de Huesca dice que la "sospecha" de la "matanza" del 11-M mira al Gobierno», Cadena SER, 12 de marzo de 2007. Disponible en https://cadenaser.com/ser/2007/03/12/espana/1173660619_850215.html.

alguien quisiera hacer algo por los fallecidos, había que estar. Pero no tenía sentido hacer aquella misa cuando había víctimas de diferentes religiones y confesiones. Debía haber sido una ceremonia laica.

Algo que innegablemente facilitó los atentados yihadistas fue que las fuerzas y cuerpos de seguridad del Estado estuvieran volcados en luchar contra ETA. El libro más documentado es el de Fernando Reinares, *11-M: La venganza de Al Qaeda*. Sobre los errores cometidos, concluye: «La matanza de los trenes de Cercanías pudo haberse evitado en numerosas ocasiones a lo largo de los más de dos años durante los cuales se planificó y preparó. Pudo haberse evitado si el conocimiento previo que sobre distintos miembros de la red del 11-M tenían en el Cuerpo Nacional de Policía (CNP) hubiese sido bien interpretado y compartido con la Guardia Civil; si no hubiese existido tanta descoordinación en ambos cuerpos policiales y entre ellos; si la visión de la amenaza yihadista no hubiese estado desenfocada en un Centro Nacional de Inteligencia (CNI) en proceso de adaptación; si la legislación y el entendimiento judicial hubiesen sido los necesarios; si Marruecos, Turquía, Francia y Bélgica hubiesen cooperado más y mejor; y si quienes, en las colectividades musulmanas o al margen de ellas, sospecharon de allegados o conocidos hubiesen antepuesto la lealtad cívica a otro tipo de lealtades. A todo ello habría coadyuvado una adecuada concienciación política y social sobre la actividad yihadista en España en la década previa al 11-M».[25]

25. Fernando Reinares, *11-M La venganza de Al Qaeda, op. cit.*, pág. 260.

Desde la asociación, asumimos judicialmente la Sentencia de la Audiencia Nacional del 31 de octubre de 2007 y la posterior Sentencia del Tribunal Supremo del 17 de julio de 2008. Ambas instancias concluyeron que miembros de células o grupos yihadistas realizaron los atentados. Consideramos más que suficiente la documentación que existe sobre los implicados en la planificación, preparación, ejecución y financiamiento. La dependencia de la célula del 11-M, respecto a Al Qaeda, es ideológica, organizativa y operativa.

Mi posicionamiento ante el juicio ya está recogido en mi declaración. Pido cadena perpetua para los asesinos de Daniel. Hubiese querido penas mayores. Lo mantengo, pero me ajusto a lo que dice el marco legal, que impide condenar a alguien de por vida. Tampoco apruebo que Rabei Osman el Sayed «el Egipcio» fuese absuelto por el principio *non bis idem:* había sido condenado en Italia y no se puede sancionar dos veces a una persona por los mismos hechos y con los mismos fundamentos. Lo mismo que antes: no me parece bien, pero lo acato. Admito este Estado de derecho y que los jueces dictan con arreglo a la ley.

Asociaciones de víctimas

En 2017 surgió el rumor de un informe guardado en el Ministerio del Interior con nuevos datos sobre el 11-M. El resultado fue demoledor para las asociaciones proclives a negar la autoría yihadista y que aún tratan de implicar a

ETA o a otros actores. En febrero solicitamos reunirnos con el entonces ministro del Interior del PP, Juan Ignacio Zoido. En una entrevista con la SER desmintió que hubiese «ningún elemento nuevo que aportase ninguna conclusión diferente a la judicial». Añadió que la Audiencia Nacional había «rechazado de plano este documento porque no aporta nada». Y concluyó que, siendo supuestamente tan novedoso, «no contiene ningún dato o elemento incriminatorio diferente que justifique la reapertura del procedimiento».[26]

Informes como el mencionado son los que en 2019 decía tener el comisario Villarejo. Presumía de saber mucho. Pero, en la Audiencia Nacional, nada de nada. La documentación que presentó, según el juez, «carece de precisión y verosimilitud, se basa en juicios de valor y en una mera recopilación de informaciones periodísticas».[27]

Los bulos sobre el 11-M vienen de lejos y reaparecen cada cierto tiempo como novedades. Sorprenden, por ejemplo, esas pegatinas o pintadas que aparecen con frecuencia. En ellas se lee: «11-M = Marruecos. Autores: Francia, PSOE, Zapatero. Claves: Sahara Occidental y elecciones 2004». Si uno le buscara explicación, sería algo tan absurdo

26. Ana Terradillos, «Interior comunica a las víctimas que según la fiscalía no hay indicios nuevos en el 11-M», Cadena SER, 20 de febrero de 2017. Disponible en <https://cadenaser.com/ser/2017/02/20/tribunales/1487625032_318828.html>.

27. Fernando J. Pérez, «La Fiscalía se opone a que se reabra el sumario del 11-M tras la declaración de Villarejo», *El País,* 4 de abril de 2019. Disponible en <https://elpais.com/politica/2019/04/04/actualidad/1554382463_632814.html>.

como que, tras la intervención de España en el islote de Perejil, unida al conflicto por el Sahara, Marruecos gesta ese atentado. Y, como mantiene amistad histórica con Francia, esta también participaría de algún modo. Lo cierto es que el negacionismo de la autoría yihadista dificulta la unidad entre algunas asociaciones de víctimas.

Los titulares y las entradillas de esta noticia de 2014 revelan una situación preocupante: «Un juez castiga el último intento de resucitar en los tribunales los bulos sobre el 11-M. Obliga a la AVT y a otra asociación de víctimas próxima al PP madrileño a pagar la defensa del exjefe de los Tédax y una perito. El juez resalta la connivencia de la querella con las «terminales mediáticas» de la teoría de la conspiración. Acudieron al juzgado al día siguiente de que se archivara una denuncia con los mismos indicios, recogidos en un libro de la editorial de *El Mundo*».[28] Según el juez, continúa diciendo la noticia que cito, la asociación querellante incurrió en «abuso de demanda», «fraude de la ley procesal» y «temeridad». Entre los orígenes de esta demanda, el juez recuerda la denuncia previa del partido fascista Alternativa Española (AES).

Hablamos de un acoso judicial a unos servidores públicos que arranca en 2009 y no acaba hasta 2014. Cinco años, pues, de trámites legales y de dinero público para sostener una falacia y, por supuesto, vender periódicos. Conviene

28. Pedro Águeda, «Un juez castiga el último intento de resucitar en los tribunales los bulos sobre el 11-M», *eldiario.es,* 24/ de julio de 2014. Disponible en <https://www.eldiario.es/politica/auto_1_4741196.html>.

recordar que la Asociación de Víctimas del 11-M pidió al Senado una reforma legal para evitar que en 2024 prescriban los delitos del 11-M sin que hayan sido juzgados los autores intelectuales y sus financiadores.[29] Insisten, por tanto, en los mismos argumentos que emplearon en el juicio de los atentados. Su iniciativa se suma a las de otras asociaciones de víctimas, que también solicitan que no prescriban determinados asesinatos de ETA, entre ellos el de Miguel Ángel Blanco. Una vez más, se mezclan ambos terrorismos presentándolos como iguales ante la opinión pública. Deberían dejar de hablar de «las víctimas» así, en general, sin distinguir las asociaciones y olvidando incluso a la gente no asociada.

La politóloga e historiadora Mercedes Cabrera, que fue ministra de Educación y Ciencia entre 2006 y 2009, narra en su libro que Gómez Bermúdez, el juez que presidió el macrojuicio del 11-M, «tuvo que llamar la atención y cortar en seco al abogado [de la ahora llamada Asociación de Víctimas del 11-M], José María de Pablo Hermida, que aprovechaba cualquier oportunidad para colar una "teoría de la conspiración" que se hundía. Era evidente la relación entre algunos abogados de las acusaciones y los comentarios en los medios de comunicación afines, hasta el punto de que Gómez Bermúdez tuvo que recordarle a De Pablo que tenía que atenerse a su escrito de acusación contra los vein-

29. Eulogio Paz, «Saludo», 11Magina, Asociación 11-M Afectados por el Terrorismo, 12 de diciembre de 2022. https://asociacion11m.org/saludo-de-eulogio-paz-en-el-numero-21-de-la-revista-11magina/

tinueve procesados, sin que se hubiera establecido en dicho escrito vinculación alguna con ETA».[30]

Cabrera escribió: «La Asociación de Víctimas del Terrorismo (AVT) y la Asociación de Ayuda a las Víctimas del 11-M siguieron planteando en sus conclusiones definitivas la posible presencia de ETA o de una trama policial detrás de los atentados. Las de la AVT sostuvieron que estos fueron fruto de la "confluencia" de organizaciones terroristas y que gran parte de los imputados estaban colaborando de una u otra manera con fuerzas policiales. José María de Pablo Hermida afirmó que [...] había indicios suficientes sobre la existencia de una "cuarta trama", de la que la fiscalía había pretendido huir durante todo el tiempo».

La supuesta *cuarta trama,* además de sostener la colaboración yihadista con la policía, no excluía a los etarras. Nosotros, los afectados nos plantamos ante estos infundios. En cambio, como dice Cabrera, «la [...] asociación de Ayuda a Víctimas del 11-M, defendió que fueron los acusados quienes pusieron las bombas, pero que tuvieron la ayuda de ETA. [...] Frente a ellas, la Asociación 11-M Afectados del Terrorismo no dudaba de la autoría yihadista y pidió prisión provisional inmediata para nueve acusados que estaban en libertad provisional».[31] Hicimos todo lo posible para que no se fugaran o resultaran absueltos.

Para entender lo anterior, partamos de que Ángeles Pedraza presidió la AVT de 2010 a 2016. Nos une el mismo

30. Mercedes Cabrera, *11 de marzo de 2004. El día del mayor atentado de la historia de España,* Madrid, Taurus, 2020, pág. 190.

31. *Ibid.,* pág. 202.

drama. El 11-M ella perdió a su hija Myriam; yo a mi hijo Daniel. Por lo tanto, toda mi solidaridad y todo mi respeto para con ella, en tanto que víctima del yihadismo. Pero llama la atención que la nombraran presidenta de la AVT: ¿una víctima de Al Qaeda preside una asociación con tanta historia y compuesta mayoritariamente por víctimas de ETA? Eran los tiempos en los que el PP y la AVT se manifestaban juntos y constantemente contra Zapatero. El rechazo a que este negociase el fin de ETA se ligaba a los bulos sobre la banda terrorista en el 11-M.

Los tiempos han cambiado. ETA desapareció, pero el yihadismo sigue vigente. Por tanto, las contradicciones de Ángeles Pedraza se agravaron. Así, en su discurso en la manifestación del 24 de enero de 2015, que convocó la AVT en Madrid, se refirió a ETA y a sus marcas electorales: Bildu, Sortu, Amaiur... No mencionó a los yihadistas que asesinaron a su hija. A fecha de hoy es presidenta de honor de la AVT y vicepresidenta de la Fundación de Víctimas del Terrorismo. También fue nombrada por el Gobierno autonómico del PP para gestionar la Cañada Real, una zona de chabolismo en la periferia marginal de Madrid. Rechazó dicho nombramiento y aceptó ser gerente del organismo autónomo del teléfono de emergencias 112. Y en 2019 se presentó como candidata al Senado por el PP.

Que cada cual trabaje, milite u ocupe cargos políticos donde quiera y pueda. ¡Faltaría más! Pero a nuestra asociación se le acusa de estar «politizada» desde que existe. Mientras que quien fuera presidente de la AVT, Felipe Alcaraz, es senador por Vox; partido fundado, entre otros por José Antonio Ortega Lara. O Mari Mar Blanco (hermana de Miguel Ángel

Blanco, asesinado por ETA en Ermua) ha sido diputada del PP mientras presidía la Fundación de Víctimas del Terrorismo. Por esa duplicidad pedimos que dimitiese del segundo cargo. En la actualidad es diputada del PP en la Asamblea de Madrid. En un artículo de 2015, dedicado al terrorismo yihadista, Mari Mar recordaba a víctimas recientes de ETA.[32] Pero olvidaba citar a Laura Vega, víctima del 11-M que, tras diez años de coma, había muerto en fechas cercanas. Que el recuerdo de unas víctimas, por favor, no vuelva a ser excusa para olvidar a otras. Y tampoco un elemento de confusión sobre quien mató a nuestros seres más queridos.

Ninguno de los mencionados impulsó la concesión de las indemnizaciones ni las distinciones honoríficas a los no empadronados en la Comunidad de Madrid (CAM). Nosotros lo batallamos, sin estar en las instituciones ni militar en partidos. Hasta el 2018 no se aprobó la Ley para la Protección, Reconocimiento y Memoria de las Víctimas del Terrorismo en la CAM. Pero no atendían nuestra propuesta respecto al empadronamiento. Logramos que corrigieran esa discriminación en 2022.

El entramado político de las teorías de la conspiración también ha incurrido en redes clientelares y de financiación corruptas. El 11-M fue actualidad cuando el juicio de la Gürtel. Isabel Jordán, imputada por administrar las sociedades del cabecilla de la trama, Francisco Correa, confirmó y detalló ante el tribunal que el Gobierno de la Comu-

32. Mari Mar Blanco, «Terrorismo yihadista: la amenaza global», *Fundación. Todos somos víctimas del terrorismo,* nº 51, junio de 2015, págs. 4-5.

nidad, presidido por Esperanza Aguirre, troceó los contratos de los actos de homenaje por el 11-M. Según testificó, lo hizo para, así, eludir la adjudicación del concurso y que recayera en empresas vinculadas a la trama.[33]

Lazos, tensiones institucionales y memoriales

Incluso con el aval de las sentencias judiciales, algunas instituciones muy cercanas nos marginaron. En los primeros años (es decir, los más duros) ni la Comunidad de Madrid con Esperanza Aguirre ni el PP con Mariano Rajoy mostraron afinidad con nuestra asociación, que carece de ánimo de lucro. Trabajamos con subvenciones del Ministerio del Interior y el de Derechos Sociales y Agenda 2030, con la Fundación de Víctimas del Terrorismo... En 2016 y 2017 recibimos 30.000 euros anuales de la Comunidad de Madrid. Los años posteriores 40.000 euros anuales. En el 2023, 44.630 euros. Y del Ayuntamiento hemos pasado de 20.000 euros, por ejemplo, en 2007, a 25.000 euros en 2020. Te hablo de los años en los que yo he presidido la asociación. Esto indica que, con el tiempo, hemos conseguido algo más de reconocimiento.

Otros Gobiernos autonómicos (Navarra y el País Vasco) nos ayudan económicamente insertando publicidad ins-

33. Europapress, «El Gobierno de Aguirre ordenó a Gürtel trocear las facturas del acto de homenaje a las víctimas del 11M», *eldiario.es,* 11 de noviembre de 2016. Disponible en <https://www.eldiario.es/politica/comunidad-madrid-gurtel-facturas-victimas_1_3739879.html>.

titucional en nuestra revista *11Magina.* Con la Generalitat Valenciana mantenemos un convenio de colaboración para llevarles la exposición «Trazos y puntadas para el recuerdo». También mantenemos charlas en institutos en el proyecto *Testimonios en las Aulas*. Renfe colabora con una página de publicidad... Toda la actividad está sujeta a contingencias administrativas y presupuestarias.

Los memoriales son otro ejemplo de lo que cuesta cambiar la visión de algunas administraciones. Después de dieciocho años, conseguimos que colocasen una placa en el Bosque del Recuerdo (¡antes lo llamaron de los Ausentes!), que está en el Parque del Retiro de Madrid. Hablo de una placa alusiva a las víctimas del 11-M y a la autoría yihadista. La primera se había colocado en 2005 y no hacía ninguna mención. También hemos solicitado que se ponga un árbol más, el 192, en memoria de Laura Vega, que falleció en el 2014 después de diez años en coma. Y, transcurridos diecinueve, logramos el memorial de la calle Téllez, uno de los lugares cercanos al casco urbano de Madrid donde explosionó un tren. En ambos casos nos ayudó la Junta Municipal de Retiro.

Ya sabemos lo que significa mentar a ETA junto al 11-M, pues ocurre, por ejemplo, en el Monumento de Homenaje a las Víctimas del 11 de marzo en San Agustín de Guadalix. El Ayuntamiento lo cambió de sitio y usurpó su identidad soldándole una placa con nombres de 242 guardias civiles asesinados por ETA. Apenas es un ejemplo. No nos queda otra que seguir peleando para recuperar el sentido original de este y otros memoriales.

Estoy recordando ahora que el alcalde de Madrid, Martínez Almeida, abandonó el acto celebrado en 2019, en Atocha, por el aniversario del 11-M. En mi discurso critiqué el tratamiento de los atentados, a mi juicio, incorrecto, en el libro *Breve Historia de España.*[34] Es un texto de referencia y minimiza la desinformación gubernamental y la manipulación parlamentaria posterior al 11-M. Almeida puso un tuit en el que decía que abandonaba el acto «tras quince minutos de insultos intolerables al PP». Y concluía que no era «un día para hacer mítines políticos».[35] Había elecciones municipales próximas. Desde luego, por mi parte no hubo ningún insulto ni mensaje electoral.

Almeida nunca se fue de ninguno de los actos que hace la AVT cada 11 de marzo en el Bosque del Recuerdo donde hablan más de ETA que del yihadismo. Cuando Almeida ganó las elecciones, le solicitamos una reunión. Nos la concedió. Y le solicitamos un local para nuestras actividades, recordándole que la alcaldesa Ana Botella le concedió uno a la AVT hacía más de diez años. Aún esperamos el nuestro.

Seguiremos haciendo y diciendo lo mismo, gobierne quien gobierne. Quien nos acuse de partidismo debiera saber que también nos reunimos con la alcaldesa Manuela

34. Fernando García de Cortázar y José Manuel González Vesga, *Breve historia de España,* Madrid, Alianza, 2012.

35. José Luis Martínez Almeida (@AlmeidaPP_), «Tras más de 15 minutos seguidos de insultos intolerables al PP, esta mañana he decidido abandonar el acto de Atocha que debía ser en recuerdo a las víctimas del #11deMarzo. Es un día de respeto, homenaje y de unidad, no un día para hacer mítines políticos» (tuit), X, 11 de marzo de 2019. Disponible en <https://twitter.com/AlmeidaPP_/status/1105080927527546881>.

Carmena para presentarles nuestra labor. También le solicitamos un local. Y nada. No aceptamos el que nos ofrecían porque no reunía las condiciones necesarias y había que hacer obras de un coste importante. No exagero si hablo de agravio comparativo.

A la nueva Comisionada de Víctimas del Terrorismo de la Comunidad de Madrid, elegida en 2020, también le solicitamos un local. El que tenemos es muy pequeño y tiene serios problemas de accesibilidad y seguridad. Hablamos de víctimas, algunas con secuelas y discapacidades. A día de hoy, la Comunidad de Madrid no nos ha concedido un espacio para trabajar y reunirnos. De hecho, pagamos más de 1.300 euros al mes de alquiler.

Revictimizados: hacia el veinte aniversario

La revictimización es el efecto último de las teorías de la conspiración en nuestras vidas. Supone la imposibilidad de completar el luto por las constantes insidias y las dudas sobre quiénes te arrebataron a tus seres más queridos, te amputaron o lesionaron el cuerpo y las ganas de vivir. A esto nos han sometido. En mi blog, el 13 de noviembre de 2011, hablaba de si había o no metralla en los cuerpos de los fallecidos y heridos, y reconocía que «De todos los realizados hasta ahora, este es el texto que más me ha costado escribir y publicar».

La forense del 11-M, Carmen Baladía había declarado que en los cadáveres no había metralla. Hacía siete años de la masacre y los conspiranoicos intentaban anular la principal prueba de cargo del sumario. Así que me veía obligado a recordar en público y con todo detalle el mecanismo explosivo que acabó con la vida de mi hijo. Luego tenía que plantear cuáles habrían sido los efectos de la metralla en su cuerpo. Lo grave es que yo no reproducía nada más que el contenido de una sentencia en firme, que debía haber sido el punto de partida y llegada de cualquier elucubración.

Más daño, si cabe, generó la violencia verbal desatada contra nosotros. «Por esta puta y cuatro muertos de mierda perdimos las elecciones». Estas palabras fueron proferidas por el exministro del PP, Francisco Álvarez Cascos, según contó Pilar en su día. Ella también denunció que el exvicealcalde de Madrid, Manuel Cobo, de nuevo, del PP, llegó a calificar el proyecto del memorial en El Pozo de «otro *monumentito* para el 11-M», añadiendo que «cualquier día lo van a pedir las putas de la calle Montera y se va a tener que hacer».[36]

A fecha de hoy nuestra asociación se centra en atender a víctimas de los atentados, familiares de fallecidos y heridos. La atención médica siempre es prioritaria. Por ejemplo, si la explosión te afectó al oído y sigues perdiendo audición, necesitas audífonos nuevos. Otras víctimas requieren otro tipo de prótesis... En fin, lo que sea. Estas necesidades

36. Redacción, «"Por esta puta y 4 muertos de mierda perdimos las elecciones". Álvarez Cascos insulta a Pilar Manjón (Asociación 11M)», *Libre diario digital*, 4 de abril de 2019. Disponible en <http://www.librediariodigital.net/texto-diario/mostrar/1377284/esta-puta-4-muertos-mierda-perdimos-elecciones-alvarez-cascos-insulta-pilar-manjon-asociacion-11m>.

nunca terminan. Algunas secuelas mejoran o llegan a curar. Pero otros casos se agravan.

También damos atención psicológica: terapias individuales y de grupo para superar traumas o recaídas cuando hay otros atentados o en los aniversarios. Con nosotros colaboran siete psicólogas, que, al cabo de un año, pueden realizar unas 1.200 atenciones. A esto se añaden las ayudas sociales (pagos de alquiler, luz, agua, etcétera) y las jurídicas para defender los derechos como víctimas del terrorismo. Otro frente son las ayudas de formación para reciclarse y encontrar un trabajo nuevo cuando no pueden realizar el que tenían antes del atentado.

Además, nos ocupamos de construir una memoria lo más completa y objetiva posible de lo que ocurrió antes, durante y después del 11-M. Nos basamos, por supuesto, en el relato objetivo de lo ocurrido. Es decir, defendemos los hechos probados y la evidencia documentada, denunciando las teorías sin fundamento. Esta tarea cobra especial importancia camino de que se cumplan veinte años desde los atentados.

El grado de memoria histórica que existe sobre el 11-M es muy escaso. Aún necesitamos construir un relato objetivo de lo ocurrido, además de dar testimonio personal y presencial en las aulas. Con el tiempo desaparecemos y quedará lo escrito en los libros de Historia. El objetivo es que se hable del 11-M como un hecho histórico, igual que se estudian (o debieran estudiarse) en colegios e institutos el 23-F o la guerra civil, la guerra de la independencia... La pedagogía social es fundamental para acabar con la violencia política.

En un encuentro europeo con las asociaciones de víctimas en el año 2022 sostuve, claro está, que el terrorismo no tiene ninguna justificación, pero que era necesario comprenderlo: «La palabra terrorismo está asociada con la palabra política y lo que lo hace ilegítimo y condenable es la forma de resolver las discrepancias; esto es, asesinando al diferente, sembrando el terror entre las personas y en la sociedad en su conjunto. La forma de resolver los conflictos solo ha de ser la política en democracia».[37]

La memoria histórica debe basarse en la educación y concienciación, principalmente de la juventud, para que no caiga en las redes del terrorismo yihadista ni de ningún otro. Todo esto conlleva muchísimo trabajo, en gran parte voluntario y no renumerado. Recibimos las subvenciones que antes cité, pero no son suficientes. En nada nos ayudan decisiones como la del Ministerio de Derechos Sociales y Agenda 2030, cuando lo dirigía Ione Belarra. En el 2021 nos requirió un importe de 65.851,56 euros por no haber estampillado algunas facturas del año 2012. Pero los sellos estaban en informes anexos que daban cuenta de los trabajos facturados. Quisimos solucionarlo, pero nos encontramos con una respuesta negativa, por lo que judicializamos el asunto.

Si me preguntaran cómo querría que fuera el veinte aniversario, diría que, a medio año de inaugurar el 2024,

37. Violeta Luca, «Eulogio Paz interviene en el Parlamento Europeo», *11Magina*, n.º 22, junio de 2023, págs. 40-41. Disponible en <https://asociacion11m.org/wp-content/uploads/2023/05/IIMAGINA-22_WEB.pdf>.

solo nos han llamado para proyectar el excelente documental de Netflix, *11-M*.[38] Suelen contactarnos solo en los aniversarios, y en este, que es el vigésimo, no parece que vaya a haber ninguna diferencia con los anteriores.

38. José Gómez, *11M,* Villa Lunera Films, Sirius Pictures, Rogue Films, 2022.

José Antonio Zarzalejos

Director de ABC entre 1999 y 2004, y entre 2005 y 2008. Cesado por no suscribir la teoría de la conspiración

Decía Hanna Arendt en su ensayo *Verdad y mentira en la política*[39] que tanto el filósofo como el periodista deben tener una «mirada hostil» sobre la realidad. Empleaba esa expresión un tanto brutal. Pero es cierto que no hay realidad que, inicialmente, el periodista tenga que observar con complacencia. Aunque yo no proyecto una mirada hostil por sistema. Quizás porque me parece excesivamente apriorística y reactiva. Pero sí tengo una mirada inicialmente desprejuiciada. El testimonio o la versión que me ofrecen me tiene que convencer de su bondad y veracidad. Aplico así la técnica profesional que he desarrollado con los años.

Como estamos recordando la tragedia del 11-M, hay una cuestión previa que quiero dejar clara. La razón por la que escribí *La destitución*[40] tras ser cesado como direc-

39. Hannah Arendt, *Verdad y mentira en la política,* Barcelona, Página Indómita, 2017.

40. José Antonio Zarzalejos, *La destitución. Historia de un periodismo imposible,* Barcelona, Península, 2010.

tor de *ABC* de modo fulminante y sin ningún tipo de explicación el 6 de febrero de 2008 era la pretensión de contar la verdad. No se trató de un ajuste de cuentas. No, no lo fue. Si hubiese querido ajustar cuentas habría escrito otro texto y desvelado otros episodios. Pero llega un momento en la vida en el que se impone la necesidad de contar *tu* verdad. Por eso publiqué ese libro con un subtítulo que resulta clave: *Historia de un periodismo imposible*. Aludía a la razón última por la que me cesaron.

Aquello ocurrió, fundamentalmente, porque en el año 2007 (y, en concreto, antes de las elecciones de 2008) me mantuve en la convicción de que bajo ningún concepto el *ABC* iba a unirse (y tampoco iba a callarse) ante las llamadas «teorías de la conspiración» que atribuían la autoría del atentado a ETA cuando fue perpetrado por el yihadismo. Hay que reivindicar la verdad en la que se cree. No como venganza, sino como una explicación que quede en la hemeroteca y en algunas bibliotecas. Este, para mí, es un preámbulo importante. Lo que algunos pensaron que era un ajuste de cuentas no lo es. Fue y es *mi* verdad.

Periodismo, verdad y cinismo

En el libro cito a Kapuściński y, en concreto, su afirmación de que el cinismo es incompatible con ejercer el periodismo. Y un periodista es un cínico cuando sabe la verdad pero construye otra versión supuestamente alternativa, un relato ficticio e inventado, siendo consciente de que no es el verdadero. Eso se puede calificar antes de cinismo que de falsedad. Porque quien lo practica, en el fondo, lo que persigue es, por una parte, adquirir notoriedad, y, por otra, defender intereses espurios que nada tienen que ver con la misión de nuestra profesión.

Nuestro oficio consiste en intentar ser veraces. Y la veracidad difiere de la verdad. La verdad es un concepto absoluto y nadie está en posesión de ella. Por tanto, los periodistas trabajamos por alcanzar la veracidad de las versiones que transmitimos. Se trata de tener la conciencia tranquila de que hemos desplegado toda nuestra capacidad profesional para contrastar la versión de los hechos o la interpretación de determinadas circunstancias y ciertos episodios. El cinismo es exactamente lo contrario. Consiste en *comprar* un material que se sabe informativamente averiado. Se tunea como si fuese cierto y se vende a sabiendas de su falta de veracidad; una falsedad con apariencia de verdad.

A ese cinismo es al que me refiero y hago extensivo a todos aquellos que vendieron una versión del 11-M que califico de conspiranoica. Atribuían primero a ETA y luego a intereses ocultos la autoría de aquel terrible atentado. En la actualidad, prácticamente ya no lo hacen. Incluso se avergüenzan. Pedro José Ramírez no brinda explicación alguna sobre este tema en el primer tomo de sus memorias. Elude el asunto porque sabe que se comportó como un cínico. Y en el reportaje de Netflix sobre el 11-M habla de aquello como si no fuese con él.[41] ¿Cómo? Pero vamos a ver, Pedro J., si esto lo formateaste tú. Olvido lógico, porque constituye todo un baldón dentro de su trayectoria. Lo mismo pue-

41. José Gómez, *op. cit.*

de decirse de Federico Jiménez Losantos y de otros muchos que estuvieron en esa conspiración estúpida y un tanto malvada.

Ahora no quieren reconocer que fue una grave invención que ha causado mucho daño. Te diré por qué. Recuperando los adjetivos de la cita de Kapuściński, se trató de algo «indigno e inhumano». La dignidad consiste en sostener una actitud propia que tenga alguna serie de valores. Entre ellos, el valor de la empatía con las víctimas. Eso es lo fundamental. Lo otro, el antónimo de la dignidad, sería la inhumanidad, y van de la mano. Se trata de lo mismo que con los atentados que sí cometió ETA. Si tú no cuentas la verdad del victimario tampoco cuentas la verdad de la víctima. Victimario y víctima están unidos casi de forma hipostática, en el sentido de que la razón del delito reside en la relación que existe entre ambos. De tal manera que, si tú los desacoplas, se genera un proceso de cosificación de la víctima.

Cobertura de los atentados

El protocolo que apliqué como director de *ABC* para informar de los atentados era muy sencillo. Yo venía del País Vasco. Y estaba muy familiarizado con el *modus operandi* de ETA. Todas las bandas terroristas tienen un modo de proceder que constituye una de sus debilidades frente a la acción policial que les investiga. Ese *modus operandi* forma parte de su cultura: de una cultura asesina y sin piedad. En eso ETA era igual que los yihadistas. Pero su forma de operar yo la tenía muy interiorizada.

Había nacido en Bilbao, viví los años ochenta de plomo, dirigí *El Correo* en los años noventa, que fueron años brutales porque, aunque no fueron los más letales (los atentados no eran indiscriminados y masivos) cualitativamente fueron bestiales. Los viví de manera muy próxima. Por lo tanto, yo conocía bastante bien cómo actuaba ETA. Y, a partir de las diez y media o las once de la mañana del día 11 de marzo de 2004, los acontecimientos comenzaban a no cuadrarme. ¿Por qué? Pues por tratarse de un atentado de tales dimensiones. A esa hora ya llevábamos como ochenta y tantos muertos y en distintos lugares.

No encajaban dos cosas. La primera, que ETA siempre ha tratado de llegar a un límite criminal cuantitativo o cualitativo, pero tenía líneas rojas. Con la masacre de Hipercor en Barcelona, que fue la que más víctimas produjo, hubo una convulsión en la banda y su entorno. A partir de entonces mucha gente se separó de la organización terrorista. ¿Por qué? Porque el terror tiene que administrarse como un veneno letal: en dosis adecuadas para que no se vuelva un bumerán contra los autores. Eso siempre lo cuidó ETA; matar sí, pero, como llegó a escribirse en sus panfletos internos «no demasiado».

La cuestión es que precisamente el exceso de crueldad arruinó a ETA. A ETA le desvencijó la crueldad ejercida con Ortega Lara y Miguel Ángel Blanco. Ambas barbaridades establecen un parteaguas histórico, a partir del cual ETA empieza a perder. Ese es el año, el verano del 97. Entonces comienza la decadencia. Porque se establece una distancia abismal entre la sociedad vasca y ETA, entre esta e incluso la sociedad nacionalista. Los asesinos dicen que matan en nombre de un pueblo y unos ideales (algunos compartidos con una parte de la sociedad vasca) pero nadie sensato los ve reflejados en esas acciones brutales.

A las once de la mañana del día 11 me llamó el presidente del Gobierno. Y me explicó lo que estaba pasando. También habló con otros directores de periódicos de Madrid y de Barcelona. Me transmitió que, en su criterio, según las fuentes policiales y según había declarado el *lehendakari* a las nueve de la mañana, se trataba de un atentado de ETA. Mi comentario a José María Aznar fue: «Presidente, esto a mí no me cuadra». No me cuadraba porque, vuelvo a repetirlo, estábamos en torno a los ochenta y tantos muertos a las once de la mañana... Eso era insoportable incluso para ETA. No obstante, el editorial del 12 de marzo se redactó conforme a la información oficial según la cual la autoría correspondía a la organización terrorista ETA porque los textos editoriales no se basan en las impresiones personales del director del medio, sino en informaciones oficiales.[42]

42. El editorial del 12 de marzo de 2004 en *ABC,* «Nuestro sangriento 11-M», refrendaba la autoría etarra: «No es precisa ninguna otra apelación ideológica, ni partidista, ni telúrica. Este sangriento escenario es la imagen que devuelve el espejo en el que se mira ETA. [...] [L]a bestialidad etarra alcanzó ayer en Madrid tales proporciones de indiscriminación, de cuantía asesina y de vesania criminal que la memoria no podrá eludir el día más trágico y más infamante para ellos y para sus círculos concéntricos de comprensión y amparo». Redacción, «Nuestro sangriento 11-M», *ABC,* 12 de marzo de 2004. Disponible en <https://www.abc.es/opinion/abci-nuestro-sangriento-200403120300-962394695432_noticia.html>.

Como no encajaba, había llamado antes a Bilbao y hablado con gente muy próxima a Herri Batasuna. Me dijeron que aquello no era obra de ETA. Refrendaban lo extraño del *modus operandi*. Incluso le llegué a decir a Aznar: «Presidente, si fuese ETA en este momento, en Bilbao, la gente de Batasuna estaría cogiendo su coche y yéndose al sur de Francia después de semejante monstruosidad». Eso le molestó. «¿No me crees o es que no te convence?». En aquel momento Aznar tenía en la cabeza que, en fechas anteriores muy próximas, se habían producido intentos frustrados de atentados etarras en la estación de Chamartín y en vías ferroviarias. Y, por tanto, ese perfume de sospecha hacia ETA lo impregnaba todo.

Salí de mi despacho después de hablar con el presidente. Íbamos a publicar una edición especial y ordené que la atribución del atentado a ETA no fuera en el título principal, sino en un subtítulo que atribuyese la masacre a la banda, según la versión del Gobierno. E indiqué la necesidad de retirar todos los cintillos que unificaban la información de varias páginas con «Atentado de ETA». Después me reuní de forma inmediata con los profesionales que en *ABC* llevaban temas de terrorismo, sucesos, contactos con la policía, con los servicios de inteligencia y les organicé como una sección autónoma. Creé ese grupo de trabajo y también otro con profesionales de información internacional y los corresponsales extranjeros. Por último, establecí un tercer grupo de edición.

Nos reuníamos cada dos horas. La tesis de la autoría de ETA iba fragilizándose. Tenía confianza en el criterio de mis profesionales. Me constaba que estaban haciendo un esfuerzo monumental. Así que mi obligación era respaldarles. Como ya señalé, por una parte, la experiencia propia jugó un papel importante. Por otra, me llegaban los *inputs* de mis redactores. Todo me conducía, desde un primer momento, a sostener la duda razonable de que fuese ETA. Y, después, a prácticamente alcanzar la convicción de que no había sido la banda terrorista. Esa convicción terminó fraguando, creo, a las cuarenta y ocho o setenta y dos horas de los atentados.

Ese fue el único protocolo que manejé. Porque entonces no se produce la teoría de la conspiración. No nos equivoquemos. El propio diario *El País* (dirigido entonces por Jesús Ceberio, también bilbaíno) transmitió la versión de la autoría etarra. El colega suele reconocer que entonces cometió su mayor error profesional, haciendo caso a Aznar y titulando con ETA como autora. Lo dice en ese documental de Netflix y también en conversaciones privadas. A mí me lo ha dicho en alguna ocasión. En *El País* no estaban acostumbrados a que les llamase Aznar. El presidente les pareció convincente, entre otras razones, porque *El País* y Aznar mantenían relaciones distantes. La teoría de la conspiración es posterior.

Teoría de la conspiración

El Gobierno de Aznar y, en concreto, un núcleo de ministros en el que figuraba Eduardo Zaplana mantenían una relación cualificadísima e intensa con algunos medios, fundamentalmente con Federico Jiménez Losantos y Pedro J. Ramírez.

Uno estaba en la COPE y el otro dirigía *El Mundo*. No solo eso. Ese entramado político y mediático también tiene una derivación en Telemadrid, que estaba controlada por la presidenta de la Comunidad de Madrid, Esperanza Aguirre. En esos círculos cundía el amiguismo.

La relación espuria con determinados medios favorecía un sistema de competencia desleal. Lo que se traducía en la compra masiva de ejemplares a través de entidades de la Comunidad Autónoma de Madrid, como el Canal de Isabel II. Las empresas públicas de entonces compraban diariamente miles y miles de ejemplares de *El Mundo*. También se favorecía informativamente a estos medios, y, además, se les beneficiaba con patrocinios en las promociones y la publicidad institucional, concedida más allá de cualquier criterio objetivo.

En el libro *La destitución* sostengo que el Gobierno, inicialmente, no mentía. Aunque también aseguro que de Zaplana «no respondía». Me parece un mentiroso compulsivo. Un hombre lleno de trapacerías. En cambio, creo que José María Aznar y Ángel Acebes tuvieron en un principio la convicción de que era ETA. Inicialmente no percibí que nos mintiesen. Pero luego ni Aznar ni ninguno de los protagonistas de aquel Gobierno han salido a reconocer el error: no fue ETA, fueron los yihadistas. Percibí que toda la gestión de la crisis había sido muy defectuosa. Luego ya sí hubo una cierta mentira. ¿Por qué no rectificar? No, no les he oído ninguna rectificación. Y todavía son renuentes a reconocer que aquello fue, primero, un error de diagnóstico. Después se convirtió en una estrategia política. Y eso me parece realmente rechazable.

Seamos rigurosos: el PP, antes del 11 de marzo de 2004, no tenía mayoría absoluta. Días después de las elecciones, me llamó Mariano Rajoy y tomamos café en su despacho de la calle Génova. Me dijo: «José Antonio, nosotros no teníamos mayoría absoluta, estábamos ahí, mira». Y me enseñó un cuaderno con los datos. No la tenían. Entonces, ¿qué ocurrió? Que, con una pulsión un poco irracional, se le acusa a ETA, porque quizás pensaron: «Nosotros, que hemos sido el Gobierno que combatió a ETA por tierra, mar y aire... los votantes verán la necesidad de que sigamos en el poder». Y esa fue una primera lectura, profundamente errónea. Cierto es que la hizo explícita Ignacio Astarloa, que era el secretario de Estado de Seguridad y Letrado en cortes. Tenía vara alta y era un hombre escuchado en el Gobierno. Lo dice expresamente y ellos pensaron: «Si ha sido ETA, somos el Gobierno que cuenta con más *expertise* para reprimirla». Y creo que algunos se dejaron llevar por esa inercia fatal creyendo en su verosimilitud.

¿Qué protocolo se tendría que haber utilizado? Uno muy evidente. Aznar tenía que haber cogido el teléfono, llamado al jefe de la oposición y a los líderes de los distintos grupos parlamentarios, citarlos en La Moncloa y sacarse una foto todos juntos, con una declaración institucional, que fuese puramente humana y en la que nadie tratase de sacar ningún rédito de aquella situación. Porque, además, se estaba produciendo una magnífica reacción por parte de la sociedad madrileña.

La gente se volcó. No solo los bomberos y el Sámur, también la policía, los taxistas, la respuesta civil y cívica de los transeúntes y vecinos... Fue increíble, se mire como se mire, cómo se recuperaron los cuerpos, cómo se habilitó la morgue, cómo se identificaron los cadáveres y cómo se contactó a los familiares. En fin, todo aquello fue ejemplar. Si a eso se hubiese unido una reacción institucional del Gobierno en la que, junto al presidente del Gobierno y de las Cortes Generales, se hubiesen reunido el jefe de la oposición, Rodríguez Zapatero, y todos los demás líderes de los grupos parlamentarios, y hubiesen hecho una declaración...

Pero los acontecimientos no fueron por esos derroteros. Evidentemente, era un gabinete de crisis insuficiente. Apenas se trataba de una operación o proyección de imagen que carecía de sustantividad. Porque, además, en España tenemos la mala manía de que los portavoces en cuestiones policiales o técnicas son los políticos y no los técnicos. Por ejemplo, aquí hay treinta muertos porque se produce un alud. Y, en vez de salir el jefe de la policía, comparece el político de turno. Ocurre a menudo, por tomar otro ejemplo, con los incendios forestales. Más vale que hablen el responsable de los bomberos o las cuadrillas de extinción que los políticos. Los anglosajones lo tienen bastante bien resuelto, pero nosotros no. Aquí hay una sobreexposición de los políticos, que hablan de lo que no saben.

Efectivamente, todo eso se gestionó mal. Y cuando los síntomas y las pruebas siguieron apareciendo (aunque indiciariamente, apuntaban al yihadismo) el Gobierno mantenía la tesis de que la autoría era de ETA... Entonces salió el Partido Socialista. Y Alfredo Pérez Rubalcaba, según me contó, transmitió lo que se estaba difundiendo por SMS: «No nos merecemos un Gobierno que nos mienta». Ocurrió que el sábado (el 11-M había sido un jueves) se produjo un comportamiento reprochable de la izquierda, que fue el acoso a las sedes del del PP.

El rey y la manifestación oficial del día 12

Al tiempo se produce un relato extraño según el cual Aznar habría ido a la Zarzuela para proponerle al rey suspender las elecciones. De eso no hubo nada de nada. No es cierto en absoluto. El monarca estuvo en todo momento informado, pero no se produjo una petición de esa naturaleza. Entre otras razones porque no tenía cobertura ni legal ni institucional alguna, y tampoco constitucional. Por lo tanto, las elecciones se tenían que celebrar sí o sí. Y se celebraron.

Yo estuve con el rey en audiencia privada, posterior al atentado. No voy a revelar el contenido, porque las conversaciones privadas con el rey (tanto con el anterior como con este) nunca las he contado ni las contaré. Pero puedo decir de forma taxativa que no hubo tensión alguna entre el jefe del Estado y el presidente del Gobierno. Cierto es que, en un determinado momento, las relaciones entre ellos pudieron ser más o menos cordiales. Pero en ese punto concreto tengo constancia de que el rey no intervino para nada.

Sobre la presencia del entonces príncipe Felipe en la cabecera de la manifestación oficial del día 12, surgen dos cuestiones referidas al posible electoralismo a favor del Gobierno del PP, que decidió el eslogan de forma unilateral. Pero se trató de un gran atentado terrorista. Y, según mi entender, tiene lógica invocar la Constitución porque, primero, nuestras libertades están recogidas en ella. Y, segundo, también contiene el marco de garantías para perseguir los delitos. Hay que tener en cuenta que el atentado se produjo tres días antes de unas elecciones generales. Era inevitable y lógico pensar que se pretendía algún objetivo adicional a la simple barbarie de matar: también frustrar el proceso democrático.

No me llama la atención, sino que me parece coherente que los españoles nos aferremos a la Constitución con excesiva frecuencia, porque la vemos como la última garantía. Hemos pasado por cuarenta años de dictadura; antes, por una guerra civil brutal y hasta podemos remontarnos al fracaso del régimen de la Restauración con la Constitución de 1876, suspendida por la dictadura de Primo de Rivera entre los años 1923 y 1930.

En aquel contexto de 2004, previo a la jornada electoral y con la pugna entre diferentes versiones, reconozco que la convocatoria de aquella manifestación pudo haber sido ambigua. Queda claro también que, al encabezar esa manifestación institucional del día 12 de febrero de 2004, el entonces príncipe Felipe se expuso mucho. Pero en ese momento no representaba una opción política, sino un sentimiento ciudadano. En los años noventa el heredero fue al funeral de Miguel Ángel Blanco, hizo unas declaraciones en Ermua y luego volvió cuando ya era rey, a los veinticinco años del secuestro y asesinato del concejal del PP. Creo que el príncipe y la monarquía aportaron un ingrediente puramente simbólico, representativo del pesar ante la magnitud enorme de la tragedia. Estuvieron en su papel.

Admito que aquella manifestación oficial del día 12 de

marzo de 2004 pudo resultar precipitada. Y también reconozco el riesgo que comportaba convocar a seis millones de personas en Madrid con los terroristas todavía sueltos. Era, en cambio, el momento de decir: «Señores, que no se mueva nadie. Que cada cual cumpla con su obligación. Hagamos tres días de duelo. Y ya nos manifestaremos después de las elecciones generales». Eso hubiese sido quizás más prudente.

Por eso parto de la base de que allí hubo una ausencia total de estrategia para manejar una crisis de ese inmenso calado. Y, además, con personas que ejercían portavocías desde una enorme falta de preparación para ello. Fue el caso de Ángel Acebes, que se suicidó políticamente a lo largo del día 11, saliendo ante los medios cada veinte minutos. Le llamé desde mi casa, de madrugada. Y le dije: «Ministro, te has suicidado con unas salidas mediáticas tan frecuentes a portagayola». Y añadí: «Además, el problema es que la ciudadanía no te ha creído». Me respondió: «¿Tú cómo lo sabes, si no has salido en todo el día de la redacción?».

Sí, había salido, porque me había acercado con el chófer y la escolta lo más posible a Atocha. Pero luego le relaté algo que entendió perfectamente: «Tengo en *ABC* más de doscientos redactores, y, como les veo las caras, ya sé lo que están pensando. [...] No te han creído. Porque extrapolo a la ciudadanía las casi doscientas personas que han estado y siguen trabajando en la redacción». Lo de Ángel Acebes fue un caso de amateurismo comunicativo. Zaplana, no. Zaplana sabía lo que hacía y yo diría que lo hacía de una manera torticera. En un momento determinado en el reportaje de Netflix dice: «No, yo no me acuerdo de haber hablado con

Zarzalejos. Yo no me llevo bien con él... pero si él lo afirma...». No he visto una impostura mayor que la de este personaje. Me llamó el sábado 13 de marzo de 2004 y me pidió que la portada de *ABC* del domingo electoral apostase por la autoría de ETA. Me negué.

La conversación terminó de una manera fría, muy hosca. Pero, para entonces, el Gobierno había logrado que Televisión Española emitiese un documental sobre el asesinato por parte de ETA de Fernando Buesa en la noche preelectoral.[43] Telemadrid lo había emitido el día anterior para caldear el ambiente... ¡Pero pretendían hacer eso con *ABC*! Y yo dije que bajo ningún concepto. Nunca más hemos vuelto a hablar. Y cuando vi que en el reportaje decía que no había hablado conmigo... En fin, sigue siendo un impostor, igual ahora que entonces.

El boicot de los conspiranoicos y la destitución

Sobre la información falsa del terrorista islamista que se habría suicidado en los trenes y que la SER dio como cierta la mañana del día 11, Iñaki Gabilondo da la noticia, pero porque Antonio García Ferreras, que era jefe de los informativos, dice que hay que darla. Él disponía de esa información, que luego se demostró falsa. Iñaki era el conductor del programa y transmitió una información que creía absolutamente veraz. Lo he hablado con él. Ahora bien, la excusa que han dado de que la policía les engañó me parece

43. Eterio Ortega Santillana, *Asesinato en febrero*, Mediapro, 2001.

muy tortuosa. No me consta; igual que los infundios posteriores de los Villarejo de turno.

Yo no tengo constancia de que ciertos policías desplegasen una estratagema para engañar al Gobierno. Hay un hombre clave, que es Jorge Dezcallar, entonces presidente del CNI. Diplomático de carrera y con destinos muy importantes, es un hombre muy culto. Creo que controlaba bien la situación, pero, extrañamente, el propio Gobierno, según su versión, le marginó y no le incorporó más a la célula de investigación central. Eso lo dice en el reportaje de Netflix y en su libro sobre aquellos acontecimientos.

Todo esto responde a la pésima estrategia que mencionaba antes, a una actitud del Gobierno muy soberbia. Mantener «esto lo controlo y lo manejo yo». Y a partir de una base falsa: que ETA es la autora. En vez de partir de un presupuesto intelectualmente inteligente, que habría sido manejar la duda. Si no puedes sostener una tesis determinada, mejor no digas nada. Los periodistas de *ABC* no vieron solvente la tesis gubernamental y mi protocolo de actuación en la dirección consistió en hablar con el equipo que estaba investigando.

Dejé la dirección de *ABC* de acuerdo con los responsables de Vocento en 2004. Pero, a finales de 2005, el Consejo unánimemente me pidió volver y lo hice. ¿Y cuándo se produce la gran explosión de la teoría de la conspiración? Justamente en los años 2006 y 2007. Ahí se desata toda la ofensiva parlamentaria, la Comisión del 11-M en el Congreso de los Diputados y las publicaciones de varios libros; entre otros, el de Casimiro García-Abadillo. Me encontré en el vórtice de la conspiración. Y me enfrenté a los conspiranoicos.[44]

Pronto comencé a ver que no tenía el apoyo interno de la propiedad. El periodismo tiende a lo tribal. Los periodistas y los medios actúan como manadas para protegerse unos a otros. Y yo me quedé un poco en el terreno de nadie. Porque, claro, por una parte, estaba la prensa de izquierda. Por otra, los de la derecha, que necesitaban a *ABC* para que legitimase su posición. Se trataba del decano, el periódico más antiguo, el representante genuino de los sectores conservadores y monárquicos. Por eso los conspiranoicos necesitaban nuestra legitimación. Y no se la quise dar. No porque no quisiera, sino porque no respondían a la realidad.

Entonces desataron, en el año 2006, una campaña bestial contra mí. En ese boicot, en el origen de aquella hostilidad, también había cuestiones personales y, por supuesto, también de *marketing*. El nombre de Losantos se había barajado como director de *ABC* antes de mi nombramiento. También Pedro J. libró una lucha clarísima de posicionamiento para colocar

44. En septiembre de 2006, *ABC* se desvincula de la teoría de la conspiración de forma abierta, con el editorial «ABC, Jiménez y Ramírez» y sentencias como estas: «Lo que procede es poner pies en pared ante unas prácticas que desfiguran hasta la caricatura el recto ejercicio del periodismo».

Redacción, «ABC, Jiménez y Ramírez», *ABC*, 15 de septiembre de 2006. Disponible en <https://www.abc.es/opinion/abci-abc-jimenez-y-ramirez-200609150300-1423309738369_noticia.html#vtm_funnel=exito-login-gis&vtm_tipoProceso=gis&vtm_procesoFinalizado=si&vtm_proceso=login-gis&vtm_tipoRegistroLogin=login-gis>.

El Mundo como segundo diario más leído, después de *El País* y tras desplazar a *ABC*.

Las tesis conspiranoicas resultaban interesantes para una parte de los propios lectores de *ABC*, que me pedían hacerme eco de ellas. Quizás el sector más radicalizado de la derecha, esa derecha enojada o *enragé*, quería que me uniese a Losantos y Pedro J.

Acaba de salir un libro de José Carlos Llop que reúne sus artículos en las terceras, las páginas de opinión de *ABC*, durante unos años.[45] En el prólogo cuenta algo de lo que ni me acordaba, pero que me hace sonreír. Hicimos alguna broma sobre el hecho de que la duquesa de Alba me había comunicado que estaba pensando en cancelar su suscripción de *ABC* porque le veía tintes izquierdistas. Yo le dije: «Pues, señora duquesa, yo creo que debería usted leerlo con más atención. No obstante, si esa fuese su opción, apenas puedo hacer nada. No voy a cambiar nada de lo que se está haciendo».

El mercado de Sevilla es fundamental para *ABC*, entonces y ahora. Y, en la ciudad, ella era un polo referente, mucho más que en Madrid. Representaba a la lectora de *ABC* por antonomasia y se encontraba incómoda con aquel *ABC* que yo dirigía. Porque no estábamos alineados con la COPE ni con los obispos que se habían aliado con *El Mundo*.

Jiménez Losantos lanzó un boicot amparado por el arzobispo y cardenal Antonio María Rouco Varela.[46] Este es

45. José Carlos Llop, *Vladivostok*, Madrid, Fórcola Ediciones, 2023.

46. Jordi Rovira, «Crónica de una conspiración fallida», *eldiario.es*,

el otro frente, que entonces quería tumbar por todos los medios a Rodríguez Zapatero y deslegitimar su Gobierno. Rouco Varela fue y sigue siendo un actor político de primer orden. Continúa siéndolo porque permanece activo como miembro de la Academia de Ciencias Políticas y Morales. Se trata de un hombre con una concepción de poder muy arraigada ya desde el momento en que cursa estudios en Alemania y escribe su tesis doctoral sobre el poder de la Iglesia y el Estado en el siglo XVI. Hablé varias veces con él y la respuesta era infinitamente cínica. Cuando le decía que Losantos me estaba insultando todas las mañanas desde la COPE, me respondía: «Yo, claro..., ya lo siento, don José Antonio. Pero el problema es que yo a esas horas no escucho la radio porque estoy leyendo el breviario». Le contesté: «Pues deje usted el breviario y atienda también a la COPE».

La suya, la del cardenal, fue la primera llamada que tuve aquí mismo, en este salón, a unas horas de ser destituido en febrero de 2008. «¡Cómo siento su destitución!». Le contesté: «¿Cómo me puede decir eso, si lo estaba usted deseando, si ha sido un factor activo en mi cese? Muchas gracias y adiós». Le colgué y nunca más hemos vuelto a hablar.

Semanas antes de mi destitución había tenido una conversación con el consejero delegado, José Manuel Vargas, en la que me pidió que llevase al periódico a la derecha. Le dije que no, que había que dirigirlo mucho más al cen-

---

9 de marzo de 2014. Disponible en <https://www.eldiario.es/catalunya/cronica-conspiracion-fallida_1_4990459.html>.

tro de lo que estaba. Yo, además, tenía un pacto con las hermanas Luca de Tena para llegar hasta septiembre y cesar, entonces, en la dirección. Les dije que tenía preparadas las elecciones y los Juegos Olímpicos. «Las elecciones las queremos hacer nosotros», me respondieron. Entendí. Porque quien influye decisivamente en mi cese es Esperanza Aguirre. A ella se sumaban Ignacio González, Francisco Granados... lo que era el PP corrupto de Madrid. Entre otras cosas, porque ya sabían que la redacción estaba investigando todo lo que luego estalló con Ignacio González. Un consejero llegó a enseñarme un SMS de Esperanza Aguirre pidiendo mi relevo con un improperio que no reproduzco por respeto.

Tensiones en la derecha política y mediática

Todo aquello era un intento de abortar un nuevo espacio mediático de orientación conservadora. Ten en cuenta que estaban inmersos en una operación política que también era una operación de *marketing*. Por tanto, también tenía una dimensión comercial. En la medida en que se erosionaban las ventas de *ABC*, crecían las de *El Mundo*. Sufrí el ataque constante de Jiménez Losantos, a diario, todas las mañanas en la COPE y desde su tribuna en el periódico de Pedro J. Una estrategia que culmina con él pidiendo: «Señores llamen a *ABC* y den de baja la suscripción en los siguientes teléfonos». Literal. Eso nos cuesta a nosotros 25.000 ejemplares. Bueno, mi tesis era que había que perder para ganar.

Al objetivo económico se sumaba el ideológico, que se

cifraba en endurecer la postura frente al PSOE. Sostengo una tesis de fondo. La estrategia consistía en enfrentar la derecha y la izquierda. Se trataba de crispar la situación y, sobre todo, quitarse a Rajoy de en medio. Esa noche electoral de marzo de 2008, en la que yo ya no estaba aquí, el plan consistía en que la COPE, *El Mundo* y Telemadrid (tras una segunda derrota de Rajoy ante Zapatero) le exigirían al primero que renunciase a su cargo, con Esperanza Aguirre como reemplazo obligado. Aquello no salió adelante, pero el plan estaba preparado. De hecho, cuando yo me voy, el consejero delegado ficha a gente de *La Razón* y la mete en *ABC* para materializar esta operación. Le temblaron las piernas a Esperanza Aguirre y esa maniobra no prosperó. Pero ¿qué era lo que yo veía de fondo? La teoría de la conspiración del 11-M constituye un hito que rompe nuestra trayectoria histórica.

En la alternancia bipartidista hasta Aznar, hasta el 2004, no se había planteado ningún problema de legitimación entre derecha e izquierda porque había un pacto. Ese pacto funcionaba siempre y cuando unos y otros se reconociesen legitimidad mutua sin matices. La teoría de la conspiración, en el fondo, sostenía que los atentados de 2004 los había perpetrado ETA para fraguar una situación gracias a la cual la izquierda llegase al poder y lo mantuviese. La teoría de la conspiración mutaba y mutaba, mostrando una gran adaptabilidad a los acontecimientos.

Para mí ese es el punto clave. De lo que se trataba ahí era de negarle la legitimidad, en este caso, a Rodríguez Zapatero. Durante la segunda legislatura de Aznar, a propósito de la guerra de Irak, propició un choque brutal con la

Moncloa, también con un discurso deslegitimador. Y con el 11-M se rompió algo. Algo que ya no se ha recuperado de ninguna de las maneras. Ahora habría que hacer una reformulación total desde el punto de vista de la ética democrática, para volver a reconocer la legitimidad que se negó. Eso es lo que me pareció y sigue pareciendo extraordinariamente grave.

En la izquierda de aquellos tiempos, dos personas, Soledad Gallego y Miguel Ángel Aguilar, defendieron al *ABC* que yo representaba. Cuando Aguilar publica una columna con el título de «*Delenda est ABC*»,[47] traduce lo que la derecha dice del diario, recordando aquella otra de Ortega en el año treinta: «*Delenda est,* monarquía».

> El tenor de la campaña de la COPE transgrede de modo descarado las normas más elementales de la competencia y del *fair play* exigible entre colegas. Además, acumula mendacidades sin cuento e incluye zafiedades tan deplorables como la deformación del apellido del director del diario, José Antonio Zarzalejos, al que moteja de modo permanente como *Carcalejos*. Señalemos que en toda esta campaña miserable Federico Jiménez Losantos cuenta con la colaboración incondicional de *Pedro Zola*, quien deja decir toda suerte de improperios al director del programa *La Mañana* sin plantear objeción alguna, para luego, muy fino, señalar que, por su parte, se abstiene de repetir el teléfono

47. Miguel Ángel Aguilar, «*Delenda est* ABC», *Cinco días,* 29 de septiembre de 2006. Disponible en <https://cincodias.elpais.com/cincodias/2006/09/29/economia/1159642545_850215.html>.

de las cancelaciones, aunque se brinda a indicar a los oyentes el número que deben marcar para formalizar la suscripción al diario *El Mundo,* directo beneficiario, pues, del desastre ajeno.

En la redacción cunde el desconcierto porque son incapaces de averiguar qué ha hecho el periódico para merecer el anatema del PP. De manera que el adagio latino *cui prodest,* '¿a quién aprovecha?', deja el asunto meridianamente claro. Tras la destrucción del *ABC* está el engorde de *El Mundo* para que rebase a *El País* y se proclame campeón nacional, para mayor gloria de *Pedro Zola.* El maestro de estas operaciones de acoso y derribo con ventaja propia ha sido durante años el mejor de todos nosotros, Luis María Anson. Recordemos cómo aquel *ABC* verdadero que dirigía Anson logró vaciar de lectores el diario *Ya* a base de exacerbar la militancia católica de sus páginas, en las que llegó a publicar varias veces la misma encíclica, aduciendo las abrumadoras solicitudes de sus lectores.

Yo después demandé a Federico Jiménez Losantos y, finalmente, gané, por intromisión ilegítima en mi honor. La Sala Primera del Tribunal Supremo dictó una sentencia muy argumentada y le impuso una indemnización de 100.000 euros, además de las costas e intereses. Desde entonces no ha vuelto a pronunciar mi nombre, como te puedes imaginar.

Pero esa batalla la gané cuando ya estaba fuera de *ABC.* Tuvo muchísima repercusión, porque ha sido la sentencia más importante entre dos periodistas. *El País* le dedicó dos páginas. Y quien fuera su ponente, Juan Antonio Xiol Ríos, luego ha sido vicepresidente del Tribunal Constitucional. La sentencia recoge todos los insultos que Losantos me dedicaba diariamente. Y expone unos fundamentos jurídicos a los límites de la libertad de expresión, señalando cómo este señor los había traspasado todos y cada uno de ellos. Gané el proceso en primera instancia, lo perdí en segunda y recurrí al Tribunal Supremo, que revocó la sentencia desestimatoria de la segunda instancia. Losantos ya no fue al Constitucional con recurso de amparo.

Aquella fue mi gran victoria, si me puedo jactar de ello. Porque esa temporada fue infernal para mí, con un padre que estaba muy lúcido pero aquejado de una grave enfermedad que al final se lo llevó a la tumba. A partir de entonces he recibido muchos reconocimientos y premios profesionales. El último el Francisco Cerecedo, que me entregó el rey, además en el año de su proclamación, en 2014.

En el *ABC* de ahora se sienten orgullosos de cómo se comportó el periódico en un momento crítico. Desde el punto de vista reputacional, mi decisión me ha generado respeto. Ahora, dicho esto, hubiese preferido no tenerlo de esa naturaleza, sino haber llevado al *ABC* a donde yo quería: a un territorio ideológico y de planteamiento informativo riguroso, liberal y centrado. Pero no fue posible.

Negacionismo y memoria histórica

Ahí están una derecha y una izquierda con carencias democráticas en sus pasados, creo que en idéntica medida. Vamos a ver, tras producirse el 11-M, ¿cuál es la respuesta del

Partido Socialista en 2007? Acuérdate. ¿Cuál es? La memoria histórica. Con esa estrategia, el PSOE le está diciendo al PP: «¿Y sois vosotros quienes estáis negando con el 11-M la legitimidad de nuestra victoria electoral?». Con la memoria histórica rompemos la tradición de la Transición, el acuerdo amnésico que vetaba la memoria histórica de lo que había ocurrido. Pues punto final a todo eso. Zapatero, en el año 2007, hace aprobar la Ley de la Memoria Histórica, que ahora es Memoria Democrática, para decirle a la derecha: «Vosotros venís de dónde venís». Lo cual es mucho decir después de cuarenta años.

Ese movimiento de memoria histórica no se hubiese producido si, realmente, durante los años 2005 y 2006, no se estuviese negando la legitimidad al Gobierno de Zapatero. Si la parte más dura del PP no hubiese caminado, por decirlo así, de la mano de los ayatolás y de los *spin doctors*, que eran absolutamente radicales, fuesen Pedro J., Federico Jiménez Losantos o tantos otros.

Al poner sobre la mesa una Ley de Memoria Histórica, volvemos a 1975. Algo que con Sánchez se exacerba mucho más. Entre 2011 y 2015, Mariano Rajoy practicó la moderación, pero le surgieron dos obstáculos: uno, que había que salir de la crisis del año 2008; y otro el proceso soberanista en Cataluña, que maneja mal. Pero el *marianismo*, al menos, introduce una visión muy funcionarial del Gobierno. No entra en guerras culturales. Baja el suflé.

Está claro que en el 11-M el sistema político e informativo no pudo gestionar la crisis. Pero hay que tener en cuenta que entonces convergen la radicalización de la derecha y de la izquierda, con la de la Iglesia jerárquica, controlada por los obispos también más extremos. ETA no deja de matar hasta 2011. La crisis de 2008 resulta brutal y se desatan una serie de hechos que no están directamente conectados con el 11-M, pero sí con el ambiente enrarecido que se creó entonces. Me refiero a la abdicación del rey en 2014, año en el que también surge en las elecciones europeas Podemos, que, junto a Ciudadanos, cobrarán fuerza después.

En 2015 el sistema español pasa de ser bipartidista imperfecto a ser pluripartidista. Empiezan y se repiten las elecciones de los años 15, 16 y 19. Cuatro procesos electorales en tres años, en los que aparecen fuerzas nuevas con una extraordinaria pujanza, como Podemos, que logra setenta y un escaños, o como Ciudadanos, que llega a tener cincuenta y dos. Después, el proceso soberanista catalán descabalgará todo el sistema constitucional, forzando la aplicación del artículo 155 como reacción. Y ese mismo año, el 18, emerge Vox en las elecciones andaluzas.

¿Sería posible que las teorías conspiranoicas del 11-M resurgiesen de mano de nuevos actores como los que hemos mencionado? Me preguntas por Vox, que invocó esas tesis en su primera intervención parlamentaria, o por el independentismo catalán, que, tras los atentados de las Ramblas, insinuó la implicación de los servicios de inteligencia españoles. Pero esto fue transitorio, no han llegado a manipular los atentados hasta ese punto.

Es verdad que hubo gestiones muy torpes, pero creo que en este momento la teoría de la conspiración está definitivamente enterrada. Porque dos sentencias judiciales firmes, la de la Audiencia Nacional y la del Tribunal Supremo, establecen la verdad judicial y no se han llevado al

Tribunal Europeo de Derechos Humanos. La verdad judicial está asentada y no hay ningún tipo de duda sobre la responsabilidad yihadista. Las grandes potencias no la han cuestionado e importantes investigadores la confirman sin un ápice de duda. No, no creo que haya las condiciones actuales para que resuciten *fake news* de ese calado. No creo que esté arraigada la teoría de la conspiración.

Pedro J. y Federico Jiménez Losantos en el 11-M mostraron una falta absoluta de empatía con las víctimas que las revictimizó. Mantenida durante años, denota una ínfima sensibilidad. Es que no les importó. Por ejemplo, el tratamiento que daban a Pilar Manjón era inadmisible. Tengo una anécdota sobre ella. Una columna de una colaboradora atacándola que se nos escapó al jefe de opinión y a mí. Aquello me indignó. Y le escribí una carta a Pilar Manjón señalándole mi desacuerdo con aquel artículo que la situaba ideológicamente en una parte del espectro, cuando aquello no era relevante. Lo importante era que se trataba de la madre de una víctima y que representaba a todas. A mí lo de Pilar Manjón me llegó al alma. No sé si psicológicamente está destrozada, pero motivos tiene para estarlo. Porque la han maltratado.

Por eso decíamos en el inicio que entre la víctima y el victimario se establece una relación que, si se rompe con versiones no veraces, se falta gravemente a la deontología profesional. Resulta imposible realizar el luto si el debate se produce sobre si fue este o aquel el criminal y se convierte en un debate de réditos políticos. Eso hace sufrir a las víctimas de una forma extraordinaria. Fueron objeto de una falta de respeto impresionante. Pero insisto que no hay condiciones para que se repita aquello, aunque el legado ha sido terrible. El veinte aniversario de aquellos hechos trágicos va a ser una prueba de vida del conspiracionismo.

Ya que lo traes a colación, es cierto que comenté en una entrevista para *Vanity Fair* que yo solo era capaz de mentir para no pecar de impiedad. Eso lo he hecho más de una vez. Creo en el valor del silencio, que no es tanto como mentir. Siempre les digo a mis hijos que la verdad, a veces, puede resultar una bomba de destrucción masiva. No son necesarias tantas verdades. Muchas veces hay que callar. Y, algunas veces, decir la verdad conlleva incurrir en la falta de piedad. Hay que tener piedad de la gente. He intentado practicarlo toda la vida. Yo no quiero esas verdades injuriosas. En el Evangelio según San Juan, cuando Poncio Pilatos le pregunta a Cristo cuál es la verdad, Él, según el evangelista, no contesta.

Gumersindo Lafuente

Director de elmundo.es entre 2000 y 2006.
Cesado por no suscribir la teoría de la conspiración

Esta es la historia de la mayor mentira del periodismo español, al menos desde la Transición. Una mentira periodística y política sobre la autoría del 11-M, el atentado terrorista más sanguinario de nuestra historia. Una mentira construida con habilidad, contumacia y desvergüenza. Una mentira por intereses electorales y comerciales y que sembró dudas que aún permanecen en la mente de muchos españoles.

Dirigir el diario digital líder en 2004

En 2004 era director de *elmundo.es,* la versión digital de *El Mundo*. Mi trayectoria antes de asumir esta responsabilidad en junio de 2000 era la de un periodista tradicional que llevaba muchos años trabajando. Empecé el 15 de junio de 1977, el día de las primeras elecciones democráticas después de la muerte de Franco. Era muy inquieto y con esa experiencia me contrataron en *El País* en el año 86. Allí estuve casi diez años; primero, como editor y jefe de sección en el suplemento *Domingo*, y, luego, como jefe de sección en *El País Semanal*. Decidí marcharme porque empezaba a aburrirme y sentía que necesitaba un cambio.

En *El Mundo* fui primero subdirector del suplemento dominical. Después pasé año y medio, o casi dos, dirigiendo la edición de Madrid. En 1999 Pedro J. sabía ya de mi inquietud por Internet: un mundo que empezaba entonces. La Red y el periodismo digital estaban tomando forma e importancia y en junio de 2000 necesitaban nombrar un director de la edición en Internet. Así que, a primeros de ese mes de junio, hace ya más de veintitrés años, me nombran director de *elmundo.es*. Y, es importante decirlo, lo hicieron con todas las consecuencias. Ahora creo que, a pesar de cómo terminó la historia, aquello fue un acierto.

Se me aseguró control e independencia de contenidos respecto a la edición en papel. Esto explica gran parte de todo lo que vino después. Hice un equipo entero, prácticamente nuevo, con gente sin apenas competencias digitales, pero con mucho criterio periodístico. La estrategia que pacté con Pedro J. nos aseguró independencia. Por eso acepté de inmediato. Aunque le advertí: «Si me haces director, que sepas que voy a ejercer como tal».

Elmundo.es era una cabecera que operaba de manera autónoma legalmente. Incluso como empresa, era una editora diferente a la de *El Mundo*. Se trataba de empresas hermanas en el sentido de que tenían los mismos dueños, pero, en ese momento, desde el punto de vista jurídico, eran dos diarios diferentes. Y, según la ley española, el director de una publicación se responsabiliza ante el juez de lo que en ella se publique. Si algo resulta ilegal, te condenan a ti. La empresa puede ser responsable subsidiaria, pero la condena recae sobre el autor y el director del medio.

Quiero decir que, como director, asumes completa responsabilidad legal, deontológica y profesional. Al decirle a Pedro J., en esa primera aproximación, que ejercería de director, me dijo: «Vale, no te preocupes. Yo voy a ser tu red de libertad». Y debo decir que, a pesar de todo lo que voy a contar ahora, cumplió esa promesa hasta el día que me destituyó.

El despido

Aunque formalmente lo hizo el consejero delegado, obviamente la decisión de despedirme la toma Pedro J. Era él quien la tomaba desde su cargo de director editorial de Unidad Editorial, el grupo mediático al que pertenecíamos. Dirigía el periódico en papel. Y entre sus facultades legales no figuraba ordenarme publicar nada. Pero sí podía destituirme.

¿Por qué me interesó este trabajo? Porque estaba convencido de teníamos mucho margen para crecer. En el periodismo impreso nunca íbamos a ser líderes, nunca. No lo veía. Y, sin embargo, teníamos una oportunidad de hacer grandes cosas y ser felices haciéndolas. Así fue. Desarrollamos algunas innovaciones que fueron referencia en el campo digital. Y aquel fue un periodo apasionante.

Mi plan se resumía en convertirnos en un medio de utilidad informativa. Y eso implicaba que los contenidos no podían ser tan editorializantes, no podía haber tanta opinión como en el periódico. Lo dije bien claro: «No podéis estar tú y todos los columnistas del diario en papel presentes todo el rato en la web». Por primera vez, un periódico, al tener un formato digital, competía con las teles y con las radios. Teníamos que aprovechar aquello y ser los primeros en dar las noticias. Competir contra todos, también contra nuestro periódico.

Con mucho trabajo, todo funcionó muy bien hasta los atentados de 2004. Tras el 11-M, después de año y pico de desencuentros, y ante la evidencia de que determinadas cosas que se publicaban en papel no se sostenían y nosotros no las publicábamos en *elmundo.es*, me destituyen en julio de 2006. Justo unos días después de irme de vacaciones. Hacía un año había tenido una charla con el consejero delegado, Antonio Fernández Galiano, e intuí que ya no había salvación. Quería que publicásemos todo lo que el diario en papel sacaba sobre el 11-M y que, así, avalásemos la teoría de la conspiración sin ningún filtro. Yo le expliqué que no lo veía y que me parecía una insensatez.

A partir de ahí, como veo que la pelea va a ser muy dura, me reúno con mi pequeño equipo directivo, que no eran más de tres personas. Les conté lo que estaba pasando y que iban a acosarnos sin piedad, pero que no iba a dimitir. En todo caso, me podían destituir. Me parecía que el 11-M representaba el tema de nuestras vidas y, sin pretender hacerme el héroe, no dimitiría. Les dije: «Os lo cuento porque no quiero arrastraros; es decir, os libero». Pero aclaré que seguiríamos manteniendo una regla bien simple: publicar lo que creíamos que tenía rigor y nunca lo que pensásemos que no se sostenía. En aquella reunión los tres me dijeron que adelante, que tampoco dimitían y que apoyaban la estrategia. A partir de ahí, operamos.

¿Por qué no me despidieron o no me fui antes? Digamos que mi relación con Pedro J. no era sencilla. Por un lado, él estaba encantado del resultado de nuestro trabajo en *elmundo.es*. Por primera vez era líder, nunca en el papel lo fue. También por primera vez tenía un medio con alcance internacional, con miles de lectores fuera de España. Y también, y esto no es menos importante, el negocio digital de *El Mundo* era rentable, cosa que no sucedía en los medios de la competencia.

Y es que *elmundo.es* iba bien, era líder en prensa digital y ganaba dinero. Esto era innegable, punto. Pedro J. era consciente de que lo estábamos haciendo bien, pero quería reconducir, controlar nuestro trabajo. A medida que avanzábamos, surgieron algunas fricciones inevitables de enfoque estratégico. Eran los momentos de crecimiento de Internet y de crisis de la prensa en papel. Te pongo un ejemplo muy revelador: *El Mundo*, como otros periódicos, publicaba los viernes un suplemento de anuncios inmobiliarios. Las primeras ocho páginas eran de información, y, el resto, anuncios. Me reuní con el director general de publicidad y otros responsables de la empresa y les dije que había que hacer algo ya, que el negocio del suplemento inmobiliario no iba a durar más de dieciocho meses. No era un adivino, tan solo había que fijarse en lo que ya estaba pasando en Estados Unidos o en el norte de Europa.

Alejandro de Vicente, el responsable de publicidad de *El Mundo*, no lo entendió: «Me vas a decir lo que tengo que hacer con los millones que ganamos al año con el suplemento inmobiliario». Mi respuesta fue que o éramos capaces de trasladar todo eso a Internet o lo íbamos a perder. Porque aquello se acababa. Hubo, entonces, la posibilidad de entrar en el accionariado de Idealista, el portal inmobiliario hoy líder, que había nacido en el año 2000. Pero la ceguera y la prepotencia de los ejecutivos de Unión Editorial lo impidieron. Todos sabemos lo que pasó poco tiempo después: toda la publicidad inmobiliaria migró a Internet y los periódicos la perdieron. Pedro J. sí visualizaba lo que se venía encima, por eso le importaba tanto el equipo que habíamos formado. En su caso, le cegó el 11-M.

La cobertura

El día de los atentados, la confusión era tremenda a primera hora de la mañana. Había mucho descontrol. Después de comer, empezamos a tener si no la certeza, sí la casi seguridad de la autoría yihadista. Como medio digital que éramos, cambiamos de portada varias veces. El primer titular que dimos esa mañana fue «Masacre en Madrid». Y aunque, a primera hora de la tarde, la noticia destacada era «Masacre etarra en Madrid», a última hora de la tarde ya titulábamos: «El Gobierno no descarta que grupos islámicos estén tras la masacre». A pesar de que Aznar mantenía la teoría de la autoría de ETA, preferimos titular así, quedándonos con la segunda posibilidad que el propio Gobierno no descartaba. Ya estábamos convencidos de que ese era el camino correcto.

Eso el día 11 de marzo. Y, si nos vamos al día de la votación, el 14 de marzo, el titular principal era: «Nuevo comunicado de ETA negando su autoría. Al Qaeda reivindica el 11-M en un vídeo encontrado en Madrid». Y no, no destacamos las declaraciones de Rajoy que recogió el diario en papel afirmando tener la «certeza moral» de que había sido ETA.

Yo no tuve conocimiento de la llamada de Aznar el día 11 a los directores de los medios asegurándoles que se trataba de un atentado etarra. Empiezo a dudar de esa versión, la oficial o del Gobierno, tras recibir alguna llamada de Estados Unidos que me abre los ojos. Cuando allí se despiertan y empiezan a ver lo que está pasando, algunas personas amigas me llaman y dicen que, por el tipo de atentado, no puede ser ETA. No eran fuentes de la inteligencia ni policiales. Por la clase de periodistas que éramos, por nuestro perfil, carecíamos de este tipo de informantes. El caso es que, tras esas llamadas, me entra la duda razonable de que la teoría del Gobierno no es cierta.

Entonces, buscamos la manera de abrir la posibilidad a otras teorías apoyándonos en los hechos y en la información que teníamos. La tarde del día 11 y los dos días siguientes, el Gobierno seguía manteniendo que había sido ETA. Contradecirles de plano sin información propia era muy complicado. Pero, como dije antes, la redacción del diario digital y la del papel eran casi compartimentos estancos. De tal forma que la interacción entre ambas redacciones siempre pasaba por mí. Un director adjunto del papel no daba órdenes directas a nadie de Internet. Tenía que pasar por mí.

Mucho antes de los atentados ya nos habíamos constituido en una especie de república independiente para concentrarnos en nuestra estrategia. Las dificultades solo empezaron a partir del 11-M. Otra prueba de lo que hicimos en la cobertura del 11-M fue invitar a Pilar Manjón a un encuentro digital con los lectores de *elmundo.es*. Queríamos dejar claro que nosotros, en la edición digital de *El Mundo*, contábamos con su testimonio directo, y que lo daríamos sin ningún tipo de censura. Vino el 16 de diciembre de 2004, justo después de aquella comparecencia tan sonada en la Comisión sobre el 11-M en el Congreso. Y, de repente, aparece Pedro J. con toda su frialdad a saludarla. Imagínate el desconcierto y la cara de Pilar. Pero la llevamos y allí la tuvimos hablando con los lectores, sin filtros. En esas cosas no me corté en ningún momento.

El día de los atentados, creo que hicimos algo inaudito para una redacción de Internet en el año 2004 en España. Desplegamos a muchos redactores y redactoras de la web, que habitualmente hacían otro tipo de trabajo, para cubrir desde el primer momento lo que estaba sucediendo en Madrid. Allá donde ocurría algo, en las estaciones, en el tanatorio de Ifema, en alguna concentración de protesta, había un periodista de *elmundo.es*.

En la jornada de reflexión preelectoral del sábado 13, pasé casi la tarde entera frente a la sede del PP. No manifestándome, obviamente, sino cubriendo aquella concentración. Se había convocado de manera anónima. La verdad es que nunca tuve la sensación de que detrás de ese movimiento hubiese una conspiración, la gente que había allí era muy diversa y solo expresaban la rabia de sentirse engañados.

Entonces no había teléfonos inteligentes ni redes. En teoría, aquellas concentraciones ante las sedes del PP eran ilegales en una jornada de reflexión. Pero, claro, el momento también era absolutamente excepcional. Las consideré una expresión popular. De hecho, el Gobierno tuvo mucho cuidado con no reprimir aquellas protestas. Estuve allí toda la tarde, estaba la policía. Ya que era ilegal, podían haberla disuelto. En ningún momento lo hicieron, ni siquiera lo pretendieron. Eran conscientes de que habría sido un escándalo y se habría vuelto contra ellos. Aparte de que eran concentraciones absolutamente pacíficas. Se disolvieron por sí mismas yendo luego hacia Sol y Atocha.

Ya antes habíamos cubierto otras movilizaciones contra el Gobierno de Aznar, sobre todo las manifestaciones contra la guerra de Irak. Pero no quise editorializar como director de *elmundo.es* sobre ello. Ni sobre otras muchas materias. No podía jugarme el proyecto que tenía entre manos con una línea editorial o posiciones muy marcadas. No era nuestra misión en aquel momento.

Obviamente la pelea que dimos por el 11-M me parecía diferente. La guerra de Irak era un tema geopolítico complejo en el que podía haber diversidad de opiniones y posicionamientos personales. Pero la pelea por el rigor informativo del 11-M no era un problema ideológico sino deontológico. Se trata de dos cosas completamente diferentes. La segunda afecta al plano profesional, independientemente de tus sesgos de cualquier signo. De modo directo, afectaba a mi responsabilidad como director de un medio. Y yo, insisto, ejercía como tal en *elmundo.es*. Y veía que el enfoque del 11-M se estaba yendo de las manos en la edición en papel.

Además, pasaron ciertas cosas en los días siguientes al atentado que nos permitieron conocer algo del entramado terrorista. La mañana del día 11 movilizamos a toda nuestra redacción. Éramos conscientes de que había pasado algo terrible; pero, lógicamente, desconocíamos los detalles.

Desplazamos a la calle a periodistas que en ese momento se encargaban de los canales de deportes, literatura, ocio... Toda gente muy joven que cubrió el tanatorio, los emplazamientos de los atentados..., buscaron a familiares y testimonios de las víctimas... Y repito: no teníamos fuentes en la policía ni en el CNI. Pero, como estaban en la calle, nuestras reporteras entraron en contacto con gente que, en algún caso, luego resultaría condenada por los atentados. Dirás: «Joder, qué suerte tuvisteis». Bueno, estábamos allí.

Estábamos donde debíamos. Una de nuestras periodistas se puso un pañuelo y se sumó a una manifestación de mujeres musulmanas que protestaban por el atentado. Hablando con unas y con otras, entabló conversación con una española musulmana que resultó ser la mujer de un ciudadano sirio. Después él sería detenido y condenado en el juicio del 11-M. Finalmente, fue el único que ganó un recurso.

El sábado 3 de abril, el día en el que se suicidaron los componentes del comando yihadista en el piso de Leganés, por la mañana, esa redactora y yo estábamos en la casa del sirio con otro de los posteriormente condenados por el 11-M, hijo de un marroquí, notario de Nador, que ha pasado muchos años en la cárcel y ahora está libre. Pasamos más de dos horas en esa casa. Intentaban convencernos de que no tenían nada que ver con el atentado. Apenas sacamos información, solo intentaban exculparse. Pero, a las pocas horas, los detuvieron. Tiempo después, en discusiones con Pedro J., este sostenía la teoría de que «unos moritos analfabetos» habían sido utilizados por los verdaderos autores del 11-M. Y yo le decía que igual eran «moritos», pero de «analfabetos» nada, porque había estado en casa de uno de ellos y estaba llena de libros.

Otra redactora del diario me comentó: «Oye, resulta que conozco a la madre de Jamal Zougam», que fue el principal condenado por el 11-M. La señora limpiaba casas y de ahí venía el contacto. Así que acompañé a aquella redactora en la segunda visita que le hizo. Vamos a casa de la madre y de la hermana de Zougam y, entonces, nos enseñan el álbum de fotos familiar para demostrar que Jamal no es un integrista. Intentaban probar que se trataba de un chaval al que le gustaba beber, salir con chicas y divertirse. Publicamos aquellas fotos primero en *elmundo.es*, aunque habrían sido una gran exclusiva para la primera página del diario en papel.

Di orden de subirlas a la edición digital. Y después me fui al despacho de Pedro J. a contárselo. Le había reservado un par de fotos para que las publicase en el periódico impreso del día siguiente. Así que le dije: «Después de lanzarlo nosotros, mañana todo el mundo va a estar esperando a ver qué sacáis en el papel». No le podía entregar aquel material porque temía que lo manipulase. Después de haberle dado nosotros el enfoque, lo tenía, digamos, más difícil.

Una «batalla de agitación política y comercial»

Después de la reunión de la mañana del lunes 15 de marzo, en plena resaca de las elecciones de 2004, me di cuenta de que el 11-M iba a ser un tema muy complicado. Las tensiones entre el digital y el papel no fueron diarias, pero sí frecuentes. En el periódico impreso se publicaron investigaciones relevantes. Nosotros las reproducíamos. Luego había otras que mantenían tesis muy locas. Se insinuaron versiones insostenibles sobre la famosa mochila de Vallecas, todo aquel debate sobre el tipo de explosivos... Y, además, anécdotas y banalidades surrealistas y sin rigor alguno.

Quizás la más exótica fue cuando *El Mundo* publica que, después de examinar una de las furgonetas empleadas por los terroristas, apareció una tarjeta de un directivo del Grupo industrial Mondragón. Esa tarjeta no figura como prueba, no existía como tal. Y esto no es una opinión, sino un hecho: no está recogida en el sumario del juicio, nunca existió. Aquello desató una gran polémica: que si habían vaciado el coche, manipulado, introducido o eliminado pruebas... Una auténtica locura.

El sumario registraba como prueba hallada en la furgoneta un tarjetón de Gráficas Bilbaínas, una imprenta de Madrid. Y, además, una cinta de casete de la Orquesta Mondragón. No sé qué mente alucinada podía mezclar ambas cosas para probar la supuesta autoría de ETA. No es la manipulación más grave, pero sí una de las más burdas. Como aquello de los cadáveres congelados con los que reemplazaron a los suicidas de Leganés. O lo del ácido bórico, un producto para matar cucarachas, que supuestamente relacionaba a etarras y yihadistas que lo habrían empleado como explosivo.

La mañana en la que no publicamos lo de la tarjeta, que abría la edición de papel a cuatro columnas, me llama Pedro

J. a su despacho, para preguntarme por qué no lo habíamos dado. En la reunión estaban Casimiro García-Abadillo, Miguel Ángel Mellado y Victoria Prego. Como tantas otras veces me encuentro ante una especie de tribunal. «¿Por qué no has publicado esto?». Y les expliqué que no figuraba en la relación de objetos que recogía el sumario, de la que teníamos una copia. No habían hecho ninguna comprobación de lo publicado.

Ninguno de los responsables presentes abrió la boca. Al día siguiente, la propia Victoria Prego se metió en mi despacho. «No he dormido en toda la noche. Tienes razón». Y yo: «Pero no me lo vengas a decir a mí, díselo a Pedro J.». Otro de los que estaba en la reunión también me dijo, fuera del despacho: «Sabemos que tienes razón en esto». *El Mundo* hizo de la teoría de la conspiración una causa propia. Y nadie se atrevía a cuestionarle ni a reprochárselo.

Apenas le he visto un par de veces desde entonces. La última, hace menos de un año, en la presentación de un libro de María Ramírez, su hija. Pedro J. estaba allí y, en un momento dado, quiso sacar el tema. Le dije que no era el sitio para hablar de eso, que no íbamos a acabar bien. Pero se empeñó y al final su pobre argumento de defensa fue que ganaron la demanda que les interpuso el jefe de los Tédax, Juan Jesús Manzano, al que habían acusado de manipular las pruebas de explosivos para exculpar a ETA.

El periódico impreso publicaba líneas de investigación verosímiles y las combinaba con completos infundios. Esa parte de buena información, en cierto sentido, avalaba la conspiranoia. Todo estaba mezclado. Fabulaciones como la serie «Los agujeros negros del 11-M» y reportajes que se sostenían.

Nosotros, cada día, escogíamos lo que íbamos a publicar en digital, según la credibilidad que le dábamos. En ese momento el volcado de la versión impresa estaba cerrado en Internet y apenas nadie lo leía.

El Mundo tenía y tiene una excelente redacción, con periodistas y especialistas muy profesionales y responsables. No tenía que convertirse en un panfleto. Por un lado, había voluntad de cubrir informativamente lo que había pasado. Y, en paralelo, la estrategia de alimentar teorías de la conspiración, incluso contradictorias entre sí. Publicas muchas exclusivas, eso es innegable. Pero, al mismo tiempo, conspiras para mentir sobre la autoría o las responsabilidades políticas y policiales. Resulta muy eficiente.

Cada vez que daban una exclusiva sobre el tema, real o ficticia, las ventas repuntaban. Me llegaron a enseñar gráficos que lo demostraban. Y, además, la teoría de la conspiración resulta relativamente sencilla de elaborar y de mantener viva. Porque lo más fácil, lo más sencillo es decir que no se sabe toda la verdad (algo que nunca ocurre), e ir cambiando de versión según convenga. Del 11-M sabemos muchas cosas, casi todo. No tenemos duda alguna sobre cómo se fragua el atentado y quiénes intervienen, que es lo fundamental.

Además, estoy convencido de que existió una estrategia política y mediática, una coordinación muy evidente entre *El Mundo*, la COPE y Telemadrid. La prensa escrita, la radio y la televisión (esta, además pública) tejieron juntas los hilos de la conspiración. Fui consciente y, de alguna manera, víctima de ello. En ese momento el director de *El Mundo* colaboraba en el programa de Jiménez Losantos de la

COPE una o dos veces a la semana. Y cada vez que volvía de la radio, Pedro J. me calentaba la cabeza. «¿Cómo es posible? ¿Cómo es que no publicas esto del papel? ¿Por qué?». Losantos no solo nos generaba problemas. En antena llegó a quejarse de que no les hiciésemos la ola en Internet cuando publicaban alguna de estas historias. El boicot que le hicieron al *ABC* por no seguirles el juego fue algo manifiesto e inaudito.

Como comprenderás, para empezar, ni escuchaba la COPE. Intentaba contaminarme lo menos posible. En un momento dado, Jiménez Losantos sacó una emisión de bonos para relanzar su sitio de Internet, *Libertad digital*. Es un caso muy revelador. Pide ayuda económica y advierte a los inversores de que no van a tener una rentabilidad económica sino ideológica. Entonces, Pedro J. me lo cuenta y dice: «Quiero que lo sepas y te lo quiero contar yo: vamos a entrar en el capital de *Libertad Digital*». Sorprendente, ¿no? Me lo contaba para que no me enterase por otro lado y, en ese sentido, había un respeto profesional. En el fondo me estaba teniendo consideración y tenía en cuenta mis opiniones. Y todo esto en medio del jaleo por el 11-M.

Creo que las teorías conspirativas sobre los atentados son una estrategia tanto política como comercial. Política porque responde a la lucha para controlar o mantenerse en el poder. Comercial porque *El Mundo* necesitaba afianzarse como el periódico número dos en tirada. Eso económicamente, en cuanto a la cartera de publicidad, era decisivo. La competencia con *ABC* resultaba feroz.

Yo asistía a las reuniones de planificación que eran importantes, porque contaban con la presencia del director del periódico, el consejero delegado y el director general de Marketing y Desarrollo de Negocio. Antes de una de esas reuniones, le mostré mi preocupación por la deriva que estábamos tomando en el tema del 11-M a Fernández Galiano. Durante la reunión, Galiano comentó: «Oye, Pedro, ¿no nos estaremos equivocando al dar tanta presencia a estas historias del 11-M?».

En ese momento, Pedro J. me miró. Supongo que imaginó mi queja. Y pidió al que entonces era el número dos en la empresa que proyectase un gráfico con la evolución de las ventas del periódico. Allí se podía ver que cada vez que *El Mundo* publicaba estas historias en combinación con Losantos, las ventas subían y las del *ABC* bajaban. En 2012 publiqué un ensayo breve en un libro de la Asociación de la Prensa de Madrid. Allí digo que aquello fue una «batalla de agitación política y comercial».[48] No he cambiado mi visión.

Quedan muchas preguntas por responder. Algunas tienen que ver con el cambio de abogados de Jamal Zougam. Tuvo varios de oficio, no podía pagar los gastos de uno contratado. Y al final, acabó siendo defendido por otro cercano a las teorías de la conspiración, según publicó *La Vanguardia*.[49] ¿Cómo llegó Zougam a contactar con ese aboga-

48. Gumersindo Lafuente, «Las nuevas redacciones y el periodismo con futuro», *Cuadernos de periodistas: revista de la Asociación de la Prensa de Madrid,* n.º 24, 2012, págs. 60-64. Disponible en la Asociación de la Prensa de Madrid <https://www.apmadrid.es/wp-content/uploads/2012/06/60-64%20REDACCIONES%20DEL%20FUTURO.pdf>.

49. E. Martín de Pozuelo, Ignacio Orovio, «Un abogado de pago

do? ¿Quién convenció a su familia para contratarlo? ¿Quién pagó finalmente su minuta? ¿A quién y por qué le interesaba que ese abogado defendiese a Zougam? ¿Podría tener algo que ver la necesidad de introducir alguna supuesta prueba que obligase a que en algún momento del juicio apareciese la palabra ETA?

Durante todo ese tiempo, hasta mi destitución, mantuvimos una tensión informativa permanente, y también la decisión de no publicar nada sobre lo que dudásemos. No me arrepiento de ninguna de mis decisiones. Podríamos haber sido más proactivos. No lo niego. Y lo he pensado más de una vez. Pero habríamos cometido errores por la falta de preparación y los recursos que no teníamos. Era más responsable aplicar la prudencia, ser conscientes de nuestras limitaciones y consecuentes con nuestra deontología. A partir de ahí nos convertimos en filtradores de información falsa que no estábamos dispuestos a publicar.

En concreto, intentamos no dar vuelo a informaciones que afectaban a determinadas personas y que, por decirlo suavemente, perturbaron sus vidas. Por ejemplo, los infundios de manipulación de pruebas lanzadas contra Sánchez Manzano o el comisario de Vallecas, cuya mujer llegó a suicidarse. O todo lo que tiene que ver con las víctimas y sus familias. Muy singularmente, el trato hostil que se confirió

---

proclive a las teorías de la conspiración se convierte por sorpresa en defensor del primer detenido del 11-M», *La Vanguardia,* 19 de febrero de 2007. Disponible en <https://www.lavanguardia.com/politica/20070219/51308933562/un-abogado-de-pago-proclive-a-las-teorias-de-la-conspiracion-se-convierte-por-sorpresa-en-defensor-d.html>.

a Pilar Manjón. De ahí la invitación a realizar aquel encuentro con los lectores que te contaba al arranque. La invité sin conocerla y a sabiendas de que chocaría con Pedro J.

El Mundo en papel trabajaba en ocasiones con fuentes contaminadas. Y, dada la naturaleza de este caso, resulta normal. Las fuentes políticas de los que gobernaban cuando sucedieron los atentados y luego pasaron a la oposición (miembros del PP) defendían su gestión, por muy mentirosa que fuese. Y, como resulta lógico, los periodistas que se dedican a estos asuntos tienen fuentes policiales y de los Cuerpos de Seguridad con intereses propios. Creo que, también por su parte, intentaron confundir a la opinión pública, probablemente para eximirse de posibles errores.

Había, pues, actores políticos y cuerpos de seguridad con fuertes intereses y sesgos evidentes. Pero, obviamente, la responsabilidad de darles voz y filtrar estos intereses corresponde a los responsables periodísticos de *El Mundo* y a sus gestores en ese momento. Fueron cómplices de esa campaña de desinformación, porque el periódico publicó cosas insostenibles.

Los responsables siguen indemnes

Individualmente algunas personas se equivocaron, pero los responsables fueron quienes permitieron desde sus cargos que aquello se mantuviese durante tanto tiempo. Resulta indudable que no han rendido cuentas. La pasividad de asociaciones de la prensa, colegios y sindicatos de periodistas se lo ha permitido. Periodistas como Pedro J. mantienen un nivel de presencia pública enorme, le llaman desde todas las teles, incluidas las públicas. Sigue estando en todos los sitios.

Aquello, insisto, fue una campaña de agitación y mentiras por motivos políticos y comerciales. Pero quiero dejar claro que nosotros hicimos nuestro trabajo, algo que no tiene mayor mérito, era nuestra obligación. Cuando me destituyeron no quise hacerme la víctima, porque cuando en un atentado mueren casi doscientas personas y hay casi dos mil heridos, un simple periodista como yo no puede sentirse víctima. ¡Sería ridículo! Tuve la suerte de seguir trabajando y salir adelante.

Lamentablemente, quienes podían hacer algo para parar la conspiración periodística no querían complicarse la vida. Ni con el sistema político, ni con determinados periodistas que tenían mucha influencia. El crédito o la reputación en este oficio es algo individual, no colectivo. Esta es una profesión muy individualista. Es verdad que una serie de popes del oficio aún hoy piensan que gracias a ellos estamos donde estamos y que les debemos la democracia. Su capacidad autocrítica resulta nula. Sabemos de quiénes estamos hablando. En la generación de Pedro J. pasa lo que con él: son responsables de iniciativas periodísticas muy brillantes y de otras muy lamentables.

El ecosistema tecnológico en 2004 era mucho más frágil. Los periodistas y los medios seguían manteniendo un oligopolio sobre la información disponible. Controlaban los flujos informativos. Pero hoy hemos perdido esa exclusiva. Lo que no quiere decir que seamos irrelevantes.

Evidentemente perviven lazos profundos, derivados de

la Transición. Y se mantienen dependencias entre determinados estamentos periodísticos y políticos. La complicidad entre ellos, respecto al 11-M, se debía a intereses comunes. Las tesis conspirativas satisfacían a ambas partes. Y cuando convenía abrazar otras, lo hacían. La relación entre Rodríguez Zapatero y Pedro J. era fluida y frecuente. A pesar de la crítica del segundo al primero. He sido testigo de algunas conversaciones entre ellos. Imagino que, de forma realista, pensaban que lo mejor era estar al tanto el uno del otro.

Las teorías conspiranoicas del 11-M anticipan y se parecen a lo que ahora vivimos con las noticias falsas. Determinada parte de la población está dispuesta a que la engañen. Están predispuestos a creerse historias inverosímiles. Esto incumbe al periodista profesional mucho más que a los *influencers*, los internautas o los usuarios de las redes. No les podemos exigir el mismo rigor, idénticos protocolos e igual deontología que a los informadores o reporteros. La responsabilidad no es la misma. Lo más grave, peligroso y preocupante del engaño sobre el 11-M es que naciese de y lo mantuviese el periodismo profesional. Esto quebró de manera radical la credibilidad de una serie de medios, pero afectó a todo el oficio.

¿Ahora existen casos semejantes? El acoso sistemático de parte de la prensa a Podemos no puede ser más reciente y evidente. Desde que surgió le imputaron toda una serie de infundios. Igual que a Manuela Carmena, cuando gobernó como alcaldesa de Madrid. Les lanzaron todos los atributos negativos y todas las críticas posibles, la mayoría inventadas. Manifiestan un poder que se moviliza cuando llega el caso.

Los medios actuales, en muchas ocasiones, se ven obligados a hablar de los asuntos que generan unos sistemas de desinformación cada vez más poderosos. Usan las redes sociales y cuentan con herramientas muy eficaces y convincentes. Los bulos y las *fake news* se han profesionalizado de manera brutal. Y, aunque podemos detectar y rastrear todo eso, resulta complicadísimo establecer de dónde viene una información falsa.

El 11-M fue una suerte de ensayo de la desinformación actual. Quien antes agitaba la opinión pública sin apenas herramientas tecnológicas ha encontrado su paraíso. Desde un ordenador personal o un domicilio particular con conexión a Internet puedes enredar muchísimo y enmascarar tu actividad si tienes ciertos conocimientos. Hasta cierto punto hay carta blanca y cunde la sensación de impunidad.

Lamentablemente, España es un país con poco músculo democrático. Las carencias son muchas y se derivan de casi cuarenta años bajo un régimen de dictadura que aún se percibe. Toda una gente agazapada se hizo visible cuando surgió Vox. Hace años que deseaban decir determinadas cosas sin avergonzarse de lo que piensan. El 11-M es uno de los temas preferidos de los involucionistas y se relaciona con una transición que realizamos en momentos muy complicados y que no terminamos de completar. No sanearon ni el sistema policial ni la judicatura.

Hubo un momento en el que se intentó implantar una pedagogía democrática, convencer a la policía o los jueces que deben estar al servicio de la población. Pero el legado franquista pervive y las inercias heredadas pesan. Encima, ahora experimentamos un retroceso ideológico a nivel global que, de alguna manera, enlaza con posiciones retrógradas asentadas y normalizadas en muchos países.

Pero también creo que nunca se ha hecho mejor periodismo en este país. Jamás he creído que cualquier tiempo pasado fue mejor. No comparto esa nostalgia del pasado. Me parece equivocada. Ya lo dije. Antes había un oligopolio de la información, de la intermediación entre el poder y los ciudadanos. En medio, mediando, estábamos los medios y los periodistas. Esa posición privilegiada comenzó a quebrarse con el impacto de Internet. Y las redes terminaron el trabajo. Además, este proceso coincide con una enorme debilidad económica de los medios. Al no ser rentables, su independencia acaba tocada.

Dimitir nunca fue el camino

Elmundo.es estaba hecho por un equipo sólido y cohesionado que veía su trabajo refrendado porque cada vez teníamos más seguimiento. Cuando me destituyeron, estábamos en la cresta de la ola. No creo exagerar cuando digo que nos convertimos en referencia informativa y de innovación a nivel global. La cabecera digital de *El Mundo* había dejado de ser un juguete y empezaba a ser una herramienta muy poderosa.

Un tiempo después me encargaron hacer la transición digital de *El País*. Así que, en esos años, desde el 2000, me vi inmerso, me dediqué plenamente a pensar y desarrollar algunos de los modelos de hacer periodismo digital de calidad. Luego todos pudimos verlos surgir en España y en Latinoamérica. El proyecto en el que me he ocupado en los últimos años, *eldiario.es,* representa un modelo de prensa digital de calidad.

No son pocos los medios periodísticos actuales que perviven con un apoyo financiero que, obviamente, proviene de gente con dinero y determinados intereses. Quien no lo entienda así es un poco inocente. Otra cosa es que el entorno de trabajo del periodista no tenga un mínimo de decencia. Llegado el momento, tienes que decir que no. Si te despiden, lo asumes. Y no me creo un héroe. Sabía que me iban a despedir, pero también que tenía futuro.

Pocos meses antes de mi destitución, Pedro J. había intervenido en el Congreso de Periodismo Digital de Huesca. En su discurso habló de *elmundo.es* y elogió mi gestión. Demuestra que los motivos de mi cese no habían sido laborales ni desavenencias estratégicas. Conservo grabada esa intervención.

Dentro de las anécdotas surrealistas no podía faltar la protagonizada por Esperanza Aguirre, entonces presidenta de la Comunidad de Madrid. El 14 de junio de 2006, casi un mes antes de mi destitución, la invitamos a un encuentro digital. Bajé a recibirla para acompañarla a la redacción y en el trayecto me hizo este comentario premonitorio: «Parece que hay problemillas en esto de *elmundo.es*, yo ya he limpiado los que tenía en Telemadrid». Así eran las cosas en ese momento y así parece que siguen en los medios públicos de la Comunidad de Madrid.

Juan Jesús Sánchez Manzano

Comisario jefe de los Tédax entre 2002 y 2006. En 2008 fue designado jefe de la comisaría de Móstoles (Madrid), cargo que desempeñó hasta su jubilación

Hace casi diez años publiqué un libro para que quienes estudien la España contemporánea accedan a referencias y ciertos documentos oficiales sobre el 11-M. Casi todas las citas que haré a continuación son de ese libro: *Las bombas del 11-M.*[50] Quería dejar constancia de la inconsistencia y mala fe de los creadores de teorías conspirativas. Entre todos ellos destaca Federico Jiménez Losantos, que trabajaba en la COPE. Escribí que, desde la emisora de radio, propiedad de los obispos, «hicieron añicos lo que representa la religión católica, la verdad; insultaron, incitaron al odio con saña y pisotearon la ética cristiana».[51] Creyente, aunque poco practicante, fui monaguillo hasta que terminé el bachillerato superior en un internado. Algo me quedó de todo aquello.

Así que en la niñez y la adolescencia interioricé ciertos valores. Desde luego no los representaban quienes, tras el

50. Juan Jesús Sánchez Manzano, *op.cit.*
51. *Ibid.*, pág. 264.

11-M, dividieron a las víctimas, crisparon la política y polarizaron la sociedad. Habrían necesitado las clases de religión que mi esposa impartió en un colegio público durante treinta y ocho años. No se entiende que la jerarquía de la Iglesia consintiera difundir aquel odio, insidias tan opuestas a su doctrina. Al menos los obispos despidieron a Losantos en 2008. Sus infundios revelan el escaso equilibrio de alguien que llegó a relacionarme con «las tramas negras de Interior» y «los del GAL». Puro sensacionalismo sin rigor alguno. Pero nadie maneja más ni mejor los calificativos. Es todo un especialista en jugar con el lenguaje e inventar la realidad.

Espíritu de servicio

Mi carrera profesional arrancó en 1974 como inspector del entonces llamado Cuerpo General de Policía, popularmente conocido como la Secreta. Tuve en San Sebastián mi primer destino, en un grupo centrado en la lucha contra la banda criminal ETA, durante cinco años. Retomé contacto con el entorno etarra cuando, en 1996, por oposición, ascendí a comisario y me destinaron a Navarra como jefe de la Brigada de Seguridad Ciudadana, durante un año. La *kale borroka* estaba entonces en su punto álgido.

Conozco muy bien a ETA por experiencia propia, directa y prolongada. Después de ver asesinados a muchos compañeros policías y guardias civiles, algunos de ellos amigos, resulta impensable que yo albergase la idea de encubrir a unos supuestos etarras que habrían atentado en el

11-M. Al mismo tiempo, o cuando les convenía, me acusaban de participar en tramas policiales o los GAL.

Los conspiranoicos como Losantos, Casimiro García-Abadillo o Pedro J. Ramírez invocan «España, la verdad y el honor de las víctimas». Pero en mi libro sostengo que «la dignidad nacional se menoscaba con teorías conspirativas que ignoran el sentido común y son el hazmerreír de la prensa internacional. Eso sí que pone en cuestión la democracia, la dignidad nacional y la marca España». Resulta obvio que a España (y, menos aún a las víctimas) no se las defiende y respeta manipulando datos y evidencias.

Publicaron de forma consciente bulos y mentiras sobre el mayor atentado cometido en suelo europeo y que tenía un alcance internacional enorme. No se defiende España sembrando desconfianza sobre la policía y los jueces. Al contrario, se debió ensalzar nuestra labor por la pronta resolución del atentado. Eso hubiera fomentado la confianza de la ciudadanía en nosotros. Algo que, por cierto, resulta imprescindible para combatir el terrorismo.

En todos los congresos y jornadas a los que acudimos los Tédax valoraron muy positivamente nuestras actuaciones. Era insólito. Afuera apreciaban nuestro trabajo y lo elogiaban. Mientras, en España, ciertos periodistas y políticos nos denigraban de forma despiadada. Hasta diría que con inquina.

Pocos países occidentales pueden acreditar la experiencia en terrorismo que, por desgracia, acumulamos aquí. Y claro que el periodismo juega una función democrática esencial: mostrar con transparencia cómo actúa la administración, criticando irregularidades o arbitrariedades cuando las haya. Pero no fue el caso de quienes difundieron teorías insólitas sobre los terroristas y quienes les combatíamos. Cuestionaron las investigaciones y la instrucción del sumario sin aportar una sola evidencia incontestable, ni una sola avalada por los peritos y en los tribunales. Insisto, dañaron a España, crisparon a la sociedad y despreciaron a las víctimas.

Pudieron haber contrastado datos, testimonios y evidencias. Figuraban en el sumario y, después, en las sentencias. Ninguno de los periodistas conspiranoicos me llamó nunca para confirmar rumores o cotejar información antes de publicarla. Seguían una estrategia prefijada y no querían que nadie se la estropeara. Tenían como objetivo que en el imaginario popular quedase el infundio de que la banda criminal ETA había tenido *algo que ver* con el 11-M. Con ese fin, cuestionaron los mismos protocolos con los que los Tédax siempre habíamos recogido y analizado las muestras. Como comisario, nunca interferí en las actuaciones técnicas que corresponden a los especialistas. Ni, por supuesto, modifiqué la aplicación de ningún protocolo. De pequeño, ya lo he dicho, me enseñaron a actuar con rectitud y a cumplir con el deber. Y mi profesión potenció esas cualidades. El espíritu de servicio no puede ni debe entenderse de otra manera.

Actuar con rectitud suena muy grandilocuente. Pero, a fin de cuentas, consiste en aplicar la mejor praxis profesional. En cambio, los autores de las teorías conspiranoicas ignoraron los principios y protocolos más elementales del periodismo. Y, aun así, cuestionaban los nuestros.

El coordinador de la política antiterrorista de la Unión

Europea, Gijs de Vries, puso nuestra actuación en el 11-M como ejemplo de legalidad, comparándola con las medidas de la Administración Bush. La policía, los fiscales y los jueces se ajustaron a la legalidad en todo momento. Tres años después de los atentados, finalizó la instrucción del sumario, se celebró el juicio y se dictó sentencia. Se condenó a la mayoría de los autores directos y a los facilitadores de los explosivos.

Eso es un Estado de derecho. La policía investiga y recopila pruebas. La Fiscalía y el juez de instrucción supervisan la legalidad de las actuaciones policiales que conforman el sumario con las evidencias obtenidas. Todo de acuerdo con lo establecido en la ley. Después, un tribunal, en vista oral pública, examina las pruebas y establece la condena con todas las garantías procesales. En este caso, como en todos los de terrorismo, la Audiencia Nacional fue la instancia competente. Instruyó el sumario y se celebró la vista oral. Fue pública y televisada en directo. No pudo ser más transparente. Ni la actitud de los conspiranoicos más opaca y tramposa.

Electoralismo, indicios y constancia de la autoría

Como decía Martín Lutero: «La mentira es como una bola de nieve; cuanto más se deja rodar, más grande se vuelve». Fue tanta la insistencia de los bulos que consiguieron que muchos ciudadanos ignoraran los procesos institucionales en curso o sospecharan «cosas raras». Hasta el punto de rechazar o recelar de las sentencias judiciales. Tras encadenar tantas mentiras o medias verdades, a un buen número de gente le resultó más cómodo dar validez a los infundios. Lo hicieron por motivos ideológicos o por simple pereza intelectual.

Movido por intereses políticos y mediáticos, un sector nada despreciable de la población creyó las falsedades que difundían tres o cuatro pseudoperiodistas. Y estos instalaron la creencia de que *algo raro pasó allí*. De un modo u otro, la banda criminal ETA tenía que estar detrás de los atentados del 11-M. Aquellas fabulaciones surgieron tras la pésima gestión informativa que el Gobierno de Aznar hizo de los atentados, setenta y dos horas antes de celebrar las elecciones generales de 2004.

La *tesis* de la autoría etarra se mostró con más virulencia después de que el ya entonces expresidente del Gobierno, José María Aznar, en la Comisión Parlamentaria del 11 M, dijera que los que idearon el 11-M no estaban «en desiertos remotos ni en montañas muy lejanas».[52] Llegó a convertirse en una obsesión permanente. La insistencia mediática era casi enfermiza. Prueba de esta obsesión es que, después de cinco años de los atentados, en junio de 2009, publicaron el libro titulado *Titadyn*. Es el nombre de una marca de dinamita de color rojo que utilizaba habitualmente ETA. Casimiro García-Abadillo (entonces subdirector de *El Mundo*) era coautor y en cincuenta y cuatro páginas recopiló las teo-

52. Diario de sesiones del Congreso de los Diputados, Comisiones de Investigación, «Sobre el 11 de marzo de 2004», sesión 34, 29 de noviembre de 2004, pág. 13. Disponible en <https://www.congreso.es/public_oficiales/L8/CONG/DS/CI/CI_021.PDF>.

rías conspirativas del 11-M que, hasta entonces, habían publicado él, Pedro J. y Losantos.

Desde el primer momento, la comunicación oficial de las instancias gubernativas se planteó con estas dos hipótesis sobre la autoría de los atentados: «Si ha sido ETA, barremos en las elecciones; pero si han sido los yihadistas, ganará el PSOE».[53] Pedro Arriola, asesor de Aznar, pensaría que era fácil mantener el mensaje a pesar de los datos que iban apareciendo. Más recientemente José Manuel García Margallo, ministro de Exterior con Rajoy, en su libro *Memorias heterodoxas de un político de extremo centro,* recuerda una conversación que lo confirma con dos de los asesores más directos del entonces candidato a la presidencia: Pedro Arriola y Paco Villar. Este enfoque marcó el camino a los corifeos mediáticos de la tragedia, adictos al Gobierno de entonces. Nunca había visto antes a un periodista o medio de comunicación cuestionar de aquel modo a la Justicia, la Fiscalía y las Fuerzas y Cuerpos de Seguridad en el marco de la lucha antiterrorista.

Cuando llegué a casa, tras ocuparme de los atentados, ya era la una de la madrugada del día 12. Mi esposa me contó entonces que en el *Telediario* habían dicho que la ONU había emitido un comunicado de condena a ETA. El Gobierno la señalaba, por tanto, autora del atentado. Me sorprendió muchísimo. La precipitación en dar aquel

53. Anabel Díez, «El PSOE contrasta en un vídeo el bulo del PP con la sentencia del 11-M», *El País,* 8 de noviembre de 2017. Disponible en <http://elpais.com/diario/2007/11/08/espana/1194476403_850215.html>.

comunicado supuso un grave error. Así lo expresó el embajador en la ONU, Inocencio Arias, que tuvo que pedir disculpas públicas un mes después.

Los indicios con los que contábamos ya a las 09:00 horas del día 11 no apuntaban a la banda criminal ETA. Los Tédax, que trataron de neutralizar las dos bombas que no habían explosionado, habían observado una sustancia explosiva de color blanco; el Titadyn es de color rojo. Fue apenas una hora y media después de cometerse los atentados, aproximadamente. Así consta en las hojas de incidencias que elaboraron los Tédax ese mismo día y en su declaración en la vista oral del juicio. La misma mañana del día 11, los Tédax comentaron la coincidencia de color blanco a dos comisarios generales, el de Información, De la Morena, y el de Seguridad Ciudadana, Cuadro Jaén. Además, el color del explosivo de las bombas coincidía con un resto de cartucho Goma-2 Eco, hallado en la furgoneta Kangoo que utilizaron los terroristas. Y ETA no utilizaba ese explosivo en los últimos veinte años.

La cadencia para obtener los indicios y de las comunicaciones fue la siguiente. A ver si, por fin, lo dejamos claro. Y conste que ya está aclarado por activa y por pasiva, desde hace dos décadas. Como hacíamos siempre y es medida obligada en los Tédax, inmediatamente comprobamos que ETA no había comunicado la colocación de bombas en los trenes, tal como era su costumbre. Insisto, tan pronto como a las 09:00 horas del mismo día 11 se informó de que las dos bombas que no habían explosionado en las estaciones de Atocha y El Pozo contenían sustancia explosiva de color blanco.

La dinamita Titadyn que usaba ETA era roja. Estando en Atocha junto al comisario general de Seguridad Ciudadana, antes de neutralizar la bomba hallada en el tren, el Tédax nos informó del color blanco del explosivo. Una hora más tarde, a las 10:00, se sabía que la furgoneta Kangoo utilizada por los terroristas y hallada en Alcalá de Henares no tenía la matrícula doblada como habitualmente hacía ETA.

A las 14:30 se encuentran en esa furgoneta restos de cartucho Goma-2 Eco de color blanco. Insisto, ETA no la usaba. También se hallan detonadores de fabricación nacional, tampoco usados por ETA, y un casete con cánticos del Corán. En la inspección estuvo presente el comisario general de Información, Jesús de la Morena. Conoció todos estos indicios y detalles en primera persona. Yo, telefónicamente, se lo comuniqué al comisario general de Seguridad Ciudadana, Cuadro Jaén. Es decir, a esa hora la cúpula policial conocía esta información. Lo que pasó según declaraciones del subdirector operativo, Díaz Pintado, en la Comisión Parlamentaria del 11 M, fue que no comunicaron esos datos al ministro del Interior hasta la reunión que tuvieron con él a las 18:00 horas. Fue entonces cuando le dijeron que los Tédax solo habían confirmado que el explosivo utilizado había sido dinamita, sin especificar marca.

Las normas de actuación de los Tédax establecen que al jefe de la especialidad le corresponde la competencia exclusiva de recibir la información de los especialistas y transmitirla, inmediatamente, a los mandos superiores. Así lo hice, siempre a través de la cadena de mando. Comuniqué fielmente y de forma inmediata todas las informaciones disponibles en su integridad. Es lo establecido y así había procedido siempre. Por encima de mí, en la cadena de mando, ignoro cuándo y cómo se trasladaron esas comunicaciones o se gestionaron los datos que facilitaba.

En la Comisión Parlamentaria del 11-M, trascendieron ciertas desavenencias sobre qué dijo por teléfono (o cómo lo dijo) Cuadro Jaén a Díaz Pintado, el mismo día 11, sobre las 13:00 horas. A aquella hora, Díaz Pintado se encontraba reunido en el Gabinete de Crisis formado por el Gobierno en la Secretaría de Estado de Seguridad. Las desavenencias residían en quién de los dos comisarios generales había utilizado la expresión «Titadyn con cordón detonante». Según declaración de Santiago Cuadro Jaén en la Comisión, él solo había dicho «dinamita con cordón detonante». Sin embargo, Díaz Pintado afirmó que le había dicho «Titadyn con cordón detonante».[54] Esas palabras fueron, según declararon, las que trasladaron en aquellas horas al ministro del Interior.[55] Quizás dieran lugar a una posible confusión inicial del Gobierno sobre la autoría etarra.

Como comenté, hasta la reunión en el Ministerio del Interior a las 18:00 horas no se informó al Gobierno de lo que realmente yo había comunicado: que solo se podía determinar que era dinamita, sin poder especificar marca. Insisto, ignoro si antes le habían trasladado al ministro del

54. Diario de sesiones del Congreso de los Diputados, *op. cit.*, págs. 54-56.

55. Agencia EFE, «Astarloa: "Acebes no se inventó nada sobre el explosivo del 11-M porque se lo dije yo"», *elperiódico.com,* 19 de abril de 2007. Disponible en <https://www.elperiodico.com/es/politica/20070419/astarloa-acebes-invento-explosivo-11-5442504>.

Interior las coincidencias del color blanco del explosivo de las bombas neutralizadas en El Pozo y en Atocha, y en los restos hallados en la Kangoo. No es posible que a Cuadro Jaén algún Tédax le dijera la palabra *Titadyn,* porque todos sabían que el explosivo era blanco. Cualquier dato que surge en una intervención se intercambia entre especialistas inmediatamente. Se hace siempre, como medida de seguridad, por si se encuentra otro artefacto explosivo en el escenario.

Se incorporó al sumario una nota informativa, elaborada en la madrugada del día 12.[56] Es el documento más relevante sobre la investigación policial en aquellos primeros días. Siempre me ha sorprendido que los medios de comunicación no la mencionasen para desmontar los bulos. Recopila los indicios y las evidencias de las similitudes entre los restos de explosivos que hallamos en los tres escenarios: los trenes, la furgoneta y la bomba desactivada.

«Nos conviene que haya tensión»

Después de llegar a casa y hablar con mi esposa, supe que alguien iba a pagar por aquel comunicado oficial erróneo que se envió a organismos internacionales. El Gobierno de una nación como España no iba a quedar de mentiroso. Alguien tenía que haberlo engañado. Y la mejor justificación era adjudicárselo a quienes intervinieron en los primeros momentos: nosotros, los Tédax.

56. Juan Jesús Sánchez Manzano, *op. cit.,* documento 5, pág. 362.

Somos quienes obtienen los primeros indicios en el escenario de las explosiones. Como no podían culpar a toda la especialidad, necesitaban personalizarlo en alguien. Y el más indicado era yo: el comisario jefe. Estaba claro quién sería el *chivo expiatorio.*

También intentaron convertir a Rodolfo Ruiz en *cabeza de turco.* Era el comisario jefe de la comisaría de Puente de Vallecas donde apareció la bolsa que no había explosionado en la estación de El Pozo. Los conspiranoicos, para empezar y como prueba de su rigor, la llamaban *mochila.* E intentaron desacreditarla como prueba. Nos acusaron a Rodolfo y a mí de haberla introducido entre las pertenencias de las víctimas. La gravedad de esta imputación supera la de una calumnia.

Los Tédax que desactivaron la bomba recuperaron el teléfono móvil que activaba el explosivo. Contenía información clave para llegar a los autores materiales y colaboradores necesarios... Desacreditar esta prueba invalidaba el resto de las actuaciones policiales y judiciales que de ella se derivaban. En el plano personal, los efectos fueron devastadores, puesto que el acoso que sufrió Rodolfo conllevó el suicidio de su mujer.

La peor acusación que le pueden hacer a un policía es que encubre a terroristas. Los conspiranoicos lanzaron y mantuvieron esa falsedad contra Rodolfo y mi persona. En repetidas ocasiones me acusaron de guardar la bolsa con la bomba en mi casa. Porque, supuestamente, ocultábamos la participación de ETA, que nunca sucedió. Incluso el portavoz del PP en el Congreso de los Diputados, Eduardo Zaplana, convirtió este infundio en una pregunta parlamentaria.[57] Parece increíble que un representante de la soberanía popular formulase una inculpación de ese calibre. Imputaron a jueces, fiscales y policías la manipulación de pruebas y el encubrimiento de ETA. Y lanzaron infundios sobre nuestras personas para avalar esos despropósitos.

En el libro cuento que, en su momento, solicitamos desmentidos a las desinformaciones y difamaciones que mancharon nuestro nombre y el de las instituciones. Sin embargo, el Ministerio del Interior no atendió nuestras propuestas. Argumentó que no merecía la pena. También añado que «se debió haber intervenido de oficio, bien por la autoridad política, la administrativa, la judicial o el Ministerio Fiscal». Reprocho la «falta de apoyo oficial [...] para defenderme de los crueles ataques que he sufrido». Y añado que «efectuamos notas informativas con el objetivo de que órganos superiores procedieran al respecto. El intento fue inútil. Nadie atendió los requerimientos y la realidad sobre nuestras actuaciones no se trasladó a la opinión pública».

Eso escribí hace ya diez años respecto a las autoridades políticas. Pero tengo que aclarar que, internamente, no tuve ningún problema. Conté con el apoyo necesario de la institución policial. El Sindicato Profesional de la Policía me defendió por estar afiliado desde 1977 y por tener una hoja

57. Agencias, «Zaplana: "Se han manipulado informes, se han destruido pruebas y se ha faltado a la verdad" sobre el 11-M», *Libertad Digital,* 23 de septiembre de 2006. Disponible en: <https://www.libertaddigital.com/nacional/zaplana-se-han-manipulado-informes-se-han-destruido-pruebas-y-se-ha-faltado-a-la-verdad-sobre-el-11-m-1276288664/>.

de servicios intachable. Además, la Policía Nacional en su conjunto sabía que la conspiración carecía de fundamento desde un punto de vista estrictamente profesional, tal como después confirmaron los tribunales. Con todo, algunos miembros del Cuerpo evitaron hacer un mínimo esfuerzo intelectual y no aplicaron la lógica. En una investigación en la que participan cientos de policías cualquiera de ellos sabe que, bajo las órdenes de un juez, resulta imposible manipular pruebas para encubrir a los autores.

Como en todo colectivo, también en la policía hay roces y personas que carecen de conocimientos y criterio para discriminar el grano de la paja. Otros, sencillamente, sienten pereza para adaptarse a los cambios. Cuando me incorporé a la especialidad en el 2002, se me encargó unificar la especialidad de riesgos NRBQ (nuclear, radiológico, biológico y químico) con la desactivación de artefactos explosivos (Tédax). La mayoría de los Tédax eran veteranos que no compartían el proyecto. Liderados por el Sindicato Unificado de la Policía, se resistieron a esta iniciativa. Pero acabaron por aceptarla después de varios intentos de hacerla fracasar, incluida una visita al ministro del Interior para mostrarle su oposición frontal.

Era consciente de que mi persistencia, junto a la de otros mandos de la especialidad, provocaba cierta antipatía y repulsa hacia mi persona. Intuía que me acabaría pasando factura. Así fue. Con la polémica del 11-M, el Sindicato aprovechó la oportunidad para cobrársela. Se alineó con quienes generaban polémica, los conspiracionistas.

Consideración aparte merece el posterior comportamiento de las autoridades políticas. Solicitamos, como dije, que los organismos oficiales competentes desmintieran de plano las teorías conspirativas. Pero desde el Ministerio del Interior, estando ya el PSOE en el Gobierno, solo emitieron algunos comunicados. En el libro cuento que me decían: «El ciudadano los pondrá en su sitio, se dará cuenta del fraude informativo al que ha sido sometido. Dejémosles que se cuezan en su misma salsa».

Aún hoy dudo qué hubiera sido mejor. Al principio, considerábamos desmentir contundentemente las primeras noticias falsas o tendenciosas que publicaban los conspiranoicos. Pero esto no habría anulado su argumentario. Y, lo que sería peor, podría haber dado más cuerpo a las teorías de la conspiración. Eso comprometía a la autoridad política. También considerábamos que los desmentidos oficiales retroalimentarían a los conspiranoicos, y les darían alas y mayor difusión. ¡Qué mejor desmentido que un sumario y unas sentencias!

Durante la legislatura 2004-2008, la oposición del PP al nuevo Gobierno del PSOE se centró en desplegar un verdadero arsenal de preguntas parlamentarias sobre el 11-M. Aireaban las teorías conspirativas insistentemente. Por otra parte, los supuestos periodistas que las abanderaron se hacían eco de las preguntas presentadas en el Congreso para moldear la opinión pública y cuestionar la autoría del 11-M. Pero parecía que el PSOE se sentía cómodo con la crispación. El propio presidente del Gobierno, José Luis Rodríguez Zapatero, lo admitió al final de una entrevista concedida a Iñaki Gabilondo. Cuatro días antes de los comicios de 2008, declaró que aquella táctica le venía bien. No sabía que los micrófonos recogían sus palabras y se le oye decir: «Lo que pasa es que nos conviene que haya tensión».[58]

Antes de la Comisión Parlamentaria, me convocaron del Ministerio del Interior. Querían que asumiese *el problema* o *el error* del Titadyn. No procede ni es necesario mencionar nombres o cargos. La cuestión era quién había utilizado la palabra *Titadyn* y confundido al Gobierno. Con imputárselo a los Tédax todo quedaba resuelto. Pero yo no podía asumir eso. No podía ser desleal con mis compañeros y la especialidad.

Desde el primer momento, tuve conciencia de que los partidos utilizarían los atentados para lanzar la campaña mediática que más les pudiera beneficiar. Se descalificaban mutuamente y así se retroalimentaban. El 11-M marcó la agenda política durante años. Ahí están los diarios del Congreso y las hemerotecas para probarlo. Yo y otros muchos profesionales (igual que el juez Juan del Olmo o la fiscal Olga Sánchez; incluso, representantes de las víctimas) nos encontramos ante una situación ineludible. No podíamos obviar nuestra responsabilidad y tampoco responder a tanta descalificación y tanto despropósito.

58. Redacción, «Zapatero, a Gabilondo sobre los sondeos: "Nos conviene la tensión"», *elmundo.es,* 13 de febrero de 2008. Disponible en <https://www.elmundo.es/elmundo/2008/02/13/eleccionesgenerales/1202928653.html>.

Bulos sobre los explosivos

Posiblemente el origen de las estrambóticas *teorías* estuvo en el nombramiento, en 2004, de Ángel Acebes como secretario general del PP, habiendo sido ministro del Interior cuando se cometió el atentado. Y quien fuera ministro Portavoz del Gobierno, Eduardo Zaplana, ejerció como portavoz parlamentario del Grupo Popular en el Congreso. Era de esperar y así sucedió. Continuaron con la polémica sin reconocer ningún error propio, acusando a otros y confundiendo a muchos más para exonerarse de sus culpas o responsabilidades cuando ejercían los cargos anteriores. Aquello fue como poner la zorra a cuidar las gallinas.

Ni los unos ni los otros debieron utilizar los atentados y el dolor que provocó aquella masacre para hacer política. Debieron respetar el proceder de las instituciones del Estado, como habían hecho en otros atentados. Las teorías conspiranoicas no habrían surgido si, pasadas aquellas elecciones, Pedro J. Ramírez, García-Abadillo y Losantos se hubieran abstenido de generar bulos sobre una conspiración para ocultar una inexistente participación de ETA. Su praxis profesional debió ser otra: la del resto de periodistas y medios. Porque muchos de sus compañeros les aconsejaron que dejaran de propalar infundios, mentiras y medias verdades.

Si no hubieran estado programadas unas elecciones generales tres días después de los atentados, todo habría discurrido de otra manera. Al asumir que yo era uno de los *chivos expiatorios,* mi sentimiento de estar siendo manipulado se relativizó un poco. Cuando observas cómo varios poderes fácticos elucubran sin piedad con algo tan grave, sin piedad ni otra meta que sus intereses, no necesitas mucho esfuerzo intelectual para vislumbrar tu futuro. Visto con perspectiva, dar por amortizadas varias cuestiones, incluida mi trayectoria profesional, fue la mejor actitud que pude adoptar. Me permitió transitar el calvario al que me querían someter con cierta tranquilidad. Diez años de involuntaria presencia en los medios no fue un plato de buen gusto, pero tampoco el tormento que los conspiracionistas pretendían.

Varios ejemplos manifiestan el proceder doloso e interesado de estos periodistas. El primero y más burdo sería este artículo de Casimiro García-Abadillo que apareció en *El Mundo* el 18 de junio de 2004 con este titular, el más destacado en portada: «Carmen Toro tenía un teléfono con un nombre igual al del jefe de los Tédax».[59] En la información figuraba el número de un teléfono que no se correspondía con el mío.

El supuesto periodista tenía muy fácil (y le hubiera resultado bien barato) comprobar la noticia antes de publicarla: llamando a aquel teléfono que correspondía a un grupo de la comisaría general de Información, en el que uno de sus integrantes utilizaba el alias de «Manzano» para relacionarse con delincuentes. Le habría contestado alguien que no era yo. Con aquella falsa noticia, García-Abadillo informaba sobre la posible existencia de «una trama policial con

59. Redacción, «La esposa del minero confidente tenía apuntado un teléfono con los apellidos del jefe de los Tédax», *elmundo.es,* 18 de junio de 2004. Disponible en <https://www.elmundo.es/elmundo/2004/06/18/espana/1087526589.html>.

ramificaciones en la cúpula del Cuerpo». Lo que realmente anunciaba era lo que estaba por llegar, la trama de las teorías de la conspiración del 11 M. Cinco años más tarde, en 2009, Pedro J. escribió un extenso artículo: «Yo acuso». Imputaba a casi cuarenta mandos policiales, jueces y fiscales de haber manipulado y ocultado pruebas.[60]

Al acercarse la Comisión de Investigación Parlamentaria del 11-M en el Congreso, supieron que yo no iba a asumir haber usado la palabra *Titadyn.* De ahí que me adjudicaran una relación sospechosa con aquella Carmen Toro, esposa de Suárez Trashorras, principal facilitador de los explosivos a los terroristas.

Más tarde viene el juicio. Y, conforme se incorporan documentos e informes al sumario, los pseudoperiodistas los tergiversan. Aducen que Rodolfo había colocado la bolsa-bomba en la comisaría de Puente de Vallecas. Según los conspiranoicos, también habíamos ocultado la radiografía de aquel artefacto. En realidad, había sido desechada por los Tédax por no serles de utilidad.

Otro infundio sostuvo que había metenamina en el explosivo utilizado y que esa sustancia no era un componente de la Goma-2 Eco. Pero ya constaba pericialmente que aquel rastro era por contaminación y había sido ratificado por otro informe pericial solicitado por el juez a la Guardia Civil. Añado aquel otro sinsentido de si el teléfono que activaba el explosivo coincidía con los utilizados por ETA

60. Pedro J. Ramírez, «Yo acuso (España 2009)», *elmundo.es,* 2 de junio de 2009. Disponible en <https://www.elmundo.es/elmundo/2009/06/02/espana/1243912183.html>.

cuando el peritaje, una vez más, concluía lo contrario... O el *hallazgo* de un temporizador de los que también, cómo no, utilizaba ETA. En realidad, había aparecido en un registro del domicilio de un islamista y acabó siendo, según los peritos, la pieza de una lavadora. De todas y cada una de estas cosas, aporto documentos en mi libro.

Otro caso igual o más aberrante fue el informe sobre el ácido bórico que elaboró la Policía Científica. Sirvió de base para que Pedro J. y García-Abadillo presentaran una querella contra algunos mandos policiales. Los peritos habían añadido al informe algunas alusiones improcedentes e incomprensibles a la banda criminal ETA que la relacionaban con el 11-M. Basaban esa relación en el hallazgo de ácido bórico, en el año 1999, en un piso de Salamanca que habían ocupado unos miembros de ETA. Y esto lo relacionaban, a su vez, con la presencia de la misma sustancia en otro inmueble ocupado por islamistas relacionados con el 11-M.

Al recibir la solicitud de este informe, la comisaría general de Información la envió a la Policía Científica, cuando lo correcto hubiera sido enviarla a los Tédax. Son estos especialistas los que disponen de los conocimientos necesarios, las bases de datos con los precedentes y los catálogos sobre las sustancias explosivas, sus conservantes o estabilizadores. El juez de instrucción consideró que aquel informe, al estar plagado de opiniones subjetivas, no era suficiente prueba para establecer la relación entre los yihadistas y ETA.

Al darse cuenta de que lo había elaborado la Policía Científica, el juez nos solicitó a los Tédax un informe al respecto. Contestamos que el ácido bórico no guarda ningún tipo de relación con sustancias explosivas, según los precedentes y datos técnicos que obraban en nuestros archivos y bases. Finalmente, la querella de los periodistas conspiranoicos quedó en aguas de borrajas. Celebrado el juicio, los mandos de la Policía Científica fueron absueltos. El ácido bórico es una sustancia que se emplea, entre otros usos, para matar cucarachas.

Los conspiranoicos fragmentaban la información y la sacaban de contexto, como hacían con las pruebas que constaban en el sumario.

Cierto es que también elaboraban algunos textos con información verdadera. De hecho, algunas de las críticas que les dirijo se sustentan en artículos publicados en *El Mundo*, que conferían veracidad a otras piezas del todo inventadas. Las alternaban y repetían machaconamente, hasta configurar una realidad ficticia, confusa y contradictoria. Pero que resultaba creíble. Entre compañeros, comentábamos que, de no haber estado allí, nos la habríamos creído.

Aquella polémica sobre los explosivos carecía de fundamento. Nunca se habían cuestionado los informes de los Tédax, en cuarenta años. La Audiencia Nacional validó los del 11-M en su totalidad. Y rechazó con contundencia las teorías conspiranoicas en sus fundamentos jurídicos. La sorpresa fue que en la vista oral me interrogaran los abogados de algunas acusaciones que no se dirigían a mí en calidad de testigo, sino como si fuera un acusado más. Representaban a asociaciones de víctimas de ETA y, por su experiencia, sabían perfectamente qué y a quién debían preguntar. Pero yo no les interesaba en mi función de comisario jefe. Tendrían que haber preguntado a los técnicos que hicieron las actuaciones o pericias. Al hacerlo conmigo, introducían formulaciones y juicios de valor que nada tenían que ver con el derecho de las víctimas. Sembraban dudas sobre la participación de ETA y se alineaban con las teorías conspirativas. Y, para ello, debían desprestigiar el trabajo de los Tédax a través de mi persona.

Errores y advertencias desoídas

En nuestra actuación e investigación hubo errores involuntarios, como en cualquier actividad humana. Algunos eran intrascendentes y se corrigieron en cuanto se detectaron. Siempre con conocimiento del juez instructor y el ministerio fiscal. No se ocultó ningún error. Hay uno al que le dieron mucha importancia los medios de la conspiración: la radiografía de la bomba desactivada en Puente de Vallecas. Los Tédax que la desactivaron tomaron la radiografía antes de que llegásemos el jefe de sección de la Unidad Central y yo. Como esa radiografía no sirvió para desactivarla, no se hizo constar en la hoja de incidencias ni en las diligencias policiales. Así que en la Unidad desconocíamos que existiera. Sin ninguna duda, los Tédax que la hicieron debieron haber dejado constancia de ella.

Valga este caso de ejemplo de que sí rendimos cuentas. Cuando se publicó la primera noticia de la dichosa radiografía se dieron las explicaciones correspondientes desde la Unidad. Y los Tédax que hicieron la radiografía comparecieron ante el juez de instrucción. Pero, durante mucho tiempo, los conspiranoicos siguieron adjudicándome el error y acusándome de esconder a ETA con la insistencia de la que hacían gala.[61]

No me duelen prendas en reconocer otro error del todo involuntario en un informe pericial. Se trataba de unos clavos incautados por la Guardia Civil en Asturias, cuyo peritaje había solicitado el juez de instrucción. Al designar a los peritos, les entregué el oficio del juez y los clavos que había remitido. Les pedí que los comparasen con los depositados en la Unidad Central y que habían sido incautados como metralla. Los peritos hicieron el informe y compararon los clavos. Pero solo con los que se encontraban en el Grupo de Reconstrucción de Artefactos. Olvidaron cotejarlos con los depositados en el Grupo de Investigación por tener impregnaciones de la deflagración o explosión. Al poco tiempo, los peritos se dieron cuenta y me informaron inmediatamente del error. Así que, mediante un oficio, se lo comuniqué al juez de instrucción y este solicitó un nuevo informe pericial en el que se incluyeron todos los clavos depositados en la Unidad Central.

No me importa tampoco reconocer que cometí una grave equivocación cuando empleé la palabra *nitroglicerina* en la Comisión Parlamentaria. Dio mucho juego a los conspiracionistas. También es cierto que era un error fácil de cometer. Contesté a las preguntas de los parlamentarios sin

61. Redacción, «La radiografía de la mochila de Vallecas está fechada un mes después de la desactivación», *libertaddigital.com,* 24 de octubre de 2006. Disponible en <https://www.libertaddigital.com/nacional/la-radiografia-de-la-mochila-de-vallecas-esta-fechada-un-mes-despues-de-la-desactivacion-1276290954/>.

ningún apoyo documental y durante más de cuatro horas. Siempre se ha asociado la nitroglicerina con la dinamita. De hecho, el Diccionario de la Real Academia de la Lengua define la dinamita como «Mezcla explosiva de nitroglicerina con otras sustancias».

Las sospechas sobre la destrucción y la limpieza de los trenes rayaron el absurdo. No me explico cómo puede esgrimirse aún como argumento conspiranoico. Los trenes fueron trasladados por Renfe a los hangares correspondientes y puestos a disposición judicial. Durante unos quince días, continuamos inspeccionando y analizando allí los trenes afectados por las explosiones. Hicimos reportajes fotográficos y grabaciones en vídeo y buscamos elementos relacionados con los artefactos. Los resultados de estas actuaciones constan en actas incorporadas al sumario, remitidas al juzgado con su correspondiente oficio. No se encontró nada relativo a los explosivos, solo documentación y efectos personales de las víctimas. Los Tédax de la demarcación territorial de Madrid fueron quienes más labores desempeñaron. Todos los resultados que obtuvieron figuran en oficios presentes en el sumario.

Cuando se dieron por concluidas nuestras actuaciones y las de la Policía Científica, que también analizó los trenes en los hangares, el juez de instrucción comunicó a Renfe que quedaban a plena disposición de su titular, que era la propia empresa. Es lo que se hace habitualmente con el lugar donde se comete un atentado. Por ejemplo, si se trata de un cuartel, una vez inspeccionado, el juez lo entrega a su titular para que disponga de él como mejor convenga. Los conspiranoicos confundieron el lugar donde se cometió el atentado con el instrumento del delito. Cabe aclararles, porque nunca está de más, que los trenes no fueron instrumento para cometer el atentado, sino el sitio donde se perpetró.

En la zona de la explosión, como siempre, los Tédax hicieron un *barrido* de restos y objetos. Los trasladaron en bolsas a la sede de la Unidad Central, donde se realiza una búsqueda y selección minuciosas. Lo que no tenga relación con los artefactos o el explosivo, se descarta y se destruye, salvo que contenga algún indicio que sirva para la investigación a otros departamentos de la policía. Sorprende que, después de la experiencia acumulada por los Tédax, los conspiranoicos y su entorno se atrevieran a darles lecciones sobre la recogida y el análisis de explosivos.

Debían de saber que la autoría de los atentados no se establece por el tipo de explosivo utilizado. En el 11-M se les identificó por otros medios de prueba: la furgoneta, los detonadores, la bomba desactivada, los teléfonos móviles, las llamadas, la localización a través de las BTS (las estaciones base de telefonía), las huellas, el ADN, etcétera.

De haber actuado como decían los conspiranoicos, me hubieran procesado judicialmente de inmediato. Una vez producidos los atentados, nosotros actuamos como Policía Judicial y solo seguimos las instrucciones del juez. Por eso adopté un perfil bajo en mis declaraciones en la vista oral, al contrario de la *incontinencia verbal* de algunos cargos, como el director general de la policía, Agustín Díaz de Mera. El presidente del tribunal le tuvo que reconvenir, exigiéndole que desvelara la identidad de la fuente que, presuntamente, le había hablado de la existencia de un supuesto informe que atribuía la autoría del 11-M a ETA.

Frente a todo lo anterior, las investigaciones evidenciaron graves fallos de prevención. Destacaría la facilidad para adquirir los explosivos por parte de los terroristas o la poca atención a las amenazas que se conocían con anterioridad. Investigué personalmente la procedencia de los explosivos con un colaborador de la empresa que los fabricaba. Cuando le entregué al comisario general de Información la nota comunicándole de dónde habían salido los explosivos, inmediatamente ordenó que otro comisario y un grupo de inspectores y policías se trasladaran a Asturias para comprobar los hechos e identificar a los autores. La competencia sobre el control de los explosivos corresponde a la Guardia Civil, y la investigación en Asturias puso en evidencia que esos controles y medidas de prevención no funcionaron adecuadamente. Los terroristas, desgraciadamente, lo tuvieron fácil.

Más allá de esto, es importante resaltar (y, de paso, criticar) que el tratamiento político y mediático se focalizó en el *después* del atentado. Lo lógico hubiera sido centrarse en el *antes:* someter a un análisis exhaustivo las actuaciones preventivas que pudieron evitar los atentados. Es lo que se hizo tras los atentados del 7 de julio de 2005 en Londres, el ataque yihadista posterior al 11-M en Europa. Pero en España no se hicieron públicas ni se revisaron algunas advertencias y amenazas sobre un posible ataque yihadista. Por aquí tengo anotadas algunas referencias de lo que debería haberse considerado un riesgo real e inminente.

Primer aviso: el Centro Nacional de Inteligencia informó de un comunicado de Bin Laden y de una amenaza yihadista que se cernía sobre España. Era el 9 de octubre de 2003.[62] Segunda advertencia: apenas una semana después, el 18 de octubre, Bin Laden lanzó una amenaza expresa y directa contra nuestro país.[63] Tercer aviso: el 6 de noviembre de 2003, el CNI emitió una nota informativa sobre el yihadista Allekema Lamari alertando de posibles atentados yihadistas aquí.[64] Cuarto indicio: el 10 de diciembre de ese mismo año, el Órgano de Información de Apoyo al Pueblo Iraquí (Centro de Servicios de los Muyahidin) difunde un documento donde aconseja atentar contra España.[65] También en 2003, tuvo lugar una reunión confidencial de jefes de Inteligencia Militar de la OTAN en Madrid. El CNI había adelantado el peligro creciente de que en España se cometieran atentados islámicos tras estallar la guerra de Irak.[66]

62. Mercedes Cabrera, *11 de marzo 2004. El día del mayor atentado de la historia de España,* Madrid, Taurus, 2020, págs. 104 y 105.

63. Redacción, «La Fiscalía considera que un mensaje de Bin Laden contra España fue el detonante del 11-M», *elmundo.es,* 6 de noviembre de 2006. Disponible en <https://www.elmundo.es/elmundo/2006/11/06/espana/1162788152.html>.

64. Fernando Reinares, *¡Matadlos! Quién estuvo detrás del 11-M y por qué se atentó en España,* Barcelona, Galaxia Gutenberg, 2014, pág. 56.

65. Redacción, «Referencias a España en la propaganda yihadista», Grupo de Estudios de Seguridad Internacional, sección 12. Disponible en <http://www.seguridadinternacional.es/?q=es/content/referencias-espa%C3%B1-en-la-propaganda-yihadista#seccion12>.

66. Mercedes Cabrera, *op. cit.,* pág. 55.

La primera parte del dictamen de la Comisión Parlamentaria del 11-M se dedicó al terrorismo internacional. Allí se hizo constar que estas amenazas eran conocidas, así como otras que figuraban en informes del CNI, la Policía Nacional y la Guardia Civil. Parece incomprensible que, desde el primer momento, el presidente José María Aznar y la Presidencia de Gobierno no tuvieran en cuenta estos informes y todas las operaciones policiales ejecutadas antes contra el yihadismo. De haberlo hecho, se supone que no se habrían precipitado en adjudicar la autoría a ETA.

Si en la mañana del 11 de marzo de 2004, el CNI y demás responsables de Información de la Guardia Civil y de la Policía Nacional hubieran advertido al Gobierno de las notas citadas, nos habrían ahorrado unos cuantos dolores de cabeza a todos los españoles. Habrían abortado las teorías de la conspiración. Pasados diez años, el que fuera entonces director del CNI, Jorge Dezcallar, en su autobiografía, detalló de manera interesada algunos de estos puntos.[67]

Entre los problemas de coordinación e información, hay que señalar la ausencia del comisario general de Seguridad Ciudadana, Cuadro Jaén (de quien dependían los Tédax en esos momentos) en el Comité de Coordinación del 11-M que formó la Secretaría de Estado de Seguridad. De haber estado presente, quizás no habría habido discordancia sobre quién utilizó la palabra *Titadyn.*

Se cuestiona, creo yo que sin razón, el secretismo sobre el 11-M. Pero también hubo excesos de información policial aportada al sumario. Me explico. Cuando se comete un

67. Jorge Dezcallar, *op. cit.,* págs. 164 y 172 (edición en PDF).

delito, se abre una investigación en la que participan varias unidades policiales. Su primera tarea consiste en recopilar datos e informaciones que proporcionan los testigos. Y lo hacen de forma confidencial o extraoficial. Esos datos aún no constituyen indicios racionales. Las primeras versiones nos sirven para formular hipótesis y seguir investigando. Pero hasta que estén contrastadas y se formalicen en diligencias no aportan nada a la causa judicial; es decir, a la instrucción del sumario.

Algunas de esas notas contienen sistemas de trabajo que no interesa desvelar. Conviene preservarlos para proteger los procedimientos policiales y que los delincuentes no aprendan a neutralizarlos. Pero hay otra razón más importante: si no están contrastados, brindan a los abogados defensores la posibilidad de alimentar dudas sobre una prueba posterior y, así, invalidarla. En ocasiones, para llegar a una prueba se hacen muchas investigaciones policiales en distintas direcciones. Las consiguientes notas no aportan nada a la instrucción judicial hasta que no se comprueben y se documenten adecuadamente. Por tanto, debieran quedar en el ámbito policial como un procedimiento básico, rutinario y protocolizado.

Las teorías de la conspiración se basaban en la manipulación de las actuaciones policiales. Así que el juez instructor se vio en la necesidad de ordenar que le remitieran todo lo actuado, incluidas las notas investigativas y otra documentación clasificada. Se trataba de despejar cualquier duda sobre posibles actuaciones dolosas o culposamente improcedentes. Pero, una vez incorporadas las notas al sumario, los maniobreros de la conspiranoia las usaron para publicar medias verdades. Difundían el contenido de la nota y obviaban intencionadamente la información completa, que ya obraba en un informe pericial sobre la misma cuestión. Esta fue una de las razones por las que no condenaron a los periodistas que demandé. Los jueces consideraron que no mentían, ni me calumniaban ni injuriaban basándose en aquellas notas parcialmente reproducidas.

Insolvencia, cinismo e institucionalización de la mentira periodística

El terrorismo busca sembrar terror, división y odio. Por tanto, los conspiracionistas brindaron a los asesinos una plataforma de enorme repercusión. La ciudadanía tuvo presente la masacre durante mucho tiempo. La consecución de los otros dos objetivos está bien clara: los conspiranoicos dividieron a las víctimas y a la sociedad. Y, con esa división, implantaron el odio. No conozco ningún atentado que haya logrado tanta publicidad y colaboración por parte de unos supuestos periodistas.

Casimiro García-Abadillo es un buen ejemplo de la falta de solvencia y sobrado cinismo. En la página 154 de su libro dice: «Lo que hizo el Grupo Prisa fue magnificar las contradicciones entre lo que mantenía el Gobierno y lo que se filtraba desde la policía y los servicios secretos. Utilizaron incluso información falsa (como la existencia de terroristas suicidas o el intento de proclamar un estado de excepción) para convencer a la opinión pública de que el Gobierno mentía». Es decir, el subdirector de *El Mundo* sostiene que Prisa (el grupo mediático de *El País* y la SER, principales competidores de *El Mundo* y la COPE) intoxicó al Gobierno y los españoles.

Se trata de una exhibición de desfachatez en toda regla. García-Abadillo sabe que el origen de todo fueron los errores de algunos políticos. Y, sin embargo, propaga sus *teorías* inventando una conspiración de las Fuerzas y Cuerpos de Seguridad del Estado y de los medios competidores.

Años después, algunos de los principales protagonistas discrepan en cómo se transmitió la información sobre los atentados. Por ejemplo, Aznar, en su libro *El compromiso del poder*,[68] dice que el día 13 (dos días después de los atentados) Dezcallar le entregó un informe que concluía que el CNI no estaba en condiciones de respaldar o rechazar ninguna de las dos grandes alternativas sobre la autoría: ¿ETA o Al Qaeda? Y Dezcallar añadía que así opinaban también otros servicios nacionales y foráneos.

Con estas declaraciones surgen varios interrogantes: si Aznar o Dezcallar no llegaron a disponer de los informes que elaboraron los Tédax durante los dos días siguientes al atentado, si no los conocían, ¿quién decidió no proporcionárselos? Si los conocían, ¿por qué valoraron más las conclusiones de otros servicios nacionales y extranjeros, que, además, no disponían de los indicios obtenidos en el escenario de los atentados?

Dezcallar publicó su autobiografía una vez jubilado, en 2015. Ahí detalla varios aspectos que no guardan mucha

68. José María Aznar, *El compromiso del poder. Memorias II,* Barcelona, Planeta, 2013.

coherencia con las actuaciones e informes que el CNI elaboró en los primeros momentos tras el 11-M. Entre otras cosas, el sábado 13, dos días después de los atentados, carecía de sentido entregar ese informe ya citado a Aznar: se tenía constancia cierta de la autoría yihadista con bastante antelación.

Conviene ya no rebatir, sino desmentir de plano otro testimonio. El exmagistrado Baltasar Garzón compareció ante la Comisión de Investigación del Congreso de los Diputados el 15 de julio de 2004. Allí sostuvo que, la mañana del mismo día del atentado en la estación de Atocha, un Tédax le había comunicado que el explosivo utilizado podía ser Titadyn. Garzón añadió que conocía aquel Tédax por haber coincidido con él en otros atentados. Como comisario jefe, solicité la apertura de una investigación interna nada más conocer estas declaraciones. Era preciso confirmar los hechos e identificar al policía que había infringido los protocolos, aunque sabía que era muy difícil que este hecho se hubiera producido. En la solicitud propuse que el resultado de estas pesquisas se comunicara a la Comisión de Investigación.

La conclusión de la investigación fue que aquel hecho, la citada comunicación del supuesto Tédax a Garzón, nunca había tenido lugar. Un año después, la Comisión Parlamentaria, a través del Tribunal Supremo, solicitó que se llevara a cabo una investigación sobre lo manifestado por Garzón. Entonces comprobé que la investigación interna realizada en julio de 2004 no había sido remitida a la Comisión. Alguien, interesadamente, la había guardado en un cajón.

Ya critiqué lo que en el libro llamé la «institucionalización de mentiras periodísticas» que realizó el portavoz parlamentario del PP, Eduardo Zaplana. Entre 2004 y 2008 formuló cientos de preguntas parlamentarias. De ellas, setenta y una cuestionaban a los Tédax en sintonía con el periodismo sensacionalista. La paradoja es que quienes preguntaban pertenecían al partido político que gobernaba el 11 de marzo de 2004. Resultaba chocante e incoherente que ellos mismos alegaran deficiencias en las tareas desempeñadas por Fuerzas y Cuerpos de Seguridad del Estado bajo su responsabilidad. La estrategia de oposición parlamentaria se acompasaba con el frente mediático.

Fueron tres o cuatro medios los que dieron pábulo de modo coordinado a la conspiración. Pedro J, como director, y García-Abadillo, como subdirector, las ideaban y lanzaban desde *El Mundo*. Losantos las pregonaba en la COPE. Y las replicaba de nuevo en la web de su propiedad, *Libertad Digital,* en compañía de Luis del Pino: un ingeniero informático, sin titulación ni experiencia periodística, que se convirtió en adalid de estos infundios. Los demás medios permanecieron ajenos a sus *teorías* y las criticaron con dureza; sobre todo *ABC,* entonces dirigido por José Antonio Zarzalejos.

Cuando la vorágine conspiracionista, nadie se atrevía a levantar la voz contra sus artífices. Quien les replicaba era dilapidado mediáticamente, como les ocurrió a Zarzalejos y Alberto Ruiz-Gallardón. Durante esos años quedó en evidencia que la valentía no es una virtud de la mayoría de nuestros políticos. Y hablo en general. Me refiero a todos los partidos. Me daba pena ver que una sociedad que vive en democracia era incapaz de defender y luchar por la verdad.

Otra barbaridad de *El Mundo* fue difundir una larga entrevista a Suárez Trashorras, el cabecilla de la trama que facilitó la Goma-2 Eco a los yihadistas.[69] Diez años después del 11-M reconoció, en una carta dirigida a uno de los abogados de las víctimas, que participó en la teoría de la conspiración de forma consciente. Afirmó haber implicado a ETA para generar confusión, siguiendo la estrategia de defensa que le marcaba su abogado.[70]

En algunas ocasiones he oído a Aznar presumir de que él responde de sus actos. Si así es, lo primero que habría tenido que hacer era reconocer el error que cometió. No puede negar haberse precipitado al adjudicar la autoría a ETA y comunicarlo a embajadas y organismos internacionales. ¿Qué prisa había? En ninguno de los atentados anteriores de ETA se requirieron con tanta insistencia datos sobre la autoría. Por otra parte, Rajoy no debió mostrarse indiferente ante aquella avalancha injustificada de preguntas parlamentarias. Acebes y Zaplana, lo comenté antes,

69. Redacción, «*El Mundo* publica desde hoy una entrevista con Suárez Trashorras, procesado por el 11-M», *elmundo.es,* 4 de septiembre de 2006. Disponible en <https://www.elmundo.es/elmundo/2006/09/03/espana/1157244450.html>.

70. José María Olmo, «Trashorras: "Implicar a ETA en el 11-M fue una tontería. Lo dije para generar confusión"», *elconfidencial.com,* 1 de marzo de 2014. Disponible en <https://www.elconfidencial.com/espana/especial-decimo-aniversario-11-m/2014-03-01/trashorras-implicar-a-eta-en-el-11-m-fue-una-tonteria-lo-dije-para-generar-confusion_95469/>.

mantuvieron una actitud indigna en el órgano de la soberanía popular. Y Rajoy se lo permitió. La misma indignidad mostró la señora Cospedal cuando, junto a Pedro J. y García-Abadillo, promocionó el ominoso libro *Titadyn.*[71] Pareciera que, para ella y otros tantos, las sentencias judiciales significan poco o nada.

Después de veinte años, mereceríamos un acto de contrición. Nada excesivo, el mero reconocimiento de la pésima gestión comunicativa de los atentados del 11-M.

Intereses partidistas, asociaciones de víctimas y perversión jurídica

No recuerdo un caso semejante de indefensión policial; claro está, sin causa justificada. En las actuaciones policiales del 11-M no la había. Nunca hubo razón alguna para llevar a cabo semejante campaña mediática, tan sectaria y provocando tanto descrédito institucional. Más aún cuando las sentencias judiciales examinaron con exhaustividad la actuación policial y condenaron a los autores del atentado. No hay justificación para ese autodenominado *periodismo.* Organizaron una campaña con unos objetivos y unas líneas de actuación prefijadas. Y la mantuvieron durante más de diez años siendo conscientes del daño que causaban. Esto encierra una perversidad y una maldad indescriptibles.

71. Manuel Marraco, «El químico del 11-M presenta su libro "Titadyn": "Hemos abierto una brecha"», *elmundo.es,* 2 de junio de 2009. Disponible en <https://www.elmundo.es/elmundo/2009/06/01/espana/1243891506.html>.

El PSOE y PP utilizaron los atentados del 11-M de modo interesado. Durante toda una legislatura mantuvieron un enfrentamiento agrio y constante. Aún hoy, cuando hay ocasión, unos y otros se lanzan reproches a la cara. ¡Y lo que quedará! Se minó la confianza ciudadana en unas instituciones que constituyen la columna vertebral del Estado de derecho. La irresponsabilidad resulta, por tanto, manifiesta.

Por fortuna, cuando se menciona el 11-M, perdura cierta empatía hacia las víctimas. Pero la victimización secundaria les infligió un terrible sufrimiento. Reiterar noticias todos los días, cuestionando quiénes fueron los responsables de la pérdida de tus seres queridos o de las lesiones sufridas... Esto supone un ensañamiento por parte de quienes obligaron a tanta gente a revivir el trauma y a asumir su papel de víctima en un bucle interminable. Por eso me sorprendió tanto la actuación de ciertas asociaciones de víctimas durante el juicio. Conviene incidir más en ello y matizar.

Me consta que no todos los miembros de la AVT aprobaban las posturas de la junta directiva. Esta última mantenía una relación directa con los terminales mediáticos de la conspiranoia, al igual que sus abogados, que conocían de sobra cómo trabajábamos los Tédax. Porque, hasta entonces, siempre habíamos avalado sus acusaciones particulares en los juicios contra ETA. La Asociación de Ayuda a Víctimas del 11-M (diferente de la Asociación de Afectados del 11-M, que dirigió Pilar Manjón en sus inicios) era muy minoritaria. Y mantenía una relación más estrecha que la AVT con el entramado conspiranoico.

Supuestamente, también les afectaba la revictimización. Pero los directivos de algunas asociaciones fueron manipulados por unos periodistas a los que, a su vez, avalaron. Sin su apoyo directo o indirecto, no hubieran llegado tan lejos con sus falsedades.

Las primeras noticias tergiversadas y otras completamente falsas fueron publicadas por Fernando Múgica, unos cuarenta días después de los atentados. Le sucedieron García-Abadillo y Pedro J., fabulando sobre la posibilidad de que la instrucción del sumario hubiese sido saboteada por la policía que, según decían, mentía al juez instructor, Juan del Olmo. Supuestamente le entregamos informes contradictorios, declaraciones manipuladas y documentos falsos. Entraron en un bucle del que no supieron ni quisieron salir. Les pasó como a los mentirosos compulsivos: se vieron envueltos en una obsesión que les impedía ver la realidad del sumario, las sentencias y la cobertura de los otros medios.

Ante tanta ignominia, en 2008, una vez publicada la sentencia de la Audiencia Naciona sobre el 11-M, interpuse una demanda civil por vulnerar mi derecho al honor. Me querellaba contra Pedro J. Ramírez, García-Abadillo y Fernando Múgica. Simultáneamente, formulé una querella criminal por calumnias e injurias contra Losantos.

Tenía experiencia acumulada: treinta años de servicio, formación jurídica y catorce años de docencia universitaria en Seguridad, Derecho y Criminología. Por tanto, era consciente de que sería muy difícil que condenaran a un periodista en un asunto tan trascendente. En estos casos, los jueces siempre priorizan la libertad de expresión sobre el derecho a la información veraz que tiene la ciudadanía o sobre el derecho al honor del demandante. Esa prioridad se reviste con subterfugios legales y terminológicos para exculpar al periodista que incumple una deontología mínima. Consciente de esto, planteé mi defensa judicial a sabiendas de que las sentencias no me ampararían. Así ocurrió.

Las demandas que interpuse fueron y son el mejor desmentido, la demostración más clara, de mi inculpabilidad o inocencia. El haber ejercido el derecho al honor, aunque no me lo concedieran, me permite hacer este tipo de declaraciones. Porque usé mi derecho al honor respecto a la libertad de expresión en los mismos términos en que se lo reconocieron a esos periodistas. Aún hay medios conspiranoicos que se *exculpan* y utilizan el rechazo a mis demandas para seguir sustentando las mentiras de siempre.

En respuesta a las demandas que interpuse, estos periodistas, para vengarse, en julio de 2009, animaron y apoyaron a la Asociación de Ayuda a las Víctimas del 11-M a que presentara una querella en el Juzgado número 43 de Madrid para investigar la actuación de los Tédax. A dicha querella se adhirieron la Asociación de Víctimas del Terrorismo y la Unión de Oficiales de la Guardia Civil, lo que pone de manifiesto que estas tres entidades no aceptaban las dos sentencias firmes de la Audiencia Nacional y del Tribunal Supremo. Ambas instancias judiciales habían despejado las dudas sobre las actuaciones policiales y de los Tédax. Pero quisieron judicializar las teorías conspirativas en un *totum revolutum* de procesos abiertos. Así, recibían cierto aval. Bastaba con que las querellas y los recursos fuesen admitidos a trámite. Aunque luego se sobreseyeran o desestimasen, como sucedió en todos los casos.

La primera querella contra mí la presentaron de forma calculada en el decanato de los juzgados para que le correspondiera a la jueza Coro Cillán, titular del Juzgado 43. Existiendo las dos sentencias firmes ya citadas, la Audiencia Provincial archivó la causa con un auto de sobreseimiento total tres años después. Las declaraciones en la vista oral parecían un espectáculo circense. No tenían el más mínimo sentido y a la jueza le faltaba oficio; de hecho, había sido cuestionada en otros procedimientos. Las diligencias de investigación que pretendió realizar eran un despropósito. Lo más desagradable fue que los miembros de la Unidad Central y los del grupo de Madrid tuvieran que comparecer.

Esta dimensión judicial de la conspiranoia resulta tan sectaria que se descalifica por sí misma. Veamos: antes de la mencionada querella en el Juzgado número 43, presentaron el libro *Titadyn* el 1 de junio de 2009. Tres días después, el partido de ultraderecha Alternativa Española presentó una denuncia contra varios mandos policiales (entre ellos, la perito y yo) aportando el libro. La denuncia se archivó por el Juzgado de Instrucción número 6 dieciocho días después, el 19 de junio.

La Asociación de Ayuda a las Víctimas del 11-M y la AVT recurrieron, pero la causa acabó sobreseída. En julio de 2009, esas asociaciones se querellaron contra los Tédax en el Juzgado de Madrid antes citado. Otra vez utilizaban aquel libelo. Por fin, en febrero de 2013 el Tribunal Supremo dictó sentencia y confirmó sobreseimiento libre por considerarla causa juzgada. E impuso las costas de los recursos a las tres asociaciones querellantes.

Resulta deleznable que un profesional de la abogacía,

encargado de velar por la justicia, se deje prostituir y se preste a llevar a cabo acciones del todo opuestas a su misión. En el proceso judicial de los atentados llevado a cabo en la Audiencia Nacional, a esos abogados les correspondía ejercer la acusación particular en interés de las víctimas, Sin embargo, cuestionaron a los testigos, las pruebas y los peritajes. Esto suponía defender a los terroristas de forma indirecta pero indiscutible.

José María de Pablo, abogado de la Asociación de Ayuda a las Víctimas del 11-M, se coordinaba con el defensor de dos procesados como posibles autores de la masacre. Se excusaba con argumentos del tipo «las víctimas me piden que pregunte por la clase de explosivo. Si me criticas a mí, las criticas a ellas». Además mantenía contacto regular con los periodistas conspiradores.

Los últimos coletazos conspiranoicos, como el que intentó dar Villarejo, carecen de sustento.[72] Así lo dictaminó el juez. Además, creo que ya no queda espacio para más invenciones. Pedro J. y García-Abadillo superaron todos los límites posibles. Con tantas falacias, agotaron las posibilidades de fabricar otras que puedan seducir a los incautos. En el PP, los que apoyaron las teorías fueron un reducido grupo de políticos, hoy inactivos y dedicados a otras actividades. La mayor parte de los miembros del partido no compartieron la agenda parlamentaria conspiranoica.

72. Marisa Recuero, «Villarejo asegura al juez que las líneas de investigación del 11-M son "erróneas"», *El Mundo,* 28 de marzo de 2019. Disponible en <https://www.elmundo.es/espana/2019/03/28/5c9cfb5321efa09f5f8b4648.html>.

Hace poco, la Asociación de Ayuda a las Víctimas del 11-M pedía que no prescriban los posibles crímenes relacionados con los atentados. Esgrimen que así se podrá conocer «toda la verdad» y el «autor intelectual» cuando se desclasifiquen más documentos. No lo entiendo, porque ya dije que no queda documento clasificado que afecte a sus derechos y que no fuera mostrado públicamente en la vista oral. Me refiero tanto al atentado frustrado el 2 de abril de 2004 en la vía férrea del AVE a su paso por Mocejón (Toledo), como al atentado kamikaze que los yihadistas realizaron al día siguiente contra el operativo policial que iba a detenerlos en Leganés. Desconozco si existen más documentos utilizados para comunicaciones entre organismos y autoridades políticas que no fueron judicializados.

Respecto al así llamado «autor intelectual», en la Audiencia Nacional se probó la vinculación con Al Qaeda del grupo yihadista que realizó los atentados. Como norma común, estas células gozan de autonomía para decidir dónde, cómo y cuándo atentan. No precisan orden concreta, como sí sucede en las bandas terroristas autóctonas. ETA tenía una estructura jerárquica y su funcionamiento operativo era totalmente distinto.

El catedrático Fernando Reinares avala la autoría yihadista del 11-M con rigor en su libro *¡Matadlos!*[73] En un discurso de 2022, tras recibir el Premio por la Memoria y por la Paz que concede la Asociación 11-M Afectados del Terrorismo, Reinares dijo que el cerebro del 11-M fue Amer Azizi. Este terrorista vivió diez años en España, organizando

73. Fernando Reinares, *op. cit.*

las redes del islamismo radical. Después permaneció muy próximo a Bin Laden hasta que, en 2005, murió en una operación de la CIA en Pakistán.

El 11 marzo de 2004 se desató un terremoto político cuyas consecuencias aún perduran. Los principios básicos que sustentaban el espíritu de concordia desde que se inició la Transición en los años setenta desaparecieron a partir de estos atentados.

Rodolfo Ruiz

Comisario de Vallecas que custodió una bomba del 11-M que no explotó, acusado de manipularla y de perseguir a miembros del PP

Me encuentro muy diezmado físicamente. Tengo setenta y dos años y estoy recibiendo quimioterapia por un cáncer. La primera semana de tratamiento es la peor, porque se manifiestan todos los efectos secundarios. Luego, con el paso de los días, empiezas lo que llamo el *viacrucis*. Me dieron el último ciclo el lunes de la semana pasada. Y paso jornadas como la de hoy, que califico de *dulces,* porque me encuentro bien física y psicológicamente. En la medida de lo posible, apoyaré mis recuerdos en un diario privado que fui escribiendo durante ese periodo de mi vida.

Romper el silencio

Hablar de nuevo sobre estos temas me cuesta mucho, muchísimo. No hice ninguna declaración a la prensa hasta 2014, en el diez aniversario de los atentados. Pude hablar una vez que el Tribunal Supremo me exoneró de todas las cargas que se me imputaban. No solo se cuestionó cómo había custodiado los explosivos que se usaron en el 11-M, también se me hizo responsable de lo que luego se llamó el caso Bono.

José Bono, ministro de Defensa en el primer Gobierno de José Luis Rodríguez Zapatero, fue agredido por unos afiliados del PP en una manifestación de la AVT. Y le tocó a la Brigada Provincial de Información que yo dirigía tomar las declaraciones. Se me acusó de haber cometido delitos muy graves. Antes me había tocado custodiar la bomba que no estalló en la estación de El Pozo y se me culpó de manipularla para encubrir la autoría de ETA. Así que, después de considerarme un terrorista, me procesaron y condenaron, sin fundamento alguno de haber acosado a los miembros del PP. Todo falso, como sentenció el Tribunal Supremo.

Los medios conspiranoicos relacionaron los dos asuntos con insidias. Nos impusieron un tormento a toda la familia a nivel psicológico, personal y profesional. Aquello tuvo consecuencias horribles, incluido el suicidio de mi primera mujer, Magdalena. Después me vine a vivir aquí, a Zaragoza. Conocí una nueva compañera, que es mi esposa actual. En 2014, cuando hablé por primera vez a la prensa sobre el 11-M, había logrado alcanzar un momento de felicidad muy grande.

Me integré en Zaragoza plenamente, y eso que viví casi cincuenta años en Madrid para la profesión. El diez aniversario del 11-M, me llamó un periodista de *El País* al que conocía y con el que había hablado a menudo. Por cierto, fue una de las pocas personas que defendió mi honorabilidad en los medios. Se llama José Antonio Hernández, me solicitó la entrevista y la tituló «El bulo del 11-M destrozó mi familia y mi esposa no pudo aguantarlo». Afirmaba que me habían convertido en «el chivo expiatorio del 11-M».[74]

Al principio no quería hablar. Esta es una etapa que deseo olvidar, aunque resulta difícil. Tengo miles de momentos que hemos sufrido mi familia y yo. No quería reverdecer esto. Pero, bueno, José Antonio me convenció. Insistió y se desplazó hasta aquí, Zaragoza. Y después de esa hubo otras comparecencias, como la de *El Intermedio,* con una entrevista que me hizo Gonzo.[75] Tras estas declaraciones sentí una cierta liberación. Creo que se debía a la oportunidad de poder reivindicarme y evidenciar... no sé si el término es correcto, quizás sea exteriorizar, o demostrar, mi honradez y mi honorabilidad.

La entrevista de *El País* la concedí por el mucho afecto y cariño que le tenía al periodista. Eso ya supuso, si se me permite la inmodestia, sentir algo de orgullo y reconocimiento personal. Reconfortaba que se transmitiera que yo había obrado con honradez profesional y, por supuesto, personal. Necesitaba el reconocimiento de los daños morales que sufrimos mi familia y yo. Los dos o tres primeros años tras los atentados del 11-M fueron tiempos de acoso,

74. José Antonio Hernández, «"El bulo del 11-M destrozó mi familia y mi esposa no pudo aguantarlo"», *elpaís.com,* 10 de marzo de 2014. Disponible en <https://elpais.com/politica/2014/03/08/actualidad/1394295198_919767.html>.

75. Redacción, «Magdalena, mujer del comisario de Vallecas, fue la víctima 193 del 11-M», *lasexta.com,* 11 de marzo de 2014. Disponible en <https://www.lasexta.com/noticias/nacional/magadalena 4b5cf6584a81fd88470c3.html>.

ensañamiento y odio. Hasta el punto de que me dio un infarto.

Autoría clara y mentiras conscientes

Tuve certeza de la autoría islamista de este atentado desde el principio, cuando estábamos allí, en El Pozo del Tío Raimundo. Me he formado en la Brigada de Información. Primero, como jefe de grupo y luego como jefe de la Brigada de Información de Valladolid y, después, de Madrid. Si se me permite la inmodestia, había acumulado una actividad y una experiencia profesional considerables en cometidos antiterroristas. Años después, escribía en mi diario: «No he visto, oído ni recibido información, dato o documento que se relacione con ETA o tuviera participación en este atentado, ni relación con el terrorismo islamista».

Cuando estábamos en la estación de El Pozo, un superior jerárquico me preguntó: «Rodolfo, tú que eres un hombre de información, ¿quién crees que ha hecho esto?»; y respondí: «No tengo duda. Ha sido el terrorismo islamista». Así mismo, palabra de honor. Si los atentados habían ocurrido a las 08:40 horas, entonces serían las diez o las once de la mañana. «¿Por qué dices eso?», preguntó. Contesté que ETA había intentado siempre evitar lo que ellos llaman (para mí siempre mal llamadas) *víctimas inocentes* (todas lo son). Y creo recordar que dije: «Aquí no hay empresarios, no hay gente con poder económico o financiero, ni fuerzas armadas o cuerpos de seguridad, etc. Este no es el proceder de ETA».

El nivel de efectivos, el conocimiento y la experiencia que había en este país sobre el yihadismo era mínimo. Yo era jefe de una comisaría de distrito y no sé si en la Brigada Provincial de Información habría algún grupo específico. Creo que sí. Y en la Comisaría General también, pero no con el nivel requerido.

El PP (en concreto, el de Aznar) nunca aceptó la derrota electoral, y tampoco que los atentados se produjesen por invadir Irak. Hay que decirlo claro. Los responsables políticos eran conscientes de estas dos realidades. La autoría de la banda criminal ETA se descartó enseguida porque, precisamente, las investigaciones no tardaron en desarrollarse y, felizmente, con éxito. En cuanto se encontró la mochila en Vallecas, surgen actuaciones en firme y empiezan las detenciones. Pronto, muy pronto, los cuerpos de seguridad abandonan la hipótesis de ETA y señalan a Al Qaeda con claridad.

Creo que los conspiranoicos sabían la verdad, que eran conocedores de ella y del daño que estaban produciendo. Pero no les importaba. Por último, el daño que producían las mentiras que difundían era bien constatable. De hecho, creo recordar que me contaron que en un programa de televisión le habían preguntado a Pedro J. Ramírez sobre las consecuencias y los perjuicios que su diario nos infligió, a mí y a mi familia. Nos calificó de «daños colaterales». ¡Hombre, por favor! ¿Daño colateral? Para eso se necesitan dos contendientes, dos bandos. Yo no estaba en guerra con nadie. A mí me utilizaron.

Víctimas de una guerra mediática unilateral

No estaba en ninguna batalla porque apenas era un funcionario, intenté hacer las cosas como mejor pude y supe. Me sentía obligado a seguir fiel a mi profesión y me mantuve neutral ante los hechos. Actué con objetividad o, al menos, lo intenté con todas mis energías, conocimiento y experiencia. Pero, en cambio, los periodistas conspiranoicos nos trajeron demasiados problemas. Provocaron nuestra desgracia. Intenté aislarme con mi familia. Con ella y mis amigos, traté de adoptar una estrategia para protegerme y protegerles. No escuchaba la radio, no veía la tele ni leía la prensa entonces. Luego tuve conocimiento real de las monstruosidades que se habían dicho de mí.

La situación llegó a semejante gravedad que en 2008 me vi forzado a querellarme contra Losantos en el Juzgado de lo Penal número 26 de Madrid. El Tribunal Supremo había ratificado y avalado plenamente mi labor custodiando las pruebas más decisivas para la instrucción y la sentencia del 11-M. Así que me reuní con mi familia, mi mujer y nuestros dos hijos. Les dije... Perdóname, es que me emociono. Es que esto es... Perdóname. Nos reunimos los cuatro y les dije: «Me han preguntado si me quiero querellar. ¿Qué os parece?». Los tres dijeron: «¡Adelante, papá!». Era lo que pensaba y esperaba que dijesen. Intentamos que nuestra respuesta a los conspiranoicos tuviese una traslación judicial y penal. Desde el principio tuve claro que, si me lanzaba contra este personaje, Losantos, era para ir hasta el final.

Puse el asunto en manos de los abogados del sindicato.

El Juzgado de lo Penal le imputó por varios hechos, pero luego se archivó el caso. Desgraciadamente, no recurrimos a la Audiencia Provincial. Creo que fue por dejadez de mis abogados. Dejaron pasar el plazo. Recuerdo haber leído en algún diario digital que la querella se había archivado. La sensación era, no sé... Me di cuenta del enorme poder que los medios pueden llegar a tener sobre un ciudadano normal y corriente, como era yo en aquel momento. Todo esto te deja una sensación muy mala y te hace mucho mal. Decía y aún digo: ¿cómo es posible absolver a este personaje, Losantos, con las barbaridades que ha dicho de mí?

Las salvajadas que me dedicaron las tengo grabadas en la mente, muy dentro. Nunca se me olvidará la afirmación que hizo Losantos en la COPE y que luego repitió en *El Mundo:* que yo había colaborado en una masacre criminal y que había inundado de pruebas falsas el sumario del 11-M. ¿Cómo pudo decir eso? Algo que cualquiera puede entender que produciría muchísimo dolor. ¿Y queda limpio de toda mancha? ¿No recibe ningún reproche penal? Acato. Pero, por supuesto, no comparto.

No sé de dónde les viene ese poder. Del número de seguidores, de sus respaldos políticos y judiciales, de la información que manejan... Puede que sea un poco de todo. No lo sé, no lo sé con exactitud. Pero gozan de impunidad absoluta. Creo recordar que incluso Ruiz-Gallardón perdió un recurso frente a Losantos. A mí llegó a llamarme *chequista,* el jefe de una Checa. Comparó la Brigada Provincial de Información que dirigía con un centro republicano de detención, tortura y ejecución de franquistas en la guerra civil.

La insensibilidad que mostraron conmigo no es normal. Tiene algo de enfermizo. Lo digo sin conocerlos personalmente. Solo me crucé con Losantos en el Juzgado de lo Penal. Si no tuviese tanta maldad, no se habría ensañado. No me habría acosado con ese odio. Porque todo era pura invención. No había hecho absolutamente nada de aquello de lo que me acusaban. Y era tan duro lo que decía..., demasiado duro. Incluida la falsedad de acusarnos a Pilar Manjón y a mí de haberle amenazado durante el juicio.

Ella me acompañaba para apoyarme, porque decía que yo era una víctima más. Se portó muy bien, siguió el tema y supuso un apoyo muy muy importante, que hago extensivo a la Asociación 11-M de Afectados del Terrorismo. Estuvieron presentes en los juicios, apoyándome a mí, a mi mujer e hijos, a mis amigos. En el juicio, Losantos dijo que, al cruzarnos, le habíamos llamado asesino. Eso es falso, rotunda, absolutamente falso. Si por algo nos distinguimos mi familia y yo es por una serie de principios y valores morales de los que, por supuesto, este personaje carece.

La mochila que era una bolsa, el periplo «extravagante» y la desactivación

Parto de que el juez Gómez Bermúdez, que presidió el juicio del 11-M, afirmó en la sentencia que la mochila de Vallecas era una prueba auténtica. También dio por correctos los peritajes. Aunque calificó de «extravagante» el periplo de los traslados. Señaló algunos problemas de descoordinación o de confusión. Pero, insisto, nunca fueron intencionales, como dicta la sentencia. Era difícil que no surgieran, con la envergadura de aquel atentado y en el contexto infernal en el que trabajamos.

Cuando llegué a la escena del atentado, me encontré con una situación dantesca. La peor que había visto en mi vida. Sin ningún género de dudas. Tengo las emociones y las imágenes tan grabadas que perdurarán en mí mientras viva. En medio de aquella situación, se requisaron los objetos y efectos que había en El Pozo. Se metieron en unas bolsas enormes. Creo recordar que fueron once. Al principio, se me dijo que había que trasladarlas. Pregunté: «Bueno, pero ¿adónde? ¿Dónde las llevo?». Esperamos órdenes y se nos dijo que quedasen depositadas en la comisaría de Puente de Vallecas. Sugerí que fuesen a la comisaría de Villa de Vallecas, que está dentro de esa área policial.

En ese intervalo, la emisora del 091 transmite un comunicando ordenando que todo se deposite en Ifema. En un primer momento, se llevaron allí los cadáveres y todos los efectos. Pasado un tiempo (no sé cuánto, porque no recuerdo la hora), la jueza de guardia pregunta dónde están las bolsas. Cuando se le comenta que todos los objetos se habían llevado a Ifema, la misma jueza ordena que queden depositados en la comisaría de Puente de Vallecas. Esta decisión se trasladó a la superioridad. Por lo tanto, tenían que retornar allí. Eso fue todo. Sin más. Dos órdenes contradictorias. Fin de la historia.

La dichosa bolsa con la que los conspiranoicos me hicieron la vida imposible vino de Ifema en furgones policiales. Una vez que llegaron a la comisaría de Puente de Vallecas, le dije al segundo mando: «Oye, tened cuidado con estas cosas, que queden depositadas en un cuarto. Y comunicadle al juez Del Olmo que la jueza de guardia así lo ha dispuesto». No se hizo nada anormal ni incorrecto. Al juez Del Olmo le pareció bien. No pronunció un solo comentario en contra. Lo único que dijo es que se hiciera una inspección ocular, para ver si al día siguiente por la mañana podía disponer de una relación de todos los efectos metidos en los bolsones blandos.

Para empezar, y como prueba de su nulo rigor, los conspiranoicos hablaban de una mochila. Se trataba de una bolsa de deporte. Cuando ya vuelve todo de Ifema, yo dispongo que quedara perfectamente custodiado. Logramos que el control de seguridad no se interrumpiese en ningún momento. Nombré a unos funcionarios, que creo que eran cuatro, para que hicieran la inspección ocular y redactasen una relación de todos los objetos. Cuando terminaron, me fui a mi domicilio por primera vez en todo el día. Pero, estando ya en casa, me llamaron al móvil sobre las dos y pico, y me informaron de que la persona designada para inspeccionar los objetos había encontrado, en una de las bolsas, una bomba que no había estallado.

Al llegar a la comisaría me confirmaron que, efectivamente, habían encontrado una bomba. Y que, acto seguido, habían llamado a los equipos de especialistas, a los artificieros. Luego desalojaron las dependencias y los detenidos que había por causas comunes se trasladaron a otras.

Afortunadamente la bomba no llegó a explosionar, porque estaba mal conectada. La habían llevado al parque Azorín, próximo a la comisaría, en un vehículo. Y ya se estaban haciendo cargo de la situación los Tédax. Ahí me encontré a Jesús Sánchez Manzano y me sinceré con él. Le conté cómo lo veía. Coincidimos: aquello era obra de los yihadistas.

Escribí en mi diario: «No hay nada oculto de mi actuación el 11-M, por la razón principal de que nunca tuve ninguna responsabilidad en la investigación del atentado. Los efectivos de la comisaría de Puente de Vallecas se limitaron a colaborar con las otras unidades en el restablecimiento de la seguridad ciudadana».

El caso Bono: víctimas de ETA, afiliados del PP y «el policía del PSOE»

Poco tiempo después de los atentados se instaló un ambiente de infundios sobre el absurdo de que yo había colocado la mochila. Nunca podría habérmelo imaginado. Nunca. Calumnias y más calumnias. El ensañamiento se desató con el llamado caso Bono. Aquello fue el detonante. La comisión parlamentaria sobre el 11-M, en la que intervino Pilar Manjón, acabó en diciembre del 2004. Y, el 22 de enero del 2005, surgió este caso al hilo de una manifestación que la Asociación de Víctimas del Terrorismo convocó en la Puerta del Sol de Madrid.

Con la verdad por delante, que es una de mis premisas, el PP también la había convocado. Y sucedió que un par de militantes de la directiva de este partido en Las Rozas acosó y agredió al ministro de Defensa, José Bono, que había acudido a respaldar aquella manifestación y sufrió unos hechos denunciables y punibles.

El artículo 505 del Código Penal tipifica la figura del

acometimiento, referida a los delitos de injurias, calumnias y amenazas contra figuras del Estado y del Ordenamiento Jurídico. Establece las penas para quienes acosen gravemente a una autoridad. Creo que encaja con la situación que vivió Bono. La prensa ofreció el testimonio de manifestantes que lamentaban la violencia infligida al ministro y denunciaban el peligro que corrió.

Nosotros asumimos la instrucción del caso y, en virtud de ello, designé a un instructor y a un secretario para que llevasen a cabo las diligencias. Además de las declaraciones de los policías presentes en la manifestación, se tuvieron en cuenta las grabaciones de las cámaras de seguridad, las fotografías que publicó la prensa, etcétera. Esos registros mostraban que dos miembros del PP, Isidoro Barrios y Antonia de la Cruz, habían acometido a José Bono. Declaró esto en *El País*:

> Han estado durante veinte minutos empujándome por todas partes y algunos me han golpeado. Me he llevado un buen puñetazo en las costillas. En España son muy pocos, pero allí eran muchos. Desde la época de Franco, jamás había sentido en una manifestación que me podían agredir. Si no está allí la policía... los escoltas han hecho lo que han podido, pero era mucha gente, de todo tipo, también señoras que me insultaban y me llamaban apóstata, defensor de los maricones, asesino.[76]

76. Redacción, «Bono, insultado y agredido en una marcha de víctimas del terrorismo», *El País*, 23 de enero de 2005. Disponible en <https://elpais.com/diario/2005/01/23/espana/1106434804_850215.html>.

Sin embargo, no quiso testificar en el juicio. Ni él ni sus escoltas. Bono me llamó por primera y única vez después de que el Tribunal Supremo revocase la condena que me impusieron. Como recogí en mi diario: «El señor Bono estuvo muy amable y cortés. Me dijo que no me había telefoneado antes para que no se interpretaran mal sus palabras. Se interesó por nuestras familias y la situación en la que quedábamos, poniéndose a nuestra disposición. A mí me hubiera gustado recibir alguna respuesta cuando, el 25 de enero de 2005, a través de su director de gabinete, le hice el ofrecimiento de acciones, por ser víctima de un delito».

Recuerdo que el instructor me dijo: «Jefe, ya los tenemos identificados por las copias de las cámaras de seguridad y de los medios de comunicación. Estas dos personas viven en Las Rozas, nos hemos puesto en contacto con ellos. Dicen que ya estaban pensando en venir a la brigada para declarar *motu proprio* y ponerse a disposición. Nosotros les hemos dicho que, para facilitar las cosas y que sea más rápido, les vamos a mandar un coche para que los recoja».

Y eso mismo hicieron. Les recogieron en un vehículo camuflado para no crear escándalo. Y se les llevó a la brigada para que compareciesen y declarasen libre y voluntariamente, como consta en sus testimonios. No sé si fue la mujer o el hombre, pero uno de los dos dijo que le había llamado un alto cargo del PP de Madrid para ver qué tal estaba, qué tal se portaban con ellos, y que le había dicho: «La verdad, cojonudamente».

Esto es lo que me refieren los compañeros. Porque yo no instruyo, no practico ninguna diligencia. Era el jefe de la Brigada Provincial de Madrid y mi labor consistía en supervisar, coordinar, designar. Coordinaba a unas trescientas personas en la Brigada Provincial de Información. No faltaban problemas que atender. En aquellos momentos había grupos de ETA y de yihadistas más o menos activos. No era mi función instruir las diligencias del caso Bono, ni de ningún otro. Los bulos contra mí mueren ahí, carecen de la mínima lógica.

Pero aprovecharon la oportunidad para decir: «Aquí está el comisario de la mochila de Vallecas, y ahora ha detenido ilegalmente a militantes del PP, por ser del partido que son y porque él es del PSOE». Eso ya vende más. Y, si se confunden los miembros del PP con los de la AVT, con víctimas del terrorismo, aún mejor. Así organizaron una campaña espantosa. Además de terrorista, se me acusa de ser un policía sectario al servicio de un partido político.

Hablé con Bono (bueno, con su jefe de gabinete) porque se habían abierto diligencias. Él había denunciado que le habían agredido e insultado. Nuestra función era recoger su declaración, como era preceptivo. Igual que hicimos con aquellos dos militantes o la eurodiputada Rosa Díez, que estaba también en la manifestación. Lo dicho, hablé con el jefe de Gabinete del señor Bono para decirle que estábamos a su disposición y que, si lo deseaba, nos desplazábamos a su despacho. O, si lo prefería, podía venir para deponer y prestar declaración sobre lo ocurrido. Pero su posición fue no inmiscuirse, como hicieron la inmensa mayoría de los cargos políticos. Me dejaron absolutamente solo.

Pudieron haber desmontado todos los infundios y calumnias que recibí. Si el señor Bono hubiese querido, habría prestado declaración. También podría haber hecho un informe para que lo incorporáramos al atestado en ese mismo momento. Su jefe de gabinete me dijo que se lo trasladaría al ministro, pero no recibí comunicación alguna de ellos.

Condena, absolución

Por el dichoso caso Bono, la Audiencia Provincial me impuso una sentencia brutal, aunque luego la invalidó el Tribunal Supremo. Me condenaron a una pena de cinco años de prisión, diez años de inhabilitación especial y 2.160 euros de multa. Ni más ni menos que eso. Para que luego, el Supremo me absolviera de todos y cada uno de esos cargos. Fue un despropósito. El cargo de la detención ilegal quedaba invalidado porque comparecieron libre y voluntariamente, y así constaba en su acta de declaración.

No recuerdo lo que testificaron los militantes del PP. Ellos dirían en su descargo lo que fuera, lo que estimaran oportuno. Pero en todo momento aplicamos la más estricta legalidad, e incluso fuimos más allá en su beneficio. Les permitimos estar acompañados todo el tiempo que quisieron por quienes quisieran estar allí: familiares, amigos y militantes del PP. Tenían los móviles a su entera disposición. Les dejamos deambular por la comisaria, entrar y salir de ella a voluntad. Por cierto, ni siquiera se les sacaron fotos o les recogieron las huellas dactilares para el registro policial.

La presión que ejercieron sobre la Audiencia Provincial era mucha. Hablo de la carga política y las mentiras de los medios que he referido antes. Un informante judicial aseguró que había habido «mucha cocina previa». Esos fueron los términos que empleó. El PP se personó en el caso para denunciarme, además de los militantes a los que auspiciaba. El juez de instrucción me imputa, abre diligencias, las instruye y me procesan. Terminada la instrucción, el caso pasó a la Audiencia Provincial, donde se celebró el juicio. Y aquello ya fue todo un espectáculo.

Estaba lleno de gente de la prensa, peones negros, militantes y cargos del PP como Enrique Granados, secretario general del PP madrileño. Me acuerdo de que, cuando me tocó declarar, soltó que yo era el policía que había salido de una comisaría con una mochila al hombro. Durante el desarrollo del juicio, las nuevas generaciones del PP secundaban esas declaraciones. Se referían a mí en esos términos: «Ahí va, que se nos escapa el de la mochila». Lo oí perfectamente y, con razón, me enervó muchísimo. Igual que a mi mujer, a mi mujer... que estaba allí, a mi lado, con mis hermanas y mi familia.

En mi diario escribí los siguientes testimonios: «Fui el último en las comparecencias y la mía se caracterizó por las preguntas del abogado del PP. [...] Literalmente preguntó si "había informado a Ferraz". Me sorprendió la pregunta por extemporánea y absurda. Y por la ira con que se hizo, pues atentaba a mi trayectoria profesional. Si en algo me había distinguido era en la imparcialidad de mis actuaciones, trabajando y colaborando, sin distinción, con los diferentes cargos políticos que he tenido». Escribí que en la sentencia el juez «unas veces me atribuye funciones materiales que no se han producido. O, si han tenido lugar, son inveraces o las deduce contra mí por el cargo que ocupaba o por una frase descontextualizada».

Me condenan por detención ilegal, falsificación, etcétera. ¡Fíjate tú la detención ilegal que cometí! Si ni siquiera vi a estas personas en la brigada. De hecho, cuando la mujer declaraba, creo que era ella, el juez le preguntó si reconocía a alguno de los tres compañeros que estábamos allí, en el banquillo de los acusados como uno de los que la habíamos detenido. Y no me reconoció para nada.

La sentencia fue un jarro de agua fría. Me desahogué en el diario escribiendo esto, el mismo día que se conoció:

> ¡Qué rabia cuando estas situaciones se politizan! [...] Se ha dicho hoy sin tener la más mínima prueba: el comisario estuvo maquinando por detrás y dando instrucciones. No es serio, porque, entre otras cosas, se están pidiendo penas de diez años de prisión. Igual que un homicidio, que es de diez a quince años. ¿Es esto igual? ¿Vamos a permitir que una situación política e intereses no quiero decir bastardos, pero sí raros, nos provoquen estas consecuencias personales, de salud y familiares?

Un representante judicial me comentó que era una sentencia «para merecer, para hacer méritos», ante la proximidad de cubrir determinadas «vacantes judiciales». Nuestra frustración no pudo ser mayor, porque, esperábamos una sentencia absolutoria. A pesar de todo, para mí, la finalización del juicio supuso un alivio físico. Al día siguiente, el 28 de abril del 2006, presenté mi dimisión irrevocable. Fue un paso difícil por la fuerza y motivación de las que disponía.

Pero razones familiares, la traición de que fui objeto por algunos subordinados, y la manipulación política y mediática que se hizo me motivaron a presentar la dimisión, más allá del resultado de la sentencia. Me fui con mi mujer unos días de vacaciones y, aunque intentamos olvidar y distraernos, fue imposible. Casi todo el tiempo hablábamos de lo mismo: el juicio y su resultado. El futuro y los proyectos se condicionaban al fallo de la sentencia. Más adelante, en el diario, afirmo: «Mi reacción fue serena y fría. Y muy emocional en mis familiares. Sentí temor de que a mis familiares les pasase algo».

Daños y perjuicios: infarto y suicidio

No me acuerdo de la sentencia del Supremo que me absolvió de todos los cargos. Revocaba la de la Audiencia Provincial de Madrid en su totalidad. Escribí en el diario que sentí «una explosión de alegría y felicidad compartida con mi familia y vecinos que, en algunos momentos, se convierte en lágrimas». Pero añadía: «Los medios afines al PP reaccionaron con violencia informativa y mediática, cuestionaban la limpieza de los magistrados que compusieron el recurso de casación. [...] ¡Daban la imagen de que solamente aceptaban las sentencias que les dan la razón!».

No había día que Jiménez Losantos no se pronunciase condenándome y relacionando el asunto de la mochila del 11-M con el caso Bono. Y ese es el momento en el que Magdalena empieza a presentar los peores efectos derivados de soportar esta situación y a mí me da un infarto.

Recuerdo que estábamos en casa hablando, una vez más, de todo esto. Y en un momento determinado sentí presión, dolor en el brazo izquierdo... Estaba recostado así en el sofá del salón. Y, al final, no llamas a nadie. Porque eran momentos difíciles a nivel interno. Tenía pudor de salir a la calle. Bueno, aquello pasó. Pasé el infarto en casa.

En el diario dejé testimonio de aquellos momentos tan duros:

> En mayo del 2006 me concedieron la baja médica hasta la jubilación. Conforme pasan los días se han agravado las dolencias psíquicas y físicas que padezco, consecuencias unas de las otras. Así lo certifican los especialistas y el tribunal médico. En abril de 2007 firmé la jubilación por incapacidad permanente para el servicio.
>
> Aquel fue el momento más triste de mi vida profesional y salí de la Dirección General de la Policía muy emocionado, tras servir en el Cuerpo Nacional de Policía treinta y cuatro años y seis meses. Los comentarios y noticias de mi jubilación fueron difundidos por determinados medios. Como mínimo son de una impostura sin límites. Con un objetivo perverso, no les importa mi ruina social, incluida mi eliminación física. Me quitarán la libertad, pero la vida no. Me pertenece.

La persecución no acababa nunca. Después me citaron para testificar en el juicio del 11-M a propuesta de la Asociación de Víctimas del Terrorismo. Entendí, como escribí en el diario, que era

> [...] para que algunos medios servidores de la teoría de la conspiración especulasen e hicieran interpretaciones malévolas y calumniosas sobre mí y mi actuación, que había sido mínima. ¡Para estos malditos torturadores psicológicos, el fin justifica los medios!
>
> El letrado de la AVT, insatisfecho con mis respuestas, reiteraba las mismas preguntas de otra forma. Y siempre le contesté en el mismo sentido: no participé en el inventario de los objetos y efectos que por orden del señor Del Olmo se hizo en la comisaría de Puente de Vallecas. Y nunca vi la mochila bomba, evitando suspicacias y dudas, a pesar de que sus preguntas se hacían con rodeos e hipótesis afirmativas.

En casa intentábamos ocultarnos, aislarnos de lo que me imputaban los medios o de algunos comentarios, no sé, de los vecinos o del pueblo donde nací. Pero yo y, sobre todo, mi mujer, estábamos hablando constantemente de eso. La verdad es que sufría, sufríamos mucho. Había momentos en que me exasperaba: «Por favor, dejemos esto. Basta, no hablemos más de ello». Intentaba recogerme en la intimidad. En aquella época me gustaba ir a la montaña. Iba por la sierra de Madrid a subir las cumbres de Peñalara, la Maliciosa, el Sistema Central... Me acuerdo de que paseando por allí había momentos en que sentía tentativas de tirarme. Pero había otros momentos, como cuando subía la Maliciosa llorando, en que me decía a mí mismo que tenía que seguir luchando. Debía pelear por mi familia. Y también para que resplandeciese la verdad.

Mis dos hijos también sufrieron psicológicamente muchísimo. No fue solo Magdalena. Yo tenía cincuenta y tantos años. Magdalena, dos menos. Y nuestros hijos andaban por los veinte. Sintieron y soportaron mucho dolor. Porque percibíamos presión y acoso en todas partes. En el pueblo, más de lo mismo. La gente decía cosas inauditas, vergonzosas. Lo peor era que los infundios de determinados medios también calaban en los ambientes cotidianos, e incluso en los policiales.

En el trabajo hubo de todo. Pero, sobre todo, se impuso el silencio. Apoyarme, posiblemente, traía problemas. Quizás hubiese miedo al poder que tenían quienes sostenían las teorías difamatorias y conspirativas. Era gente con muchos recursos y podía hacer mucho daño. De hecho, creo que nos utilizaron para dar una prueba palpable de ello. Después ya se transmitió la idea de que, efectivamente, yo era una cabeza de turco.

A nivel de compañeros, esa era la impresión que captaba entre quienes me conocían bien. Hablo de algunos próximos: Jesús Sánchez Manzano y otros jefes de brigada. Ellos sabían que yo no tenía absolutamente nada que ver con aquellas acusaciones. Tenían claro que me estaban usando para librar una lucha partidista. Pero, insisto, en los círculos profesionales hubo más silencio que agresiones. Más que insultos, era aquello de hacerte sentir un apestado. Habían dejado claro que no era una buena compañía. Me hablaron de algunas pintadas que no vi: «Jefe, en tal sitio apareció esto y lo han borrado inmediatamente».

No quiero entrar en el tema de Magdalena, porque abordarlo sigue siendo muy fuerte y difícil para mí. Ella trabajaba de auxiliar administrativa en la policía. Entre otros destinos, estuvo un tiempo en el departamento de los DNI. Luchó mucho. Muchísimo. Reivindicó con todas sus fuerzas mi honradez y mi honorabilidad. Hasta que se vino abajo cuando cogió una grave depresión. Hurgar en esto aún me produce mucha tristeza.

Ella contactó al rey, a Zapatero, a Múgica Herzog... y, en enero de 2006, mantuvo un encuentro casual con el presidente Mariano Rajoy. Recuerdo un domingo de aquellos en los que me refugiaba en la montaña. Estaba haciendo una marcha para desahogarme y vaciarme, sacar la angustia. Volví y encontré en casa a mi mujer y a mi hermana mayor, Maribel. Mi esposa estallaba de felicidad. Pensé: «Con lo que estamos pasando, a lo mejor nos ha tocado la lotería». Bromeé con ello y me dijeron: «No, en cambio, ¿a que no sabes a quién nos hemos encontrado? Al mismísimo Rajoy, en el parque».

Mi casa familiar distará unos quinientos o mil metros de un gran parque por el que Rajoy acostumbraba a andar. Mi mujer me dijo que, al verle, se dirigieron a él. Le expusieron que Magdalena era mi esposa, casada con el tal Rodolfo... Y que, habiendo sido ministro del Interior, nadie como él sabía de la neutralidad y la profesionalidad de la policía. Y, en concreto, de la mía. Le garantizaron mi honestidad. Juraron y perjuraron que yo era inocente. ¿Qué iba a decir mi mujer?

Entonces, según me contaron Magdalena y mi hermana, Rajoy les dijo (creo que textualmente) que aquello era «una cosa del PP de Madrid». Y prometió: «Hablaré con ellos, a ver cómo lo solucionamos». La cosa terminó así, en que les dio garantías de que solventaría el asunto y que no trascendería más. Mucho menos judicialmente y que se iban a retirar las querellas. Sucedió todo lo contrario.

No me puedo imaginar la decepción. Porque Magdalena le había mandado una carta. Igual que al defensor del pueblo y a otros miembros del PP. Creo que llegamos a hablar también con Mayor Oreja, aunque no recuerdo bien quién fue. No era alguien de mi familia directa. Pero Oreja contestó: «No, yo soy militante y hombre del PP. Yo, lo que diga mi partido». O sea, que se hizo lo que se pudo y más. Pero con el caso Bono todo fue *in crescendo*. Más sufrimiento para mí y mi familia. Y, de fondo, aquella pregunta insistente e insoportable: ¿por qué yo? ¿Por qué nosotros?

Revictimización y ensañamiento

Nos levantábamos cada día con miedo a ver con qué nos encontraríamos. En medio del dolor, en la familia desarrollamos un sentimiento que no sé si calificar de *equivocado*. Se trataba de un temor interno y profundo a no saber a qué nos enfrentábamos. Llegaba de improviso, aumentaba y hasta sentías culpa. Entrábamos en un bucle de reflexiones negativas. Y acababas diciéndote: «No sé bien qué puedo haber hecho. Si, para empezar, ese del que hablan no soy yo. No me reconozco en él».

Te llegas a cuestionar a ti mismo y ni siquiera sabes el motivo. La autoestima desapareció por completo. Cuando salía de casa e iba la montaña, estaba solo y, a veces, lograba estar más o menos bien. Evitas la proximidad de la gente, vecinos, amigos... Y te recluyes en ti mismo. Porque piensas: «¿Qué estarán pensando y diciendo de mí?».

Dolió mucho que nadie contrastara nada conmigo, ni los periodistas de la conspiración ni quienes les creían. Nunca me llamaron para nada. Vamos, ni yo lo esperaba. Para mí, Losantos y compañía son personajes cuya moral deja mucho que desear. Pero también su compromiso cívico. Ni siquiera acataron las sentencias de la Audiencia y del Supremo.

El acoso y el ensañamiento conmigo reflejan maldad. De otra forma, no me explico lo que hicieron. Me supuso muchísimos perjuicios, un gran daño familiar y profesional. Me inhabilitaron y me retiraron del cuerpo de la policía. Me incapacitaron física y psicológicamente. Intenté reingresar. Pero se me dijo que no, que aún no estaba recuperado. Estoy convencido de que sufrí este viacrucis por la presión de los medios. Primero se inventaron que me habían ascendido para pagarme «el favor de los explosivos». Más tarde, fabularon que cobraba un sueldo del CNI de forma irregular.

A mí me designaron jefe de brigada el comisario general de información y el jefe superior de policía de Madrid, Telesforo Rubio. Este último me decía (y yo le creo) que me nombró por mi historia profesional. Lo del ascenso como pago por el supuesto servicio que presté al PSOE durante el 11-M es de risa. ¿Qué salí ganando con aquel ascenso? A nivel económico, me supuso unas doscientas pesetas más. Losantos, en su enésimo infundio, hablaba de euros. Hombre, lo que sí gané fue intranquilidad. Por aquella época había muchos problemas en Madrid. Y no solo de terrorismo. Pero todavía se producían atentados y eso lo vives profesionalmente de forma intensa. No paran de llamarte. El móvil no calla nunca.

Después, inventaron que estaba en el pesebre del CNI. En concreto, Antonio Rubio, desde *El Mundo,* escribió que yo cobraba un sueldo del Centro Nacional de Inteligencia «a través de una empresa pantalla».[77] He de reconocer que esta vez me llamó al teléfono. Pero ¿para qué me llama, si después no atendió a mi desmentido? Si esto es un periodista de investigación... Pero insisto: ¿cómo contrastó el señor Rubio esa información? No lo sé. ¿Qué propósito tenía sacar esto? Aparte de vender periódicos, claro. Ese era su objetivo fundamental. Pero, por extensión, al desprestigiarme a mí desprestigiaba también al CNI. Y, siguiendo el silogismo, también intentaba desprestigiar a quien nombra al director del CNI. Es decir, yo era una excusa. A quien importaba derribar era al ministro del Interior y a otros cargos de seguridad nombrados por el PSOE.

De etarra a Gestapo del PSOE, pero «sin instinto de odio»

Decían de mí que había manipulado una mochila para imputar los atentados al terrorismo islámico, en lugar de a ETA. El PSOE me regala un ascenso por mis malas artes.

77. Antonio Rubio, «El director del CNI paga al policía del caso Bono y la mochila de Vallecas», *elmundo.es,* 26 de junio de 2009. Disponible en <https://www.elmundo.es/elmundo/2009/06/29/espana/1246228877.html>.

Hago de la Gestapo deteniendo a afiliados del PP. Me condenan por ello y, para resarcirme, los socialistas me acaban dando una paguita, un sueldo extra. Ahora lo digo e intento reírme. El ensañamiento llega a tal punto que impidieron que me condecorasen con la Orden del Mérito Policial por haber combatido las bandas latinas con bastante eficacia.

A este respecto, escribí un *e-mail* a mi amigo José Antonio Sánchez Soler en 2009 donde le decía que la negativa a ese reconocimiento «me produjo mucha tristeza y dolor, en especial por mi mujer, que, a punto de cumplirse un año de su muerte y que tanto luchó por mí [...] no comprendía y se rebeló por el trato discriminatorio de que fui objeto. [...]. Cuando preguntamos por el motivo de que no me concedieran la condecoración se nos dijo que los culpables habían sido los políticos. Mi mujer desilusionada y desencantada, murió sin saber la verdad, al igual que yo. Aunque intuimos que la verdadera razón fue por MIEDO a la reacción de los conspiranoicos».

No quiero hablar del suicidio de Magdalena, pero esta gente influyó gravemente en su decisión. Y tampoco quiero, bajo ningún concepto, mantener bulos falsos: mi primera mujer no insultó ni acusó a Pedro J. ni a Losantos en una nota escrita antes de suicidarse. Palabra de honor, no tengo conocimiento de que ella se despidiera así. Por favor... En casa compartíamos una visión muy negativa de ellos, pero jamás lo manifestamos en los medios. Nunca nos hemos pronunciado sobre estas personas insultándolas. Tenemos otros valores. Es que ni quiero seguir con este tema.

No ha habido reconocimiento institucional ni resarcimiento moral de ningún tipo. Ninguno. Ni conmigo ni con mi familia. Así que no fue fácil controlar lo que en algún momento llamé «instintos de odio»; que también me entraron. Tuve que resistirme a la tentación de la revancha. Un día me encontré casualmente con Pedro J. en Barajas acompañado de otra persona, que imaginé sería alguien de protección.

En ese momento, renació en mí una especie de odio y el deseo de hacer alguna barbaridad. Comencé a seguirles, pero me serené y dije: «No, no soy un animal salvaje como esta gente. Soy una persona civilizada y hay que desterrar esos sentimientos. No soy así». Nunca les contacté, ni quiero.

Quisiera leerte esto del último párrafo de mi diario. Creo que resume lo que he contado y que encaja bien:

> Llegado a este punto, quiero agradecer a todos aquellos compañeros, amigos y familiares que han estado con nosotros. Les agradezco sus muestras de apoyo y solidaridad en los difíciles momentos que hemos pasado. Y a los *otros* decirles que no condenen ni hagan juicios de valor sin conocer a las personas y los hechos. Y que, aunque no pidan perdón, corrijan de cara al futuro sus conductas y comportamientos. Pues se obtienen más votos y credibilidad política con la verdad que con la mentira y la difamación. Y, sobre todo, se está a gusto con la conciencia, si se tiene.

Va a ser el veinte aniversario, ya han pasado dos décadas. Mi único deseo o petición sería un reconocimiento a nivel nacional a las víctimas. Mi recuerdo y mi homenaje es hacia ellas. A quienes ya no nos pueden escuchar ni oír. Tengo muy presentes los momentos que viví en El Pozo cuando iba revisando los vagones tras las explosiones. Tengo interiorizado el sonido de los móviles de los muertos. Por eso desearía que hubiese un reconocimiento para ellos. Ya no están aquí y han sido olvidados. Hay que nombrarlos, citarlos y homenajearles con actos que se ajusten a este reconocimiento: en presencia de las máximas autoridades y con las máximas distinciones.

José Antonio Martínez Soler

Director general del periódico gratuito 20 Minutos

A veces no puedes decir toda la verdad. Solo mentiras piadosas. Pero el día de las votaciones tras el 11-M, en *20 Minutos,* no mentimos a los españoles. Titulamos a toda portada: «11-M: fue Al Qaeda». La gente votó en los colegios electorales con el periódico debajo del brazo. Los demás medios españoles no reconocieron la autoría yihadista con esa contundencia. *ABC, El Mundo* y *La Vanguardia* mantuvieron la duda de la participación etarra. Ellos y el resto de medios nacionales daban voz y, por tanto, credibilidad al Gobierno con mayor o menor énfasis.

Por cierto, el 14 de marzo de 2004 era domingo. Y *20 Minutos,* un diario que se repartía gratis de lunes a viernes, salió sin publicidad. Perdimos dinero. Pero ganamos credibilidad. Y eso se notó luego en la cuenta de resultados y en la solidez del proyecto. Creo que ese día repartimos casi cien mil ejemplares. Todo lo que pudimos imprimir en la imprenta de *El Heraldo* de Zaragoza. Más tarde, antes de la crisis de 2008, distribuíamos más de un millón de ejemplares diarios.

Mantengo una estrecha amistad con Rodolfo Ruiz. Es el comisario de Vallecas al que acusaron de manipular una bomba. Sin embargo, fue un testigo que aportó una prueba clave en el juicio del 11-M. Acudió a mí buscando ayuda ante el acoso mediático que sufrió.

Durante la pandemia escribí mis memorias, *La prensa libre no fue un regalo.*[78] Eso me facilita recordar ahora la trayectoria personal y profesional que me llevó a fundar *20 Minutos*. Para entonces, había creado y trabajado en muchos medios. Y pasé algunos percances que incluyen el secuestro y la tortura. Luego sería testigo y compañero fraterno de las peripecias de Rodolfo.

La forja de un (periodista) rebelde

Nací en un barrio obrero de Almería en una familia de clase media o media-baja. Mis padres venían de familias republicanas. Con siete u ocho años pasé del colegio de los cagones, los niños pobres de la época, a La Salle, el más pijo. Desarrollé una doble vida y aprendí a convivir con esos dos mundos. Resultaba un poco esquizofrénico, pero nunca renegué de mis orígenes. Con los frailes desarrollé una costra de incredulidad, la costumbre de no fiarme nunca y contrastar siempre lo que se me diga. Sin pretenderlo, me inculcaron una sana desconfianza, propia de un periodista: la incredulidad ante distintas fuentes que tratan de venderte su película.

78. José Antonio Martínez Soler, *La prensa libre no fue un regalo. Cómo se gestó la Transición,* Madrid, Marcial Pons, 2022.

Llegué a la prensa a través de mi amistad con José Luis Balbín, que trabajaba en el diario *Pueblo*. Participé en *Cambio 16*, una de las revistas fundacionales de la Transición, como director ejecutivo, desde el primer número. Necesitaban mi carné de periodista y alguien que diera la cara haciéndose responsable ante los censores. Me llamaban, al menos, una vez al mes amenazando con cerrarnos. Aprendí a corregir los textos y a suavizarlos en prevención de posibles represalias.

Me llevé no pocos lectores de *Cambio16* a *Doblón*, una revista que fundé, al igual que *Noticias Médicas*, el diario gratuito del que aprendí mucho para luego montar *20 Minutos*. El dueño de *Doblón*, con el que me llevaba muy bien, me dijo: «Haga usted lo que quiera». Así que rozamos siempre la censura. Me procesaron veinte o treinta veces, ya ni me acuerdo, en el Tribunal de Orden Público. Quizás en *Doblón* me signifiqué demasiado. Y la ultraderecha acabó secuestrándome.

Los periodistas críticos estábamos muy unidos. Con gentes como Joaquín Estefanía, María Antonia Iglesias, Rodrigo Vázquez Prada y Enrique Bustamante, entre otros, creamos la Junta Democrática de la Prensa. Una iniciativa paralela a otras de carácter político que organizaban la oposición clandestina al franquismo.

La dictadura se resquebrajaba, incluso en el seno de la Guardia Civil. Fuentes anónimas me informaban de la detención de los mandos de la Unión Militar Democrática. Eran la versión española de los militares portugueses de la Revolución de los Claveles. Antes de morir, nombraron director general de la Guardia Civil al general Ángel Campano, un franquista duro de los del *bunker*. Con nombres falsos y sin identificarse, fuentes internas comenzaron a llamarme contándome los traslados y ceses de mandos que eran moderados. Los quitaban de en medio y ponían a gente adicta a Campano para controlar a la Benemérita. Hablamos de setenta mil hombres movilizados permanentemente y que no necesitan que el Gobierno se lo ordene para ocupar el territorio nacional. Publicamos una pieza que, internamente, llamábamos «La Purga».

Dos semanas después, el 2 de marzo de 1976, me secuestraron unos individuos armados. Me metieron en un coche y me rociaron con un espray que me quemó la cara. No abrí más los ojos, me los taparon con un esparadrapo y me esposaron por la espalda. Me subieron a la sierra y me aplicaron torturas propias de un interrogatorio profesional. Me exigieron que revelara mis fuentes. No lo hice. No las conocía.

Recibí palizas con golpes y patadas, un simulacro de tiro en la frente... Pero no me rompieron más que dos huesos. Aquí sigo. A cambio, firmé una declaración falsa que me dictaron y que luego desmentí ante el juez de guardia. Querían que denunciase a dos generales. Uno de ellos, Sáenz de Santa María, que años después jugaría un papel clave abortando el 23-F.

Con mi mujer, que fue corresponsal del *New York Times* en España, salimos del país por un tiempo. Nos amenazaban de muerte. En Harvard me concedieron una beca de la Fundación Nieman de Periodismo. Volví a Madrid para votar por primera vez en mi vida y trabajar en *El País* como redactor jefe de Internacional. Por un periodo, colaboré con varios ministros de los primeros Gobiernos de la democracia; en concreto, Fernández Ordóñez y Abril Martorell.

Luego vendrían otras etapas dirigiendo los telediarios, el primer informativo matinal en TVE, *Buenos Días*, y EFE. De nuevo, la corresponsalía en Nueva York para PRISA y *El País*. Cuando volví, fundé el diario *La Gaceta de los Negocios*. Y fue un éxito. Como proyecto estrella (nunca mejor dicho) lancé *El Sol*. Berlusconi, a través de Telecinco, era uno de los dueños del periódico, junto con Anaya y la ONCE. Surgieron problemas entre ellos y yo los tuve con el dueño de Anaya, que era el propietario *de facto* en *El Sol*. Aquello no funcionó. *El Sol* representaba mi mayor sueño profesional y significó mi mayor fracaso.

De la (otra) purga a *20 Minutos*

Total, que volví a televisión. En el 86 había entrevistado a los candidatos presidenciales Manuel Fraga y Felipe González, entre otros. En 1993, volvieron a encargarme las entrevistas preelectorales a los aspirantes a presidir el Gobierno. Y, en las elecciones de 1996, me convertí de nuevo en el entrevistador general del reino. Recuerdo haber sido más duro con González (por la corrupción, el GAL, etcétera, y porque me había decepcionado) que con Aznar. Al segundo le vi muy nervioso. Se veía ganador y se mostró algo cortante y antipático.

No creo que aquella pregunta le molestara: «Señor Aznar, usted reúne en su partido a gente que procede del Partido Socialista, como Miguel Boyer, y gente de lo que llaman "el Parque Jurásico", que viene de Fuerza Nueva, la ultraderecha. Si gana, ¿cómo va a gobernar el partido?». Ahí, en mi opinión, se creció y estuvo bien. No sé qué pudo incomodarle. Dijo: «Yo seré un presidente para todos, no gobernaré para mi partido sino para toda España». Pienso que el problema fue una pregunta sobre economía y que entonces consideré de poca importancia. «Me gustaría saber si va a mantener la peseta en el Sistema Monetario Europeo (SME) fluctuando en el más o menos seis por ciento de margen». Me puso muy mala cara. Aznar no sabe mucho de economía y no quería entrar en este tema.

Aznar ganó las elecciones por muy poco. Yo seguía de corresponsal de RTVE en Nueva York. Pero, en cuanto asumió el Gobierno, nombró una directora general cuya primera decisión fue despedirme. Le puse un pleito a la televisión del Gobierno Aznar; por motivos laborales, pero también profesionales. ¿Quién se iba a atrever a hacerle preguntas incómodas al siguiente candidato a la presidencia? ¿Volvíamos a la censura franquista?

Total, que gané el pleito, pero los medios españoles apenas me dieron cobertura. *El Mundo* dio a entender que lo había perdido. Titularon: «Martínez Soler pierde el pleito que presentó por su despido de TVE». Y añadían: «La sentencia rechaza que la decisión de la TV estatal vulnere la libertad ideológica y de opinión del periodista». Pero el juez había sentenciado que, si no me readmitían, tenían que indemnizarme y, además, con mucho dinero. *El Periódico de Cataluña,* en cambio, tituló: «Declarado improcedente el despido del corresponsal de TVE Martínez Soler». Tengo los dos recortes, ambos del 12 de diciembre de 1996.

No me esperaba que el *ABC* de Luis María Anson publicase una nota editorial a mi favor. Se titulaba «Pluralismo y democracia».[79] Señalaba que, aunque no estuviéramos de acuerdo en casi nada, aquel despido era improcedente. El diario conservador, al contrario que *El Mundo,* demostraba una independencia que luciría con el 11-M, rechazando las teorías conspirativas.

Ahí no paró la cosa. Empecé a buscar empleo y Anson, director de *ABC,* me envió un mensaje, a través de un paisano mío: «No podemos darte trabajo. La Moncloa nos avisó de que no lo hiciéramos». El resto de los medios, lo mismo. Entonces me telefoneó Antonio Asensio, presidente de Zeta: «Oye, JAMS, ¿por qué te odian tanto? Los de Moncloa me llamaron para que no te contrate. No me había pasado nunca. Pero estos cabrones no te van a dejar sin comer. Te contactará Antonio Franco, director de *El Periódico*, para que escribas lo que te dé la gana. Pero, de momento, con pseudónimo. Ya veremos cuando se calmen las cosas».

Aznar constató que, llamando a los periódicos, podía vetar y dejar sin trabajo a quien no fuese de su agrado. No creo haber sido el único. Por eso, tras estallar del 11-M, llamó de nuevo a los directores de los principales diarios para que imputasen los atentados a ETA. Les engañó o se dejaron engañar.

Lanzamos *20 Minutos* en febrero del 2000. Pretendía ser como *El Sol,* pero más breve. El capital inicial era espa-

79. Luis María Anson, «Pluralismo y democracia», *ABC,* junio de 1996.

ñol: seis cajas de ahorros y algunos inversores privados. Cuando las cajas no asumieron ampliar el capital, decidieron vender el periódico. *El Mundo, El País* y *ABC,* entre otros, estaban muy nerviosos con nosotros. Sus respectivos mandamases, Pedro J., Cebrián y Luca de Tena fueron a ver a Álvarez de Manzano, alcalde de Madrid, para pedirle que prohibiera el reparto de *20 Minutos* en la calle. Se odiaban entre ellos, pero se unieron en una guerra abierta contra la prensa gratuita. Pretendían que solo repartiésemos donde no hubiera semáforos; es decir, en la Casa de Campo, donde el Zoo y las putas.

La teniente alcaldesa, Mercedes de la Merced, del PP, y Rafael Simancas, portavoz municipal del PSOE, nos permitieron presentar alegaciones y salvamos una parte de la distribución. Cuando los dueños decidieron vender, lo ofrecieron al editor de *El Mundo,* a los suecos de *Metro* (otro diario gratuito) y, finalmente, a los noruegos de Schibsted.

Nuestro vicepresidente, Julio Ortega, nos preguntó a Arsenio Escolar y a mí: «¿Qué modelo os gusta más?». Recuerdo estar cenando con ellos y decirle que preferíamos a los noruegos, que no contase con nosotros para vendérselo a *El Mundo*. No nos interesaba. Se había definido como prensa amarilla que falsea y manipula los hechos.

Probé en mis propias carnes las trampas de los periodistas conspiranoicos que, sin fundamento, me denigraron, como a otros colegas de profesión. Por eso me cabreó tanto lo que le hicieron a Rodolfo. Reabrió un dolor que ya había sentido.

No les duele el dolor ajeno. No les importa que los demás sufran. Y siento mucho hablar mal de nadie. No me es fácil decirlo, pero creo que son malas personas. Si te peleas o boxeas con ellos, llevan una herradura en el guante, te machacan. Juegan con trampas, sin normas ni principios. Siempre ganan porque te obligan a ponerte a su nivel.

No me extraña que se hayan llevado bien con Aznar. Les unen la falta de empatía y el narcisismo. No se creen sus mentiras. Las fabrican y utilizan con un cinismo atroz. Había testimonios policiales contundentes y, muy pronto, un informe bien claro de los Tédax.

El 11-M en *20 Minutos*

El 11 de marzo de 2004 me levanté escuchando la radio. Casi sin desayunar, fui para Callao, a la redacción de *20 Minutos*. Me llamó Arsenio, que estaba sobre aviso. Movilizamos equipos a Atocha, El Pozo... Hicimos lo que correspondía: recabar información, sacar fotos... Recuerdo que tenía una reunión con un par de consejeros de Administración noruegos, que estaban por España. Los encontré muy afectados. Vino bien tenerlos esos días aquí. Y fue pura casualidad.

Empezaron a llegar declaraciones. A las nueve y pico Arnaldo Otegi dijo que no era ETA. Luego Juan José Ibarretxe, que metió la pata, se desdijo rápido. Si ETA atenta, lo reivindica. Siempre lo había hecho, incluso en Hipercor. Así que supimos bien pronto que la autoría etarra no estaba nada clara. Creo recordar que a la una apareció Acebes señalando que se investigaba la línea ETA, que nunca nos vencerán y tal y cual. Ese primer día tuvimos que dar la información del Gobierno.

Pero a nosotros no nos llamó Aznar, como hizo con

el resto de los directores de diarios. A pesar de tener la mayor tirada en Madrid y en toda España. A pesar de ofrecer el mayor volumen de lectores en papel y la web. No llamó. Ni a mí ni a Arsenio Escolar. Sabía que no nos podía comprar ni amenazar. También entiendo cómo reaccionaron otros directores de periódico. Me habían despedido de TVE por órdenes directas de Aznar. Tras buscar la mediación del mismo Adolfo Suárez, este me contó que le había replicado que tenía todo el derecho a decidir «qué caras quería ver en la pantalla».[80] Lo que experimenté en carne propia, también podía ocurrirle a cualquiera en cualquier redacción.

Arsenio, en su blog *¡Que paren las máquinas!*, cuenta cómo cubrimos los atentados el primer día:

> Pocos minutos después de que estallaran las bombas, habíamos decidido sacar una edición especial sin publicidad y repartirla a primera hora de la tarde, como habíamos hecho también en los atentados del 11-S. Las dudas me llevaron a poner inicialmente este gran titular: «Masacre en Madrid», sin atribuírsela a nadie. Pero cuando en torno a las dos de la tarde estábamos cerrando la edición, el ministro del Interior, Ángel Acebes, atribuyó las bombas a ETA. Cambié el titular: «Masacre de ETA en Madrid», aunque

80. José Antonio Martínez Soler, «Aznar vuelve... a primera página. Décimo aniversario de su victoria (y de mi despido)», *Se nos ve el plumero,* en *20minutos.es,* 4 de marzo de 2006. Disponible en <https://blogs.20minutos.es/martinezsoler/2006/03/04/aznar-vuelve-primera-pagina-decimo-aniversario-su/>.

en el texto [...] decía: «Una oleada de explosiones en la red de Cercanías, previsiblemente provocadas por ETA...».[81]

El relato de Arsenio continúa en la siguiente entrada de su blog:

> A mí no me llamó Aznar, quizás porque desde Moncloa apenas se consideraba entonces a los diarios gratuitos, pese a que ya contábamos con millones de lectores, o quizás porque tengo con el entonces presidente del Gobierno una vieja mala relación.
>
> José Ángel Esteban y yo habíamos investigado a finales de los años ochenta el llamado caso de la construcción de Burgos, que acabó con la dimisión del alcalde burgalés, José María Peña, y en el que Aznar, por entonces presidente de Castilla y León, salió salpicado. Durante nuestras indagaciones, Aznar nos mintió cuanto pudo...[82]

El día 11 llamamos a todas las fuentes oficiales, pero nadie decía nada en Moncloa, la policía... El Gobierno de Aznar les había silenciado. Así que comparamos la información de EFE con Reuters, la prensa extranjera... Afuera responsabilizaban al yihadismo de forma unánime. Yo hablaba con fuentes anglosajonas, porque tenemos muchos amigos en Gran Bretaña y Estados Unidos. Nadie sostenía que hu-

81. Arsenio Escolar, «Cuatro portadas de "20 Minutos" tras el 11-M / 1», *¡Que paren las máquinas!*, en *20minutos.es,* 11 de marzo de 2006. Disponible en <https://blogs.20minutos.es/arsenioescolar/2006/03/11/cuatro-portadas-20-minutos-tras-11-m-1/>.

82. *Supra.*

biese sido ETA. Y te morías de vergüenza al reconocer que Aznar había llegado a engañar a la ONU. Es gravísimo.

De «¿ETA o Al Qaeda?» a «11-M: fue Al Qaeda»

El primer día teníamos información muy contradictoria, pero sabíamos que el Gobierno se empeñaba en señalar a ETA para ganar las elecciones. El titular de portada del día 12 introducía la sospecha a toda plana: «¿ETA o Al Qaeda?». En primera página destacábamos, contestando la pregunta: «El Gobierno acusó al principio a los etarras, pero luego reveló pistas de terrorismo islámico». Otro texto destacado en el faldón apuntaba al yihadismo a partir de una fuente muy fiable: «Cae la Bolsa de EE. UU. al divulgarse la conexión islámica».

Teníamos claro que *20 Minutos* era prensa gratuita, pero no amarilla. Tampoco cabía hacer crónica roja, sensacionalismo morboso. Tratábamos de ofrecer la primera sonrisa de la mañana, no cabrear a nuestro público. Hacíamos periodismo en positivo y consciente de su obligación de servicio público, máxime en aquellos momentos. Total, que, al día siguiente, el 13 de marzo, empezamos a saber más cosas. A pesar de la estrategia de comunicación del Gobierno, que solo puedo calificar de miserable y ruin. Aunque hubieran abierto dos líneas de investigación, ETA y los yihadistas, tenían que haber dicho: «De momento, no sabemos cuál es la correcta». No lo dijeron porque lo sabían. Jamás lo reconocieron, y menos aún corrigieron o se disculparon por mentirnos.

A las nueve y pico del 11 de marzo, Sánchez Manzano, Rodolfo Ruiz y otros jefes de la policía comentaban que ETA no actuaba así. O sea, que tenían información correcta. Si les hubieran preguntado... Pero Aznar montó un gabinete de crisis donde, fíjate, ni siquiera estaba Jorge Dezcallar. No convocaron al presidente del CNI. Denuncia en sus memorias que se quisieron quitar el muerto de encima engañándole. Me traicionaron, dice, y sostiene que Aznar le pidió personalmente que el mismo día 13 sostuviese que los servicios secretos, incluido el español, barajaban la autoría de ETA. El Gobierno mintió porque la hipótesis yihadista destruía las opciones del PP de ganar. El cuento de la ETA, en cambio, les daría la victoria electoral. Un cálculo simplista para una estrategia miserable.

Lo cual no quita que a la manifestación convocada por Moncloa el día 12 fuéramos todos. A pesar del electoralismo evidente de los eslóganes gubernamentales. Por eso mucha gente se fue aquel día cabreada de la manifestación. De hecho, interpelaron a la cabecera y a las autoridades: «¿Quién ha sido?». Les salió el tiro por la culata. Aquello fue un despropósito.

Como ciudadanos estábamos siendo manipulados de manera muy sibilina y, al mismo tiempo, bastante tosca. El eslogan era sutil, pero se veía por dónde iba. Y la gente, que no es tonta, se arrancó con «Queremos la verdad». También recuperó el «No a la guerra». Sentíamos la frustración que producía estar apoyando algo que sabíamos que no era limpio, conscientes de que detrás había algo muy sucio. Piensa que, a la hora de la manifestación, la BBC ya había informado de la reivindicación de Al Qaeda.

Aquello fue un preaviso de las convocatorias del «Pásalo». Estábamos muy cabreados. El sábado 13 no teníamos periódico. Además, era jornada de reflexión. Había ido a comer con unos amigos. A las cuatro y media estábamos aún en la sobremesa y me llega el SMS al móvil. ¡Hostias! Llamo a Arsenio y me dice: «También lo tengo. ¿Qué hacemos? Me voy para allí ahora mismo. Me ha llamado mi hijo Ignacio: "Papá, que todos estamos en Génova"». Contesté: «No llego, porque estoy fuera de Madrid. Voy a la redacción». Arsenio lo tenía más claro: «No, no. Tú llama a los noruegos. ¿Qué te parece si sacamos el periódico mañana, domingo? Esto muy grave».

El 12 habíamos preguntado a bocajarro: «¿ETA o Al Qaeda?». El sábado 13 no teníamos periódico. El domingo 14 contestamos, en plena jornada electoral, con una portada que decía: «11-M: fue Al Qaeda». Ya nos habíamos saltado nuestro modelo de negocio el día 11, con la edición especial vespertina. De acuerdo con los dueños, hicimos otra. Como CEO de *20 Minutos,* me correspondía autorizarlo. Publicar nuestro periódico sin publicidad implicaba perder (otra vez) mucho dinero. Pero era necesario hacer algo, aunque fuese pequeño. Debíamos estar en la calle con nuestros lectores. La información corría a cargo de Arsenio. Y a mí me correspondía encargarme de convencer a los noruegos.

Contacté al presidente de *20 Minutos.* Estaba al corriente; de hecho, habíamos hablado todos los días. Sin más, le dije: «Creo que mañana debemos repartir diarios en las bocas del metro. Que la gente vaya a votar con la información correcta. La misma que han dado el *New York Times* y todo el mundo... menos aquí. Con la verdad por delante». Me contestó: «Si crees que hay que hacerlo, hazlo. Estamos con España». En Noruega, como el resto del mundo, estaban acojonados ante el atentado más grave cometido en suelo europeo.

Me puse en marcha. Llamé a nuestro director financiero: «Oye, contactemos con las imprentas para ver quién tiene un hueco. Nos vamos a gastar una pasta, pero vale la pena hacerlo». «Por supuesto», me responde. Todos sentíamos la emoción de vivir un momento especial. Llamo a la imprenta de Madrid y no había sitio. Todos los periódicos estaban aumentando sus tiradas para el día de las votaciones, el domingo. Yo, llamando como un loco... Al final, conseguimos una imprenta de *El Heraldo,* en Zaragoza, a dos horas de Madrid. Llegábamos a tiempo. Les mandamos las planchas. Y, como imprimían el *20 Minutos* de allí, conocían nuestra mecánica.

Llenamos el camión que trajo los ejemplares. Llamamos a los repartidores por la noche, movilizamos las furgonetas..., todo. Llegaron los ejemplares a los puntos de reparto e inundamos Madrid de periódicos. Todo el mundo se mostró voluntarioso. Nos permitió sacar pecho, porque fuimos los únicos y porque la honradez paga bien. Hombre, yo era el responsable máximo de la empresa. Pero no hice un planteamiento cínico sino honrado. Y, además, rentable. A corto plazo, aquello suponía los beneficios de varios meses. Pero, a partir de 2004, cada vez ganábamos más.

Tres años después, manejábamos un volumen de negocio de unos cincuenta millones de euros y otros cinco de beneficios. La crisis de 2008 nos jodió, pero crecimos mucho en número de lectores y, sobre todo, de anunciantes. También la web se mostraba muy activa. Podemos considerar que la prensa gratuita de finales del arranque del siglo XXI anticipaba la información digital gratuita. Pero nosotros mantuvimos un control de calidad profesional, con criterios periodísticos y de servicio público.

Arsenio y yo mantuvimos un blog propio cada uno. Empezamos diciéndonos: «Si no lo haces tú, lo hago yo». «No, lo hago yo». «Venga, lo hacemos los dos». El mío se llamó *Se nos ve el plumero*. Me permitía meterme con *El Mundo* y *El País*, señalando sus sesgos y a quién se le veía más «el plumero».

La reacción de la gente al número especial del día 14 resultó impresionante. Se agotó enseguida. Los ejemplares nos volaban de las manos. Corrían como la pólvora. Me sentía orgulloso, triste y preocupado. Todo a la vez. Orgulloso de haber sido los primeros, los únicos que habíamos publicado que la responsable de los atentados fue Al-Qaeda. Así de claro y rotundo. Ese fue el servicio que hicimos a nuestros lectores y, si me permites, a toda España y al periodismo. La tristeza se debía, obviamente, a la tragedia de la masacre. Y, mi preocupación, al desenlace electoral y las consecuencias futuras de todo aquello.

Acto seguido volvimos a la redacción para preparar el periódico del lunes. Trabajábamos la tarde del domingo para publicar el lunes los resultados de fútbol. Y Arsenio tuvo una idea magnífica: realizar una breve biografía de todos los muertos el 11-M. Todo un homenaje a los 192.

En retrospectiva, he de reconocer que no tengo tanto mérito cuando presumo de esto, porque mis dueños eran noruegos. No estaban metidos en los juegos de poder de aquí. Guardan una tradición democrática: respetan a los periodistas y la libertad de expresión. La empresa nos respaldó. En *El País* o en *El Mundo* no sé cuántos sapos habría tenido que tragar. A lo mejor me hubiera ido; o no. O sí. Podría largarme gracias a mi mujer, que cobraba en dólares. He dimitido varias veces. He tenido treinta y ocho empleos. Y puedes llamarme culo de mal asiento o decir que no aguanto media hostia. Pero, en cuanto a márgenes de libertad, yo contaba con que mi esposa podía mantenernos, a mí y a los niños. Así se puede ser libre. No tengo demasiado mérito; en todo caso, los noruegos.

La prensa tiene mala prensa, pero se la ha ganado a pulso. Lleva muchos años aliada con el poder, pagando y devolviendo favores. El periodismo gozó de credibilidad al principio de la Transición porque las estructuras de mando no estaban tan asentadas ni los intereses creados tan blindados. Esto explica que en 2004 le estuviéramos dando lecciones a Trump. Ese es el tema de fondo.

Policías y periodistas honestos ante las mentiras del poder

La persecución mediática que se desata contra Juan Jesús Sánchez Manzano y el comisario Rodolfo Ruiz pudo haber impedido la condena de los autores de la masacre. Eran las fuentes que había que destrozar para seguir manteniendo las tesis conspirativas sobre ETA. Sin la mochila que no explosionó, la misma que el equipo de Juan Jesús identificó y Rodolfo custodió, no habrían detenido ni condenado a nadie. Son dos personajes de tragedia griega. Estaban en el ojo del huracán, en medio de una tormenta perfecta.

A mí Rodolfo me ha contado muchas veces que él no vio nunca la bolsa con la bomba y lo que ocurrió con ella. Le llamaron a su casa de madrugada: «Jefe, que aquí hay algo sospechoso». Fue para allá corriendo y cuando llega ya la estaban desactivando. Allí se encuentra con Manzano y su gente que sacaron con cuidado la tarjeta del móvil que detonaba el explosivo. Eso permitió saber dónde se compraron los teléfonos de las bombas. Y tirando de ahí localizaron el zulo de Morata de Tajuña, comenzaron las detenciones... Estas dos personas aportaron la información básica sobre el atentado. Y desmienten las falsedades del Gobierno. Las invalidan todas de plano, desde el primer momento.

He hablado con Rodolfo sobre si los Tédax dijeron que había dinamita o nitroglicerina. O si se equivocaron con los colores blanco y rojo... que si aquello era o no era lo que usaba ETA. No sé quién dijo antes lo del Titadyn, pero se acabó sabiendo que había una contaminación entre explosivos diferentes en la mina que saqueó Trashorras. Puedo entender que alguien proteja a sus jefes diciendo que hubo algún momento de duda. Yo ahí no entro. Pero con Rodolfo hablé mucho y muchas veces de esto.

El comisario de Vallecas dependía de un jefe de la policía que había nombrado el Gobierno de Aznar. Y el señor Manzano era el jefe de los Tédax de la policía de Aznar. Todos le debían lealtad y funcionaron muy bien. Es decir, que la policía de Aznar trabajó tan bien que desmintió sus mentiras. Igual que hay periodistas honrados, hay policías honestos. Quienes estaban en el Gobierno seguirán mintiendo, como el entonces presidente ha mentido tantas veces. Sabían que el polvo era blanco y no rojo. Sabían que las primeras dudas podían deberse a una confusión intrascendente.

¿Resulta verosímil que estos dos policías metieran o sacaran material de ETA en una furgoneta y de una mochila que, por cierto, nunca existió? ¿De verdad? Lo que se dijo y se publicó durante el juicio del 11-M fue acojonante. Llegaron a presentar un detonador que era una pieza de una lavadora. No, el Gobierno, aquel Gabinete de Crisis sabía, desde el primer momento, que no era obra de ETA y que el explosivo no era Titadyn. Lo sabían. Lo tuvieron claro. Es imposible que Aznar no accediese a esa información de los Tédax. Tampoco sorprende que hubiera cierta dejadez y la tentación de escurrir el bulto porque es una manera muy española de proceder. Pero quien actuó así de forma evidente y con consecuencias desastrosas fueron José María Aznar y el núcleo duro del PP que sostienen vivas las tesis conspiranoicas hasta el día de hoy.

El propio Trashorras dijo que había incriminado a ETA para confundir, con la certeza de que no era así. Entiendo que cada uno tratase de salvar su pellejo. Resulta duro, muy difícil, ponerte en contra del Gobierno de tu país y desmentir al presidente en aquellas circunstancias. Cuidado con juzgar, porque la gente tiene miedo. Hay muchos casos de periodistas, que demuestran que, si dices algo que no gusta a tus jefes, ya no asciendes. Ojo, porque el miedo es libre y, en ocasiones, puede estar justificado.

Pero, vamos, el director general de la policía, el director

general de Seguridad Ciudadana y los tres directores generales al cargo de este tema sabían que el explosivo no era rojo. Los Tédax hicieron un informe escrito que cualquiera de ellos podía leer. ¡Qué coño de «confusión»! ¿Qué es eso de que «me engañaron»? Usted tiene el cargo de ministro del Interior o de presidente.

Hay una cosa que no te puedo contar con detalle. Es confidencial. Me consta que Acebes mintió a sabiendas, sufrió mucho y lo pasó fatal. Creo que no lo ha superado, ni lo superará en su vida. Le atornilló Aznar para que diera la cara y de ahí las ojeras que exhibe. Alguien le oyó decir: «Quiero salir de este infierno». Creo que es Zaplana quien moviliza al trío Pinocho, con Aznar y Acebes. Y bien que le premia Rajoy poniéndole de portavoz en el Congreso, ¡que manda huevos! Que no digan que desconocen los documentos que aportaron los mandos y los equipos a su servicio. Igual que el trío mediático que formaron *Libertad Digital,* la COPE y *El Mundo*. Vistos así, actuando en comandita, la falsedad de su relato resulta evidente.

Amistad y figura de Rodolfo Ruiz

Conocí a Rodolfo en abril de 2005, cuando no era tan famoso y nadie sabía quién era. Por supuesto, me mantenía al día sobre el 11-M, aunque debía mirar por la empresa, la publicidad... *El Mundo* disparaba a matar contra Rodolfo.[83]

83. Casimiro García-Abadillo, «La 'mochila de Vallecas' no estaba entre los objetos que la Policía recogió del tren», *elmundo.es*, 13 de

Así que me dije: «Estos van a mantenerse en la mentira y tienen mucho peligro». Porque García Abadillo quería trepar y agradar a los verdaderos artífices de la conspiranoia.

De Casimiro parten las primeras insidias sobre la mochila de Vallecas. Daba a entender que un policía había encubierto la participación de ETA. Y que, para ello, había alterado las pruebas y comprometido la cadena de custodia. Escogen a Rodolfo Ruiz como la piedra angular del arco sobre el que todos apoyarían la tesis de ETA.

Aznar juega al pádel con Pedro J. Imagino a Casimiro haciendo méritos. Ofreciendo a los compañeros de raqueta la cabeza de Salomé, que es la de Rodolfo, en bandeja. Su mensaje, por sibilino que parezca, era muy revelador: este comisario nos dará la clave de que fue ETA. Siendo del PSOE y un rojo infiltrado, metió en la bolsa un teléfono manipulado para acusar a *unos moritos.* Al final, estos, al talego. Y Rodolfo trabajando para el PSOE, antes, durante y después del 11-M. Eso es lo que cuenta *El Mundo,* más o menos. A Pedro J., quizás, se le encendió otra luz: «¡Nos vamos a forrar!».

La trama completa incluye a Jiménez Losantos en la COPE, la emisora de los obispos, que son tan culpables como los conspiradores del Gobierno Pinocho. No hacen duelo ni acompañan a las víctimas en su dolor. Llegan a denigrar a Pilar Manjón. Lo hacen con cualquiera que les desafía. La mentira de Aznar está bendecida por los obispos. Su Evangelio florece en las falsedades que todavía hoy man-

---

marzo de 2006. Disponible en <https://www.elmundo.es/elmundo/2006/05/05/espana/1146845449.html>.

tiene el expresidente. La cúpula eclesial tardó demasiado en cortarle el micro a Losantos. ¡También vaya nombre que tiene!

No puedo entender a Pedro J. Con don Federico, igual. Actúa como una madre superiora que da pellizcos de monja a sus novicias. Se cree el más poderoso de la banda. En el fondo, quiere ser alguien. Porque periodista no es, ni por protocolo profesional ni por ética. Pretende ejercer del político que maneja al resto. Pedro J., en cambio, se concibe a sí mismo como un hacedor de reyes. No desea reinar, sino derrocar y entronizar monarcas. Quito a Felipe, pongo a Aznar. Quito a Aznar, pongo a Rajoy. Quito a Rajoy, pongo a la Cospedal. Quito a Sánchez, pongo a reinar a Feijóo... y Abascal, de bufón. Ha hecho declaraciones textuales al respecto, referidas a Felipe González. Así que no me invento nada. Le he seguido con atención y estamos ante un narcisista.

Las piezas de Casimiro iban dirigidas a destruir a Rodolfo Ruiz. Quien le conoce sabe que encaja en el perfil de alguien a quien poderle acusar de lo que sea. Buscaban a alguien así. No me lo podía imaginar hasta que también veo por dónde iban *Libertad Digital* y la COPE. Conste que las escucho no más de cinco minutos, para luego poner Radiolé. Así me libero y limpio un poco de tanta inmundicia.

Conocí a Rodolfo gracias a mi hijo Erik. Compartía pandilla con el hijo de Rodolfo y otro chaval, que es como de la familia. En un *e-mail,* mi hijo me dice que Rodolfo está desesperado con el trato que recibe de la prensa. «No tiene a nadie en quien confiar. Y quiere conocerte». Estamos en el invierno de 2005, cuando empiezan a darle leña.

Había estallado el caso Bono. A partir de entonces, se siente acorralado e indefenso.

Después del 11-M, Rodolfo es nombrado jefe de la Brigada de Información de Madrid y le suben el sueldo. Los de *El Mundo* afirman que le premiaron por haber trabajado para el PSOE desde la comisaría de Vallecas. Pero hablamos de un tío, de un profesional muy muy serio. No sabían quién era y por eso les salió el tiro por la culata.

Para entrevistarme con él, bastaba que nuestros hijos fuesen amigos. Y me encuentro con Rodolfo sin saber quién era ni de qué se le acusaba. «¿En qué te puedo ayudar? Me ha dicho Erik que no te fías de nadie en la prensa. No me extraña, porque menuda profesión tengo. Yo tampoco me fío mucho de los policías». Así empezamos, con una pequeña sonrisa.

Él se mostró tímido y yo soy muy extrovertido. Para romper el hielo, le enseñé una escultura de mi despacho. Es un relieve en piedra con la cara del presidente de la Asociación de la Prensa en el 36, un tal Rodríguez Santamaría, del *ABC*. Está acompañado de una frase latina, *Dulce et decorum est pro patria mori*, que creo que es de Horacio. Viene a decir: «Es dulce y honorable morir por la patria».

Veo que Rodolfo mira aquello quizás pensando: «Joder, aquí hay un mártir de la Cruzada». Y digo: «Te sorprenderá que tenga aquí esa pieza. La verdad que cada vez que entro me da un poco de repelús». «¿Quién es?», pregunta. Y contesto: «Presidía la Asociación de la Prensa de Madrid durante la Segunda República. Ocupaba este despacho cuando el golpe de Estado contra la República. Después, vinieron unos milicianos, lo detuvieron aquí y lo asesinaron en la Casa de Campo. Entonces, eligieron a Javier Bueno, director de *Claridad,* para sustituirle. Al entrar en Madrid, vinieron unos falangistas, lo sacaron de este despacho y lo fusilaron también en la Casa de Campo». O sea que dos colegas asesinados por unos y por otros habían ocupado aquel despacho. Por eso encargué una foto del segundo, del mismo tamaño que el busto que tiene enfrente. Y le puse el mismo lema latino. Una pared para cada uno. Los dos enfrentados o dialogando.

Rodolfo debió pensar: «¡Qué tío más raro!». Poco a poco se fue relajando. Le propuse: «Si te invito a un café aquí, va a empezar a sonar el teléfono. Nos vamos a un sitio próximo, más tranquilo, y charlamos». A partir de entonces, nos vimos en un cafecito de la calle Miguel Moya, en el bar La Prensa. Al principio le servía de psiquiatra y acabé acompañándole a ver a sus abogados y a los juicios. Siento no haberle corregido el texto que escribió a modo de diario durante el tormento por el que pasó. Tampoco tomé notas porque aquello eran confidencias personales, no entrevistas periodísticas.

Propuse las condiciones para vernos: «Para ti no seré un periodista. Te lo digo para que hables con tranquilidad. Si quieres que publique algo, lo dices. Eres una fuente muy buena. Eres el tío al que están disparando. Y más después de lo de Bono, que me tiene incendiado». Él contesta: «No veas cómo estamos mi familia y yo. Es terrible. No me podía imaginar que fueran a atacarme por ahí». El caso Bono detonó una persecución feroz. La prensa de Aznar había sido muy dura contra Rodolfo tras los atentados, pero se volvió insoportable.

Le aseguré: «Desde las primeras notas de Casimiro rebuscan en tu perfil y en toda tu biografía para ver a qué se pueden agarrar. Y a quién machacar. ¿A Manzano o a ti? ¿Por qué no a los dos? Tienen que pillar a alguien, claro. ¿Quién más había allí? Sois dos piezas clave». Se confesó: «Me encuentro solo, no sé qué hacer ni a quién recurrir. Si debo hablar con otros periódicos o callar. Me sorprende que los demás no digan nada». Le contesté que creía que era por miedo: «Conozco a Pedro J. de cuando era un currito en *ABC*. Ya entonces era muy peligroso. Es muy difícil ir de frente contra él. Con todo esto presta un servicio a Aznar y gana lectores». Le repetí que las teorías conspiratorias son verosímiles y fáciles de creer. No dan qué pensar y enganchan a los engañados. Y resumí: «Para ellos eres como un hueso para un sabueso, lo coge y no lo suelta».

El caso Bono: la trama político-mediática, judicial y de asociaciones de víctimas

En enero de 2005, tras la Comisión Parlamentaria del 11-M y mientras se instruía el juicio, la AVT y el PP organizaron una manifestación en Madrid. Era una de tantas. Pero aquella derivó en insultos y agresiones de miembros del PP a José Bono, ministro socialista tras los atentados. Utilizaron aquello para culpar a Rodolfo de actuar como un policía nazi contra los militantes del PP.

Le expliqué cómo lo veía: «Te acusan de que hiciste una detención ilegal a las órdenes del PSOE y Rubalcaba». Bueno, alguien medio inteligente no lo hubiera hecho nunca. Algo así te señala y perjudica directamente. O sea que Rodolfo no tuvo nada que ver con esto. Cualquiera, con un mínimo de conocimiento y sentido común, no entra a ese trapo.

Cuando conocí a sus abogados defensores, quedé intranquilo. Fui a aquella reunión con dos de ellos, que eran de un sindicato policial. Yo, callado. Haciéndome pasar por chófer y amigo de Rodolfo. Cuando salimos, le aconsejé buscar abogados propios. El asunto era muy grave. El juicio contra Rodolfo y otros dos policías por el caso Bono fue una pantomima, un escándalo mediático, político y judicial. Corrupción repartida a granel entre los tres estamentos. Rodolfo fue condenado a varios años de cárcel. Luego se animó a querellarse contra Jiménez Losantos por calumnias. Le había calificado de jefe de una banda criminal al servicio del PSOE.

El caso acabó archivado porque los abogados no recurrieron. Sorprende mucho porque es muy raro que se les pase el plazo. «No quiero pensar mal, pero aquí hay algo más», le dije a Rodolfo. Y añadí: «El Gobierno de Zapatero no se quiere meter en líos con Losantos, ni con la COPE ni con Pedro J., porque son unos acojonados».

Cuando aquello se archivó, le cabreó mucho. Y con razón. ¿Cómo no te va a molestar que un tío que te llama terrorista salga impune? Jiménez Losantos fue absuelto; amparado, según la jueza, por el derecho a la libertad de expresión. Lo nunca visto. Esa libertad no justifica delitos contra los derechos de otros.

Por supuesto que hay buenos jueces, pero otros están muy sesgados. Como lo están los policías y los periodistas. En este caso, la lucha del PP y de la AVT contra el PSOE se cruzó con deslealtades internas de la policía. Compañeros de Rodolfo, aliados o al servicio del PP, empezaron a malmeter, le hicieron pintadas... Alguien le llegó a llamar asesino. Algo así de bestia, pronto las borraron.

En su diario, Rodolfo señala como desleales al jefe del Grupo de Conflictividad Laboral y Social y al responsable de terrorismo internacional. Me pierdo con los números de los agentes que cita. Pero, a medida que le conocía, percibía que este hombre no tenía a dónde agarrarse, estaba solo ante el peligro. Me llegó a confesar: «No tengo en quien confiar».

La situación que atravesaban en su casa también era muy difícil. Les había invitado a comer aquí, en casa. También a su mujer, Magdalena, que empezaba a estar muy deprimida con los ataques a su marido. Lo de Bono les afectó mucho a los dos. Un día, Rodolfo se quebró el fémur en un accidente de montaña. No lo vi en dos meses. Al reunirnos de nuevo, me cuenta: «Mira, es tan grave lo que me está pasando que pensaba pegarme un tiro. Metí la pistola en la caja fuerte». Para no llevarla encima.

¿Qué tiene que pasarle a alguien, a un tío que ha triunfado en su profesión, que ha hecho lo que debía, cumplir con su deber, que tiene una familia estupenda..., qué tiene que pasar por su cabeza para querer pegarse un tiro? O cuando hablaba de sus tentaciones ante los precipicios de la montaña en Peñalara. Más de una vez pensó en tirarse. Me decía eso.

Él no era consciente de la gravedad de lo que se le venía encima. Tuve que decirle: «Van a por ti. A hacerte lo que se llama un asesinato de carácter. No te van a matar físicamente, pero van a destrozar tu figura pública y, si pueden, tu personalidad. Van a demostrar que eres un falso, un mal profesional, que mientes y manipulas y que te vendes al mejor postor por un puñado de euros. Sé cómo funcionan».

Esperanza Aguirre llegó a decir de Rodolfo (al que llamaba «el de la mochila») que era un comisario político del PSOE. «Si falsificó las pruebas de un atentado, entonces también los atestados de una detención». Aplicaban esa lógica perversa. Pero es que no hubo ni una cosa ni la otra.

El Tribunal Supremo validó el sumario en su totalidad y, por tanto, las pruebas probatorias que Rodolfo aportó en el juicio del 11-M. Por otra parte, el Supremo, invalidó, también totalmente, la condena y la inhabilitación impuestas por el caso Bono. Prefiero hablar del *caso Hidalgo,* que fue el juez ponente: Miguel Hidalgo, un personaje que procedía de la policía de Franco, esta sí, política.

En mi blog intervino un lector anónimo que daba en el clavo:

> Al sr. Hidalgo le recomiendo un curso de reciclaje jurídico puesto que mantiene unos ideales impropios de un juez demócrata y un Estado de derecho. Aprovecho para recordar que el sr. Hidalgo obtuvo la carrera de Derecho patrocinada por la Policía, por su trabajo como infiltrado en la universidad de Madrid por denunciar a estudiantes contrarios al régimen franquista.[84]

84. José Antonio Martínez Soler, «El Caso Bono / Caso Hidalgo llega al juzgado 42 de Madrid», *Se nos ve el plumero,* en *20minutos.es,* 4 de junio de 2006. Disponible en <https://blogs.20minutos.es/martinezsoler/2006/06/04/el-caso-bono-caso-hidalgo-llega-al-juzgado-42-madrid/>.

Hidalgo era un excomisario de la Brigada Político-Social. No como Rodolfo, policía normal y corriente, inspector y comisario en labores de información. Hidalgo, aparte de su sesgo ideológico, quería ascender. Tendría la carrera estancada y necesitaría hacer méritos. El Tribunal Supremo le puso en su sitio e invalidó la condena de Rodolfo, ya que este no había realizado ninguna falsificación documental.

En el caso Hidalgo todo estaba clarísimo, pero los abogados del PP y de la AVT lo orientaron al 11-M, trabajando al alimón con *El Mundo*. Si destruían y quebraban a Rodolfo, quedaba claro que había sido ETA. Todo sería falso, incluido el juicio del 11-M. Si la teoría conspiratoria de Losantos y Pedro J. triunfaba, no había juicio. Así de fuerte.

Al juez Miguel Hidalgo, presidente de la Sección 16 de la Audiencia de Madrid, pronto se le vio el plumero. La sentencia acarreaba cárcel e inhabilitación. «¿Cómo puede haber jueces tan corruptos?», decía Rodolfo. Y es que él tiene ese punto de inocencia y de buena persona. De alguien que ha cumplido con su deber toda su vida.

Abandono institucional

Rodolfo me contó que su mujer vio a Rajoy y le prometió que mediaría para solventar el asunto. Así que él y Magdalena se pusieron muy contentos. Pero Rajoy es un cínico redomado, aunque no tan mala persona como Aznar. Puede que le jodiese el asunto, pero no tuvo huevos para meter mano ahí. Consideró que eran cosas de Esperanza Aguirre. Escurrió el bulto. Lo mismo que Alfredo Pérez Rubalcaba cuando le escribí para que devolviera a Rodolfo la Medalla al Mérito Policial que le habían quitado.

Rubalcaba era muy listo, pero también muy cobarde. No quería ponerse a tiro del director de *El Mundo*. Me dolió que se inhibiese, como Rajoy, con un «ya veremos qué se puede hacer». Recordé una frase de Martin Luther King: «No me estremece la maldad de los malos, sino la indiferencia de los buenos». Los dos militantes que agredieron a Bono eran del PP de las Rozas. En *20 Minutos* preguntaba: «¿Acaso a los señoritos del PP no se les puede interrogar como a los sindicalistas de UGT o Comisiones? ¿Tienen alguna bula especial?».[85]

El Supremo anuló la sentencia condenatoria de la Audiencia Provincial de Madrid y rehabilitó totalmente a Rodolfo Ruiz en julio de 2007. Debió de cobrar ánimos y se querelló contra Losantos en la primavera del año siguiente. Magdalena se suicidaría en octubre de ese mismo año. Habían seguido atacando a Rodolfo, después de haber sido absuelto de la sentencia que le impuso Hidalgo. Fue anulada por cuatro votos contra uno. El voto en contra, mira por dónde, fue del tristemente famoso juez Marchena. Quería presidir el Consejo General del Poder Judicial (CGPJ).

Como Hidalgo, quería hacer méritos alineándose con el poder. Siempre deseó presidir el CGPJ. Su candidatura,

85. José Antonio Martínez Soler, «Circo del PP: el mayor escándalo de El Mundo», *Se nos ve el plumero,* en *20minutos.es,* 14 de mayo de 2006. Disponible en <https://blogs.20minutos.es/martinezsoler/2006/05/14/circo-del-pp-mayor-escandalo-el-mundo/>.

que en principio también apoyaba el PSOE, descarriló. En 2018 se filtró un wasap de Ignacio Cosidó, un senador del PP, que señalaba que Marchena les vendría muy bien. Este quedó con el culo al aire y se retiró. Su voto particular contra Rodolfo es manifiestamente sospechoso.

Magdalena, la esposa de Rodolfo, se suicidó el 10 de octubre de 2008. A los pocos meses, *El Mundo* continuaba su acoso contra el viudo. Antonio Rubio publicó en portada que Rodolfo Ruiz cobraba del CNI, mediante una empresa propia.[86] Otra vez lo utilizaban como diana de sus infundios. Nunca hubo tal empresa ni siquiera un despacho. Simplemente tuvo colaboraciones esporádicas con el CNI debido a sus conocimientos y experiencia profesional. Le habían jubilado y solo recibía la pensión.

El trumpismo y la transición pendiente

La realidad es que insistieron en joder a Rodolfo. No soltaron el hueso. Nunca. Ni Pedro J., ni Casimiro, ni Aznar, ni Zaplana. Siguen ahí. Aunque ahora callan. Y Feijóo no quiere hablar del tema porque esa es la estrategia. Seguir con él, aunque sea de bajo perfil, mientras rinda réditos. Pero lo grave es que el día 14 de marzo de 2004 se jodió la democracia. Aznar y el PP no asumieron la derrota electoral causada por sus mentiras. Por tanto, no aceptaron la alternancia de un Gobierno legítimo, salido de las urnas. Y esa es la base de una democracia.

86. Antonio Rubio, *op. cit.*

La democracia consiste en el imperio de la Ley y en la alternancia del poder según dicte la soberanía popular. El PSOE, cuando ha perdido, nunca ha cuestionado la legitimidad del ganador. Pero estos tacharon a Zapatero de «presidente por accidente». Desde el momento cero le desacreditaron. Todo el tiempo. Hasta ahora.

Con Pedro Sánchez han hecho igual. Oiga usted, demócrata: aténgase a la soberanía popular, no a la gracia divina. Total, que desde el 2004 el PP está enrocado en negar legitimidad a los Gobiernos del PSOE. Una parte del PP se revela como antidemocrática y por ahí encaja con Abascal y la ultraderecha.

Claro que no es todo el partido. Un sector moderado se muestra liberal; además de ser gente muy respetable. No generalicemos. Pero hay una zona que empezó controlada por Esperanza Aguirre (y ahora por Isabel Díaz Ayuso y Miguel Ángel Rodríguez) que vive de la hostilidad, la mentira y el boicot. Han instalado, además, un sistema de medios afines. De modo que los demócratas del PP no se atreven a desafiarles, están callados.

Cierta prensa sin principios da mucho miedo. No me sorprende. ¿A quién va servir *Libertad Digital* si se hizo con dinero del PP? Alberto Recarte, un político del PP, financió a Jiménez Losantos en *Libertad Digital*. Las ayudas, enmascaradas o no, de la Comunidad de Madrid a medios próximos cuestionan su independencia. Nosotros tuvimos suerte con los dueños noruegos. La primera vez que fui a Oslo me dijeron las tres leyes de Schibsted, propietaria de *20 Minutos*: «*Have fun, make money and do it with integrity*» (Pasarlo bien, ganar dinero y hacerlo con integridad).

Apenas hemos hablado del enorme beneficio económico que *El Mundo* obtuvo con sus mentiras. Aumentaron los lectores ingenuos, atraídos por el periodismo amarillo o sensacionalista, y, con ello, los ingresos publicitarios y las ayudas oficiales. Hizo mucho daño económico, por ejemplo, al diario *ABC*. Era el competidor conservador liberal más serio y solvente. Y, aunque fue engañado por Aznar, no entró al trapo de la conspiración.

Estas teorías siguen larvadas desde que Rajoy, el muy cuco, rebajó el tono. Ahí sigue Ayuso con sus provocaciones continuas. La pulsión autoritaria está latente, pero también muy presente. Ellos nunca criticaron ni renegaron de la dictadura. Esa es la clave y su esperanza: que vuelva un trasunto de Franco. Y no lo reconocen.

La deriva neoconservadora que desde 2004 impulsa Aznar desde la FAES representa el puro trumpismo. De hecho, son precursores. Ya entonces se miraban en Berlusconi. Se relaciona con cómo hicimos la Transición. En el nivel ejecutivo y legislativo funcionó bastante bien. Pero, en otros órdenes, como el judicial, la transición es biológica. Ocurre a medida que mueren unos jueces y entran los nuevos. La relación que la derecha política y mediática tiene con los jueces conservadores es obvia, escandalosa y bochornosa.

El caso que nos ocupa lo demuestra. Los únicos que le ganaron una querella a Jiménez Losantos ante los tribunales españoles fueron un periodista destacado como José Antonio Zarzalejos, director de un medio tan importante como *ABC*, y Alberto Ruiz-Gallardón. Este último presidió la Comunidad de Madrid, fue alcalde de la capital y ministro varias veces. Luego, el Tribunal de Estrasburgo anuló la de Ruiz-Gallardón.

Tenemos pendiente hacer y cerrar bien la transición judicial. El problema es que, como dije, hay que esperar a que mueran los carcas. Y que entran jóvenes que se están enganchando con el pasado a través de Vox. Esta gente no conoció el franquismo y beben de la extrema derecha europea, del trumpismo, de gente muy jodida. Me cuesta entenderlos. Es peligrosísimo. Lo viví en América cuando estuve en las elecciones de Donald Trump y Hillary Clinton. Era para echarse a temblar.

Hicimos la Transición perdonándonos mutuamente y sin revanchas. Pero los jueces siguen ahí, retrógrados e intocables. Algunas de las mejores pruebas fueron la primera sentencia bochornosa del caso Bono o el fracaso de las querellas interpuestas contra Losantos. La gente no confía en la justicia ni en la prensa españolas. Y con razón. Por eso veo improbable que se abra un proceso de rendición de cuentas o de reflexión sobre el 11-M, tipo una comisión de la verdad. Menos aún, un acto de desagravio y una petición de perdón a nivel nacional, en toda regla, como se merecen las víctimas y los afectados. Entre ellos, incluyo a Rodolfo Ruiz y a Pilar Manjón.

El veinte aniversario y la reforma del monumento de Atocha podrían ser la ocasión para cerrar heridas. Pero no lo van a hacer. El PP no lo permitirá mientras vivan Aznar, Pedro J. y Losantos. Ni siquiera los obispos lo permitirían. No pueden quedar como malvados. Practican el *sostenella y no enmendalla*. Castellano medieval puro. Soberbia e interés personal.

Pa'alante

Cuando me secuestraron, no sabía de la trascendencia de lo que publicaba o no temía que me pudiera pasar algo. Escribí sobre la purga de mandos demócratas en la Guardia Civil sin sospechar que, por eso, sería torturado. Si lo llego a saber, a lo mejor no lo publico. No soy ningún héroe.

Por el *apartheid* laboral que me impuso Moncloa, comprendo a los colegas con una conciencia personal y profesional que chirría ante la cultura corporativa de su medio. Como no la puedes cambiar, solo te queda cambiar de medio. Si puedes. O fundar otro. Eso hicimos al montar *20 Minutos*, era el fruto de nuestra trayectoria previa. Y por eso no nos llamó Aznar el 11-M. Sabía que con nosotros sus mentiras no iban a colar. En *El País*, por poner un ejemplo, sí. Porque las grandes empresas y los fondos de pensiones son sus principales accionistas.

Deberíamos rescatar los principios éticos de la profesión. Son fundamentales, pero no hay que exigir heroicidad a los periodistas ni a nadie. El miedo es libre y cuando denuncié aquella *purga* de la Guardia Civil protodemocrática fui un inconsciente. Quería hacer un servicio a mi país. ¡Coño, soy demócrata! Y no podía ignorar que estaban quitando de en medio a los demócratas con tricornio. Éramos jóvenes algo temerarios, pero ganamos la libertad de expresión palabra a palabra.

Me preguntaba si me callaría el miedo a que me dieran de nuevo de hostias. Llegué a la conclusión de que poco más me podían hacer después de un fusilamiento simulado.

Seguía vivo, disfrutando de la alegría y la dulzura de vivir. Así que *pa'lante*. No sé si el secuestro me acobardó o me dio ínfulas. Que se vayan a la mierda todos los que intentaron destrozar a Rodolfo, a Manzano o a Manjón.

En momentos de tragedia, como el 11-M, necesitamos aplicar un juramento de Hipócrates adaptado al periodismo. No es tan complicado. Se reduce a negarse a hacer lo que hicieron los conspiranoicos: mentir a sabiendas. Me puedo haber equivocado y, de hecho, ha ocurrido más de una vez. Pero he rectificado y me he disculpado. Persistir en la mentira revela la indignidad de quienes la mantienen. Cuando afecta a tantas personas y de la talla humana de Rodolfo Ruiz, las consecuencias ya no son solo humanas. Conducen a la división social y la involución democrática.

Al final, la Justicia se impone. Yo le decía a Rodolfo: «Si tienes la razón, no te rindas. Lucha». Cuando todo falla, los principios importan. Ya lo creo. Y ahí tenemos hoy al comisario Ruiz felizmente jubilado en Zaragoza, jugando al golf y resistiendo a un cáncer. Tiene el tan merecido premio que le dio la Asociación de Afectados del 11-M en su sala de estar. Ha rehecho su vida. Es un gigante moral. Mientras que los políticos y periodistas conspiranoicos han salido huyendo por la gatera de la historia, sumidos en la maldad, la miseria ética y la insignificancia.

Aitziber Berrueta

Hija del panadero Ángel Berrueta, asesinado en Pamplona el 13 de marzo de 2004 por desmentir la autoría etarra del 11-M

El 11 de marzo del 2004 hubo unos atentados en Madrid que el presidente del Gobierno español, el señor Aznar, atribuyó a ETA. Todos los medios de comunicación decían que los asesinos eran etarras y que no cabía otra opción. Aquello acabó siendo un escándalo público. A mí me pilló trabajando, y no sé por qué, pero yo ya dudaba. Cuando llegué a casa, los *aitas* decían que no. Que la forma de actuar de ETA no era aquella.

Otra víctima más, asesinada

Había un revuelo enorme en todos los sitios, no solo aquí, en Pamplona. Pero seguían diciendo que era ETA, a pesar de toda la gente y los portavoces que lo habían desmentido. El Gobierno español mantenía su versión. El *aita* cerró la panadería el día 12 por la tarde, porque había una manifestación oficial en solidaridad con las víctimas del 11-M. Aunque se presagiaba que quienes la convocaron mentían afirmando que ETA había hecho aquella masacre. Aun así, el *aita* cerró la panadería. Al día siguiente abrió de nuevo. Era nuestra única fuente de ingresos. Entonces, bajó Pilar Rubio, esposa del policía nacional, Valeriano de la Peña, y quiso poner un cartel o pegatina que decía «ETA, no» en el escaparate. La había sacado de una web de la AVT. Mi padre lo retiró y le dijo que no, que no pondría nada de nada.

Ella subió muy alterada a su casa y, según la sentencia, «creó en el ámbito familiar un estado de sobreexcitación, como consecuencia del incidente, tras lo que sin solución de continuidad» bajaron su hijo y su marido, acompañados de ella. El hijo apuñaló al *aita* y el padre le pegó cuatro tiros con su arma reglamentaria. Después volvieron a su casa y lo abandonaron sin asistirle. El Supremo desestimó indultarles al considerarles «coautores de un comportamiento conjunto, un ataque colectivo en el que padre e hijo agredieron a la víctima».

Ángel Berrueta era el mejor padre del mundo. ¿Qué voy a decir yo, su hija? Tenía fama de persona buena y era un hombre bastante conocido tanto en el barrio como en Pamplona. En sus años jóvenes, siendo mozo, había sido dantzari de una sociedad recreativa y cultural. Nació en la calle Navarrería y su familia era del casco histórico. Aparte de trabajar en la panadería, también repartía por bares y tiendas. Así que era bastante popular y querido. También porque se involucraba mucho con la gente próxima y tomaba partido en los asuntos que no le parecían bien.

Yo no estaba presente en el momento que lo mataron. Pero vamos, creo que mi padre no se pondría muy bravo con aquella mujer. Le diría que no, que no iba a colocar el cartel, y ya está. La sentencia es muy clara cuando afirma, textualmente: «No podemos obviar que la provocación no provino de la víctima, sino más bien de los acusados, especialmente de María Pilar Rubio, sin que la previa discusión, provocada a su vez por María Pilar, que tuvieron esta y la víctima, pueda considerarse provocación previa de la víctima».

Y es que a la panadería iba todo el mundo, de todas las condiciones políticas, religiosas... No sé, es que era una tienda de barrio. Se daba atención a todo el mundo. Mi padre vendía el *Diario de Navarra*, el *Diario de Noticias*, el *Egin*... Quiero decir que, como entenderás, no había vetos ni exclusiones. Quienes le mataron habían sido antes clientes, lo eran de toda la vida. Y no pasaba, nunca pasó nada extraño o conflictivo entre las dos familias.

Ella era vecina de mi madre. De siempre, desde los tiempos de la abuela. Nunca había habido complicaciones con ella ni con sus padres. Ni un solo choque. Ni siquiera cuando dos de mis hermanos estuvieron detenidos por una causa sobre disturbios callejeros. Les acusaron de pertenecer a lo que en su tiempo llamaron los grupos Y de la *kale borroka*. Eran menores y hablamos de mediados de los noventa, más o menos. Unos diez años antes, como poco, del asesinato del *aita*. Al final, de todo aquello no encontraron ni pudieron probar nada contra mis hermanos. Intentaron machacarles, como a tantos otros, pero la causa fue sobreseída.[87]

87. Enekoitz e Imanol Berrueta fueron acusados, con 18 y 16 años, respectivamente, de participar en el lanzamiento de cócteles mo-

Sin embargo, pasaron seis meses en prisión preventiva en la cárcel de Alcalá Meco. Y vivimos otra cosa, de las más duras que recuerdo: ir con mis padres a visitar a mis hermanos presos. No te digo nada de lo que esto suponía para la familia. Después, cuando Imanol salió de prisión estaba obligado a ir a firmar todos los días a comisaría. Y va un día que no salía, no salía... pues que lo metían dentro otra vez. Mi padre quería llevarle ropa o algo parecido. Y le dijo a este hombre, el mismo que acabaría asesinándole: «Oye, Valeriano, a ver si le puedes meter esto a Imanol». Era un paquete con mudas de ropa y cosas para asearse. Y este señor se lo llevó. No he comentado nunca con Imanol si se lo llegaron a dar.

Esto que he contado es una prueba de que no había nada extraño entre nosotros. En el juicio ella dijo que estaba medicándose, pero yo no diría que estaba desequilibrada. *Desequilibrio* no es la palabra. Si ese fuese el motivo acaba-

---

lotov contra varias sedes bancarias, cajeros y una cabina telefónica. El juzgado de instrucción número 2 de Madrid decretó su ingreso en prisión y posteriormente su prisión condicionada al pago de una fianza el 5 de marzo de 1997. Sus casos fueron archivados y sobreseídos el 20 de noviembre 2003 por la fiscalía de menores de la Audiencia Nacional al no haber indicios suficientes ni individualizados en su contra. Solo constaban declaraciones policiales de los dos hermanos o de otros jóvenes, que los detenidos atribuyeron al mal trato sufrido durante las detenciones incomunicadas. Ingresaron en prisión preventiva y sus casos formaron parte de un sumario matriz del que se desgajaron ellos y otros dos jóvenes menores de edad cuando entró en vigor la Ley del Menor (declaraciones y documentación aportadas por su abogada, Amaia Aizko).

ríamos matando a mucha gente. La sentencia es muy tajante cuando niega absolverles o atenuar las penas por desequilibrios emocionales o psíquicos. El chaval tenía un coeficiente de inteligencia bajo y sufría cierta paranoia. Pero los informes médicos que aportaron en el juicio niegan explícitamente que los condenados fuesen incapaces de controlar su voluntad o sus impulsos. Al contrario, se afirma que mostraron tener facultades de sobra para entender el alcance de sus actos.

La sentencia consideró que había que tener en cuenta «la fecha en que ocurrieron los hechos (13 de marzo), dos días después del atentado de Madrid del 11-M y las convicciones de María Pilar de que todo el mundo relacionado con una determinada ideología estaba contra ella». Además, se considera un hecho probado que esa señora «tras haber mantenido la discusión con don Ángel Berrueta Legaz, creó en el ámbito familiar un estado de sobreexcitación, con frases reiterativas, que "calentaron la cabeza" de su marido e hijo, especialmente en este debido a la gran influencia que ejercía María Pilar».

Te lo leo de la sentencia que, además, añade que esa señora «incitó que tanto su marido como su hijo bajaran con la intención de matar a Berrueta». El tribunal consideró un hecho probado lo que una testigo declaró que le dijo, «voy a matar a ese hijo de puta», cuando acompañaba a su marido con la pistola, que ya llevaba desenfundada.

Esta señora sentía una profunda obsesión en contra de la izquierda. Ni siquiera contra la izquierda *abertzale,* con la que nos identificaba. Mi padre había votado muchas veces y lo hizo a tres partidos diferentes. Quiero decir que ni él ni mis hermanos eran como les han retratado en los medios y como esta gente debía pensar.

Por supuesto que han luchado por lo que creían. Y claro que, cuando detuvieron a mis hermanos, mis padres se involucraron más en este rollo. ¿Cómo no iban a defender a sus hijos? Y luego, cuando salieron de la cárcel, siguieron luchando con ellos por otros jóvenes desde la asociación que crearon con más padres y madres, Gurasoak. Pero no creo que esto fuese importante. Quienes mataron a nuestro *aita* sentían odio, una aversión..., tenían una obsesión contra la izquierda, la izquierda *abertzale,* si quieres. No hay más... Le dieron dos puñaladas. Recibió tres o cuatro tiros, no recuerdo. Toda la familia participó, excepto la hija.

Un crimen de odio

El propio marido testificó que el problema era que su mujer le iba con esas historias, lo de ETA y eso, que le comentaba que el señor Berrueta le vigilaba desde el portal cuando él se iba a trabajar, que la tensión se fue acumulando, que ella creía que Berrueta le miraba mal, que él le decía que no hiciera caso pero la tensión se iba acumulando; que su mujer, todos o casi todos los días, incidía y le calentaba la cabeza, que él le decía que le dejara en paz, que no quería saber nada. El auto de apertura del juicio oral recoge que «varias declaraciones testificales señalan también cómo María Pilar insistía al señor Berrueta para que colocara el cartel en la panadería gritando que era un etarra».

Me cuesta aún entenderlo. Recuerdo cuando el chiquito, el hijo de estas personas, bajaba a la tienda. Desde pequeño todo iba bien. Recuerdo a mis padres diciéndole: «Toma un chupachup». O cuando bajaba sin dinero: «No te preocupes, que te lo apunto». Ya lo dije, era una tienda muy de barrio. O sea que no había nada extraño ni tensiones entre nosotros. A ese crío no sé cómo lo habían educado. No sé a qué colegios había ido, ni a dónde lo mandaron. Pero vamos, estoy segura que era odio lo que tenía en ese momento. Él y su padre fueron a por el que más cerca tenían. Resultó ser el *aita*. Y descargaron su odio en él.

La imagen que se ha transmitido de mi familia como un grupo duro de militantes *abertzales* y próximos a ETA es del todo incierta. Vamos, falsa. No te digo que mis hermanos no hayan ido a alguna manifestación. Alguna, ¿eh?, que fueron bien pocas. Para nada militaban activamente en la izquierda *abertzale*. Y si lo hubiesen hecho, además, ¿qué? No pasa nada. ¿Qué pasa? No han matado a nadie. Nunca pudieron aportar pruebas, ni siquiera indicios contra ellos. Nada de nada. Si existieran, seguro que habrían pagado las consecuencias. Lo de perseguir a los grupos Y de la *kale borroka* fue una decisión del gobernador civil de entonces, que dio órdenes de detener indiscriminadamente a los jóvenes.

No niego que se fueran a manifestar, igual que fui yo. Pero agarrarse a eso es justificar lo injustificable. Intentan disculpar así que han matado a una persona que era inocente. Se pusieron a buscar. Y encuentran que los hijos de Ángel Berrueta tenían esto en su pasado... Pues eso. Pensarán que así justifican algo o exculpan a alguien, que eso es suficiente motivo o que rebajaba la brutalidad de un asesinato inaceptable, indefendible. Mi padre cerró la panadería por solidaridad con tantos muertos como había habido. Y porque se había convocado una manifestación de repulsa en la que muchos aún creían que ETA era la culpable. Bastante que cerró esa tarde. La tienda era el pan nuestro de cada día para nuestra familia. No podía cerrar dos días seguidos. Aún estábamos todos en casa.

No puedo asegurar en qué medida influyó el hecho de que Valeriano de la Peña fuese escolta de Jaime Ignacio del Burgo. Era un diputado navarro, muy conservador, y uno de los mayores portavoces de la conspiración sobre el 11-M. Llegó a escribir un libro repleto de sospechas sobre quiénes fueron los autores y cuestionaba la sentencia.[88] La verdad es que no sé si tiene que ver algo con el hecho de matar a mi padre. ¿Que quien lo asesinó se podría sentir más protegido? Puede ser. Y que pensase que tendría más capacidad de movimiento o más respaldo después en el juicio, ante los tribunales que le juzgarían.

La reacción de Del Burgo se limitó a las declaraciones en un vídeo en el que dice esto: «Evidentemente, un asunto de esta trascendencia, en el que un policía nacional asesina a otra persona, no es tema baladí. Y, además, por razones políticas. Bueno, fue una discusión; pero generada por un motivo político. Este crimen forma parte de un, ¿cómo diríamos?, de un clima fomentado y desarrollado desde las instancias políticas y el Gobierno del PP. Y, claro, eso yo lo tengo que rechazar de plano».[89]

88. Jaime Ignacio del Burgo, *11-M. El atentado que cambió la historia de España,* Madrid, La Esfera de los Libros, 2014.

89. «13M. Atocha, El Pozo, Santa Eugenia... Donibane (Ve-

Esas son las únicas declaraciones que conozco de él. Como ves se muestra bastante ambiguo cuando habla del «clima» generado por «instancias políticas», sin precisar cuáles, y de «una discusión», quitándole importancia. Aunque también señala al PP y reconoce que hubo «razones políticas». Obviamente, no señala que se trataba de su guardaespaldas, no fueran a vincularles. Se lava las manos y toma distancia. Pero en otra parte de ese vídeo no se corta en hacer declaraciones conspirativas sobre el 11-M.

En todo caso, Del Burgo nunca se puso en contacto con nosotros para nada. Bueno, ni él ni nadie. Desde el comienzo fuimos tratados como víctimas de segunda clase. Sufrimos acoso e indiferencia de las instituciones. Luego, los asesinos de mi padre tuvieron todas las ventajas y beneficios posibles. Si alguien de ETA hubiera matado a Ángel Berrueta no me cabe duda de que aún estaría en prisión.

Impunidad, beneficios y agravio jurídico

Para empezar, resulta difícil explicarse por qué el fiscal jefe de Navarra, Javier Muñoz, calificó la muerte como el resultado de «una pelea entre vecinos». Es impresentable. O sea, tú, que, como fiscal, nos tienes que defender, a mí y a mi familia, ¿dices que todo ha sido una riña? Eso nos removió mucho. Porque, claro, mi madre se preguntaba: «Pero

cin@s de Donibane, Eguzki Bideoak, 2007)», YouTube, 3 de noviembre de 2018. Disponible en <https://www.youtube.com/watch?v=wEDeiluAOsc>.

¿cómo es posible? ¿Cómo puede decir esto un señor que, como fiscal jefe, en teoría, debiera ser apolítico? ¿Cómo puede decirlo?».

Nuestra madre publicó en 2005 una carta dirigida al fiscal: «Yo le repudio, señor Muñoz», donde le decía estas cosas:

> Le voy a dejar muy claro que usted no nos va a poner ni la etiqueta de conflictivos ni la de mentirosos. Cambie los roles, y si un policía hubiese sido asesinado por unas ideas políticas, ¿qué hubiera sido? ¿Terrorismo o riña? [...] Usted con sus declaraciones ha predispuesto al futuro jurado popular a ir con las dudas de qué es lo que habría pasado. Por eso, le repudio para que no entre en ningún tema relativo a mi marido.
>
> Al mismo tiempo, tenemos un juicio el día 21 contra Aseguradora Mutua Pamplona, correspondiente a un seguro de vida realizado por Panasa a nombre de Ángel y que desde el principio se han negado a pagárnoslo diciendo que había habido una discusión. Señor fiscal, se lo ha puesto en bandeja, y como aún no hay sentencia firme para los acusados, con lo que está por decidir si es asesinato o no... Bravo por su discreción.[90]

La postura del fiscal pesó en la imagen que se daba de nuestra familia y hasta afectó a nuestra situación econó-

90. Mari Carmen Mañas, «Yo le repudio, señor Muñoz», 17 de abril de 2005. Disponible en <https://elperiodistacanalla.net/2021/03/15/la-recompensa-del-fiscal-que-considero-el-asesinato-de-angel-berrueta-como-una-rina-de-vecinos/>.

mica. Y yo creo que influyó en el jurado popular, que tampoco nos pareció lo más adecuado para un juicio como este. Con todo, y a pesar de no estar preparados, los miembros del jurado reconocieron la motivación política del crimen. La sentencia dice expresamente que los tres actuaron «movidos por un sentimiento ideológico, contrario al que podían presumir tenía don Ángel Berrueta Legaz [...] y considerarle un etarra».

A la mujer le impusieron cinco años de cárcel como inductora. Entró en la cárcel, pero salió enseguida. Estuvo en prisión preventiva apenas cuatro meses. En diciembre de 2005, el fiscal Muñoz logró que la absolvieran, tanto del delito de asesinato como de haberlo «propuesto». Fue entonces cuando salió de la prisión de Logroño. Un año después, el Tribunal Supremo confirmó esa medida.

Eso fue solo el comienzo, Valeriano de la Peña y su hijo salieron de la cárcel sin que nadie nos avisase y sin una orden de alejamiento. El chaval salió en tercer grado en 2011 y obtuvo la libertad condicional en 2014. O sea que estaba en la calle apenas siete años después de haberle dado dos puñaladas a mi padre. Una de ellas, mortal de necesidad: le dio en el hígado y el pulmón. Le condenaron a quince años. Y, a su padre, a veinte, por perseguir al mío hasta la trastienda y dispararle cuatro tiros. Tres impactaron en su cuerpo y uno de ellos en la cabeza. Habiendo cumplido tres cuartas partes y por buen comportamiento, también debe de estar fuera.

Así que ahora estarán los dos libres. Y me los puedo encontrar cualquier día por la calle. No lo sé seguro, porque a nosotros nadie nos notifica nada. Nos vamos enterando de todo esto a medida que pasa el tiempo o porque nos lo dice algún abogado.

Por aquí no se les ve. A ninguno de los tres. Se les aplicaron los beneficios penitenciarios a pesar de que nunca mostraron arrepentimiento de ningún tipo. Esta es una exigencia imprescindible para el resto de condenados por asesinatos con el agravante de motivación política; por supuesto, a los de ETA. Si no se arrepienten, cumplen la condena íntegra.

Tampoco se mostraron arrepentidos durante el juicio, aunque el padre creo que pidió perdón. Pero su actitud era otra. Llevaba gafas de sol, cuando en un juicio no se puede. Igual que ella tenía puesto un gorro. Se lo permitieron. Aquello duró una semana. Yo llegué a levantarme y decir: «Pero ¿esto qué es? Si parece un circo». Y salí llorando. Es que... ellos... nada. Los tres allí, ya te digo que hablando entre sí. Algo que tampoco podían hacer. Y no pasaba nada. Les dejaban. Les dejaban y nada de nada. Ellos con la cabeza muy alta, ¿eh? Vamos, que arrepentimiento no se les veía por ninguna parte. Ni siquiera pena.

Ellos y muchos que les aúpan y justifican deben seguir pensando que mataron a un etarra. O a alguien que apoyaba a ETA o que militaba y votaba para apoyar el terrorismo. Para ellos todo es, todos somos lo mismo. Todos de la ETA. Pensarán que mataron a un terrorista que antes había matado a doscientas personas. Así que para ellos esto sería todo un logro, lo más.

La sentencia considera un hecho probado que, en la «discusión» entre mi padre y Pilar Rubio, «don Ángel Berrueta se (sic.) mantuvo el tono, mientras que María Pilar

Rubio Martínez le decía: "Tú eres un asesino, eres un etarra"». Y se reconoce textualmente que «actuó movida por un sentimiento ideológico contrario al que podía presumir tenía don Ángel Berrueta Legaz, entre otras cosas por su condición de socio y miembro fundador de la asociación Gurasoak Lanean y por considerarlo "etarra"». La sentencia dice justo lo mismo de su marido y del hijo. Añade que la «motivación» para asesinar a mi padre se vio «reforzada por el impacto que sufrieron los acusados con ocasión de los atentados del 11-M y creer que la autoría material era de la banda terrorista ETA».

También podemos leer en la sentencia que, después de que la mujer subiera a su casa, mi padre «llamó por el telefonillo del portero automático de la vivienda de aquella, pidiendo hablar con Valeriano de la Peña Miguel, no accediendo María Pilar Rubio, contestándole con insultos». Queda claro que mi padre no tenía nada de lo que avergonzarse ni que esconder. Queda claro que quiso explicar lo que había ocurrido y probablemente rebajar los ánimos. Queda claro que dio la cara y que le respondieron con más insultos.

Valeriano de la Peña quiso llevar a cabo acciones legales contra los abogados de la familia, de Gurasoak y de la acusación popular, además de contra mi hermano Aitor, que se presentó como acusación particular. Exigía que se reparasen los daños y perjuicios por haber pasado su mujer cuatro meses en prisión preventiva y otros motivos que no especificaba. Los abogados de oficio se negaron a llevar esas querellas. No veían que tuviesen justificación alguna. Entonces, en 2008 hizo un escrito que nos trasladaron nuestros abogados. Ahí llega a decir que «En Pamplona Impera (sic.) la Ley (sic.) del miedo y del terror y ser policía nacional, guardia civil o militar es peor que tener un cáncer, porque te enferma esta gente que no te puede ver».

En cierto modo ahí reconoce que está enfermo. Dice que la gente de aquí le hemos producido algo peor que un cáncer, que ya es decir. Acababa el escrito pidiendo más castigo para nosotros. No le debía parecer suficiente lo que nos habían hecho. Y gritaba, porque lo escribió con mayúsculas y exclamaciones, «ESPERO [sic] LES CAIGA TODO EL PESO DE LA LEY SOBRE QUIENES NOS ESTÁN ESTORSIONANDO [sic] Y TORTURANDO PORQUE ESTO PARA NOSOTROS ES ¡¡¡UNA TORTURA PSICOLÓGICA QUE YA NO AGUANTAMOS MÁS!!!».

Ni sombra de arrepentimiento y sí, en cambio, deseo de hacernos más daño. Ni tan siquiera asumieron la responsabilidad civil: no pagaron nada de las compensaciones que teníamos recibir. Se declararon insolventes y todo el dinero lo dio el Estado. Es decir, nosotros, yo misma que soy contribuyente. No me gusta hablar del dinero que recibimos.

Hay temas más importantes. Sobre todo, los beneficios penales y los favores jurídicos de los tres responsables de la muerte de nuestro padre. Valeriano de la Peña, supuestamente, seguiría cobrando su sueldo o la pensión de agente. La Dirección General de la Policía y la Guardia Civil no consideró lo que hizo causa suficiente para apartarle del cuerpo. En 2008 perdió la condición de funcionario de policía, porque la condena de inhabilitación absoluta se hizo firme. Por cuestiones burocráticas, vamos. Pero, a día de hoy, no puedo decirte si llegó a reintegrarse.

Apelamos al Constitucional, pero se negó a pronunciarse. Es decir que, entre aquel fiscal, el Tribunal Supremo y el Constitucional le regalaron casi la impunidad a Pilar Rubio. Y nos dejaron completamente desamparados, también en el terreno jurídico. Nos cerraron la posibilidad de acudir a los tribunales europeos. Aparte, mi madre estaba muy cansada. Ya no quería... Estaba muy mal entonces y no podía con más... Es la que más ha sufrido y aún sufre todo esto. Necesitaba descansar y guardar su luto para ella.

El funeral y otra víctima más

A los cuatro meses, veíamos a aquella mujer por la calle y en otros sitios. Nos la cruzábamos. Los padres de ella y la yaya, nuestra abuela materna, vivían en el mismo portal. Nos encontrábamos allí mismo. No me explico cómo ocurría porque ella sí tuvo, en principio, una orden de alejamiento. Yo, además, trabajaba en una frutería aquí cerca y recuerdo una vez que entró. ¿Y quién se escondía? Yo. Me metía dentro a llorar. Ni siquiera podía agarrarme a que la iba a tener lejos y no la iba a volver a ver. No tenía a qué agarrarme. Ni dónde meterme. Cuando la veíamos, no se cortaba un pelo. Si hubiese sido ella, me habría dado la vuelta. Y, cuando no estuviese, entraría en la frutería. Pero ella no... No tenía vergüenza o reparo.

No sé si en esa actitud influiría la desinformación sobre el atentado. Atribuírselo a ETA, como hizo el PP, supongo que encendió aquel odio. Y luego, el mantener la mentira tantos años, instaló ese odio ideológico en aquella familia. Son cosas que van juntas. Si desde el principio el Gobierno español hubiese investigado un poco más, si hubiesen esperado un poco... Pero, como tenían que ir a unas elecciones, les resultaba muy beneficioso decir que era ETA. Sin sus mentiras, igual ese odio no se habría desatado. Ese sentimiento, además, se transmite de padres a hijos. Si no, no se explica el comportamiento del chaval. Era más pequeño que nosotros, igual como nuestro hermano menor.

Me gustaría comentar lo que ocurrió después. Hay imágenes grabadas de la tensión que vivimos frente a la puerta de la panadería. Yo estaba trabajando cerca y me llamaron por teléfono. Me acercó mi jefe y, tras pasar el cordón policial, me metieron en la droguería. Era la tienda de al lado y no me dejaron salir. Allí estuvimos todos un buen tiempo. La encargada de la droguería vio lo que pasó, vio a mi padre... todo. Fue la que nos llamó a mi madre y a mí.

Llegamos a verle cuando lo sacaron. Estábamos en la puerta. No sabíamos nada, no nos decían nada. Ni si estaba vivo o muerto. Solo había una persona muy joven de la Cruz Roja, incapaz de atender una situación tan grave. Imagínate cómo estábamos. Y, mientras, la policía, encima de la gente que estaba allá reunida. Hubo una convocatoria espontánea para ir ahí a apoyar a la familia. Y la policía, encima, forcejeando, empujando... caldeando el ambiente. Al fin nos llevaron al hospital y fue allí cuando nos comunicaron que el *aita* había muerto... Dicen que murió allí. Eso dicen, pero no lo sabemos. No tenemos la certeza.

Si mi padre hubiese muerto en la tienda, habrían tenido que llamar a un forense judicial para levantar el cadáver. Pero ¿cuánto habría tardado? Mucho. Casi seguro. ¿Y qué habría pasado con la gente que había concentrada? Aquello se iba a poner aún peor. La situación solo podía empeorar. Así que lo trasladan al hospital y dicen que muere allí. No les interesaba que hubiera todas aquellas personas apoyándonos. Había que disolverlas. Creo que mi padre murió en la tienda. Pero la versión oficial es otra.

Al tanatorio, que está en el barrio, cerca de la tienda, también vino mucha, muchísima gente. Eran, sobre todo, vecinos. Y gente que no nos conocía pero que había pasado a apoyarnos, conmovida, afectada por lo que había ocurrido. Me acuerdo de una abuelita que vivía en lo viejo y que vino desde allí. Decía: «No os conozco de nada. Vengo a daros un abrazo». Tendría, no sé, ochenta años. Nunca la habíamos visto. Dijo: «Solo quiero daros apoyo, un abrazo. No sé quién era Ángel, pero estamos con vosotros».

En la calle eran multitud. Y, si no hubiera venido la policía a cargar, no habría pasado nada. La gente se concentraba en la acera de enfrente y en los alrededores. Estaba acompañándonos y no pasaba nada. Pero dispararon pelotas de goma que llegaron a entrar en el tanatorio. Ellos no entraron, pero hay fotos en las que se ve que disparan contra la puerta. No nos dejaron estar tranquilos ni allí. Aquella situación era imposible. Estabas pendiente de lo que pudiera pasar fuera. Porque podían pasar más cosas.

De hecho, en Hernani pasaron. Murió una persona, Kontxi Sanchiz, en una manifestación en apoyo de mi padre. La *Ertzaintza* cargó y no permitió que se le prestase atención médica. Los sanitarios no pudieron atenderla. Así que murió de un infarto. Luego se produjo un revuelo considerable en el Parlamento vasco con este asunto. A mí me avisaron el mismo día 14. Y pedí que, por favor, no se lo contaran a mi madre en aquellos momentos. «Ya se lo diremos. Ahora no está como para comunicarle que ha muerto otra persona». No teníamos ninguna relación con ella. Luego ya sí. Porque los aniversarios que le hemos hecho aquí a Ángel Berrueta también se le hacen a Kontxi. Se les hacen a los dos.

Acoso y ensañamiento

Hablaba antes de un crimen de odio. Pero también está claro que participaron representantes políticos y funcionarios del Estado en una escala mayor. Esto ocurre desde el mismo 11 de marzo, cuando el presidente del Gobierno español comunicó algo tan falso y tan duro. Cuando matan a tantísimas personas, ¿puedes hacer un comunicado oficial diciendo que ha sido un grupo terrorista cuando fue otro? Ahí ya estás manipulando a la gente, a personas de a pie que no entienden lo que pasa pero que se mueven por sus ideas. O, simplemente, por lo que dice un presidente después de un atentado de esa magnitud. Aznar lanzó una especie de mentira de Estado.

A aquella desinformación hay que sumar las amenazas y las agresiones, el acoso policial que hemos venido sufriendo. Sobre todo fue duro en los primeros años. El mismo día que enterramos a mi padre nos llamaron por teléfono por la noche. Le dijeron a mi madre: «Soy un policía nacional y te voy a matar a ti y a tus hijos». Textual. Denunciamos aquella y el resto de las amenazas. Todas han sido sobreseídas. Nunca las han investigado. Pero las tenemos todas documentadas.

Han hecho de todo. Llamar y colgar. Telefonear a las dos de la madrugada desde una cabina al lado de la Diputación. Tuvimos el teléfono pinchado. Nos rajaron los neumáticos de la furgoneta de reparto de mi padre y las del coche de mi hermano Aitor. Rompieron los cristales de la tienda. Recibíamos insultos telefónicos continuamente. Un aniversario, encontramos una tumba pintada en la puerta de casa. Ponía RIP y la fecha del día siguiente. Esto continuó. No solo el primer mes, sino durante años. Me montaba en el coche y, antes de arrancar, miraba debajo a ver si me habían puesto algo. Cuando iba sola por la calle, sentía miedo. Y, cada vez que te paraban... A mi hermano, en un control, la policía le preguntó. «Hombre, tú eres el hijo de Ángel Berrueta, ¿qué tal estáis en casa?».

Encima de lo que te han hecho, luego no te dejan vivir tranquila. Bastante teníamos con que mi madre estuviera en tratamiento. Pero te cuento otra prueba de que somos víctimas de segunda... o de tercera. En vez de mandar a la *ama* al ambulatorio que le correspondía, uno de Psiquiatría cerca de casa, la mandaron a Burlada, que está a varios kilómetros. La razón era que la mujer que incitó el asesinato del *aita* iba al ambulatorio de aquí. Entonces, para no coincidir con ella, la *ama* tenía que coger un autobús o la llevábamos en coche. No es normal.

En mi caso, fui al psicólogo hace tres años. Igual fueron cuatro, que con el Covid se nos ha ido un poco el tiempo. Hará cuatro años o así. Porque ya no podía. No podía más. Y es que aún lo tienes ahí. Lo masticas, pero no lo digieres. Es imposible. No te dejan hacer duelo. Y es que, la verdad, no sé si se puede en estas condiciones. Mi madre estaba muy mal y los hijos teníamos que estar con ella. La prioridad era ella.

Y ahora, pues bueno. Pienso que hay que intentar vivir de la mejor manera. Una vez, que estábamos las dos juntas en casa, le dije a mi madre que no pensaba salir. Y los amigos: «Aitziber, sal. Venga, vente». Entonces me soltó, palabras textuales, y eso que no decía palabrotas: «Aitziber, nos han jodido la vida. No te la jodas tú».

Me producía mucho dolor saber que ella tampoco había salido aquel día. Tiene unas amigas con una casa cerquita de aquí, a la que íbamos con el *aita* todos los sábados. Si mis hermanos o yo podíamos llevarla, lo hacíamos. Después de lo que pasó, si lográbamos que hiciese algo, que saliese de casa, nos quedábamos más tranquilos. A mí lo de cerrar la puerta y dejarla dentro sola, es que no podía. Me creaba mucha ansiedad.

Creemos que ahora está mejor. Mejor dicho, hacemos como que no pasa nada. Eso es lo que intentamos cuando estamos juntos. Ya está, ¿no? Hoy, por ejemplo, iba a venir con la *ama*. El otro día me preguntó: «¿Quieres que te acompañe?». Pero ella no quería. Se emociona. No quiere volver sobre todo aquello. Lo pasa mal. Y luego le cuesta un montón recuperarse. Al principio hicimos un montón de entrevistas, mil cosas, pero no le permitían recuperarse. Lo hago yo y ya está.

Cada uno cumple el papel que puede. Siendo la segunda, he asumido estas tareas. Nos las hemos repartido. Yo era la chica de mi padre, lo reconozco. Y cada uno somos de una manera, se supone que yo soy más fuerte. A la fuerza, claro. Aitor, por ejemplo, se comió el tener que limpiar toda la tienda de la sangre del *aita*. De hacer entrevistas no quiere saber nada. Dio alguna, pero luego ya no. Imanol se siente incapaz. Y el tercer hermano, Enekoiz, se niega. No quiere porque le remueve demasiado. En realidad nos mueve a todos por dentro. Yo sé que lo voy a pasar mal después de esto. Pero lo hago porque creo que no se tiene que olvidar. Haciendo estas cosas, hablando de él, evitamos que se le olvide. Para que Ángel sea parte de nuestra memoria, para recordarle, hay que contarlo.

Indiferencia institucional y lazos de solidaridad

El Ayuntamiento no reconoció la motivación política del asesinato de mi padre hasta 2021. Me parece que era la cuarta vez que lo solicitábamos. La moción la presentaba Bildu y siempre salía que no. El PSN y UPN se negaban. Increíble, porque hablamos de hacer un gesto de humanidad. Exigimos que lo tengan con nuestro padre. Nosotras no entramos en ese juego político. Para empezar, no lo entendemos.

No es comprensible, por ejemplo, la oposición de María Caballero, concejala de UPN, cuyo padre mató ETA en 1998. No entendemos que se negara a ponerle una placa al nuestro. Nosotros solo pedíamos, pedimos, un reconocimiento de lo que ocurrió. Y poner una placa enfrente de la tienda. No se pedía más: un recuerdo, un signo de memoria, una placa con su nombre. Mi padre sigue sin ella. Se la colocamos dos veces y las dos nos la quitaron. La primera vez fue la policía municipal; la segunda, porque hubo follón en la comunidad de vecinos.

El reconocimiento del asesinato de Ángel Berrueta quedó ahí, en una declaración oficial. Meras palabras. Se acabó. Ni un gesto más, ni una marca de memoria. No se ha traducido en nada. Nadie salió de las instituciones a guardar un minuto de silencio por nuestro padre cuando lo mataron. Él cerró la tienda en solidaridad con las víctimas del 11-M; nadie cerró su establecimiento por él.

El rechazo municipal se repitió tres veces. Hasta que salió adelante en la cuarta moción. Año tras año que fuimos allí a presentarla. Y gente como esa señora, María Caballero, a la que también le mataron al padre... Dan ganas de decirle: «Que no pretendo ser amiga tuya. Pero sé lo que has pasado. Y si pasaste lo que mi familia y yo, lo has pasado fatal, horrible».

No me lo puedo creer. Me cuesta entenderlo. Pienso para mis adentros: «Mujer, si han matado a tu padre, chica, por mucha ideología que tengas, aunque las ideas políticas no sean las mismas... ¿No puedes pensar que estamos sufriendo lo mismo que vosotros hace años? Que tu padre tiene una plaza con su nombre y nosotros apenas pedimos una placa. No una calle, una placa. Una placa». Todo esto que pienso y digo no me impide reconocer y agradecer el gesto que María Caballero tuvo con mi madre. Cuando se reconocieron las motivaciones políticas del asesinato de mi padre, se acercó y le dio la enhorabuena.

No puedo perdonar a quien mató a mi padre, ni reconciliarme con sus asesinos. Pero es que, además, nunca estuvimos ni en conflicto con la familia que tanto daño nos hizo ni de parte de ETA. Las dos violencias, la terrorista y la del Estado, acaban cuando ambas partes quieren. No llevan a ningún sitio. ETA dio la suya por acabada hace mucho. Recuerdo cómo nuestra madre, en el cementerio después de enterrar al *aita,* le pidió a una representante de Sortu que no hubiera «ni uno más, ni un muerto más de ETA».

Desde hace poco, nos reunimos con los familiares que reivindican la memoria de las víctimas de la violencia policial aquí, en Pamplona. La razón ha sido la Ley de Memoria Histórica y de Víctimas; en concreto, las de la policía. Pero no puedo decir que milite en nada, en ese o cualquier otro movimiento. Cuando murió mi padre creo que tenía veintiocho años y no conocía a nadie metido en estos temas. A lo mejor otros se conocían entre sí por haber militado. Nosotras, mi madre y yo, estábamos fuera de todo eso, por completo.

Ahora apenas tenemos un grupo de WhatsApp para juntarnos cuando hay alguna cosa que hacer, algún acto público o alguna reunión a la que tenemos que asistir, como con el Defensor del Pueblo... Incluso entonces, aunque vayamos en grupo, cada uno habla por sí mismo y presenta su iniciativa.

La historia hay que contarla para que no se olvide. La verdad se tiene que saber, porque la gente la desconoce o no quiere saberla. La verdad está escrita y documentada. Ahora, una vez más, agradezco esta oportunidad. He hablado en un montón de sitios y no lo hago más porque no tengo capacidad o me faltan fuerzas. O porque no quiero; por ejemplo, en foros o en redes, que no me gustan. Después de todo lo dicho, si aún no sabes lo que pasó es porque no te interesa, ¿cierto? No te interesa el tema o sacar consecuencias de ello. Porque reclamamos justicia. A mi padre no se le hizo un juicio justo. Y otras muchas víctimas ni siquiera tuvieron juicio, por ser quienes eran y venir de donde venían.

Al final, más allá de todo esto, me quedo con el tejido humano, los lazos de solidaridad y cariño que hemos sabido mantener. Ante todo, en la familia, pero con otra mucha gente. No conservo nada de lo que escribí en los aniversarios de mi padre o para los actos que hicimos por él. *Ama* dice: «Guárdame esas cosas», pero yo las tiro. Ya lo escribí. Lo hice, lo dije y ya está.

Pero en 2022, después de la pandemia, en el dieciocho aniversario, escribí: «Es la verdad, la que germina siempre y crece, obstinada y persistente, como un roble, diminuto en su niñez y arraigado e imponente cuando se vuelve adulto. Porque somos nosotros, la gente, los que tenemos la primera y la última oportunidad de palabra. Y no el sistema. [...] Pueden intentar ocultar a Ángel, a Kontxi. Pueden intentar tapar las vergüenzas de las guerras, pero somos las personas las que vivimos y las que experimentamos y comunicamos las verdades. Aquel 13 de marzo nos tumbaron, pero no pudieron ocultarlo ni impedir que volvamos a levantarnos, porque somos gente. Gente de cuadrilla, de barrio, gente empática y asertiva. Y resulta que así ganamos. Siendo lo que somos, y haciendo lo que hacemos. Hoy, aunque llueva, hay que salir y juntarnos, y hablar, y estar, y comer, y beber y llorar, y reír».

Víctimas de la mentira

La cultura de la Transición había normalizado no rendir cuentas sobre asuntos como la política antiterrorista. Así ocurrió el 11-M y quienes gobernaban eludieron sus responsabilidades desplegando una guerra cultural. Presentaron a los afectados por el yihadismo como caídos por España a manos de ETA. Esto evitó la debacle del PP pero acabó asentándose como estrategia electoral. La instrumentalización de las víctimas se libró en varios frentes.

Los conspiranoicos usaron a las víctimas como arietes contra el Gobierno. Anegaron el Parlamento y los tribunales con infundios, ahogando casi el Estado de derecho. Y, en el plano personal, la guerra cultural y electoral provocó delitos de odio como los perpetrados contra la familia Paz Manjón o Rodolfo Ruiz. O el crimen que acabó con la vida de Ángel Berrueta.

La falta de empatía con las víctimas no oficiales marca, en gran medida, nuestra incultura democrática. Es el precio de una Transición pactada; acorde con una historia en la que los vencedores atribuyen la violencia al bando perdedor. Es una lógica presente desde las guerras de religión hasta la contienda civil. Y se vincula directamente a la identidad del autor del SMS que convocó las movilizaciones del 13 de marzo. Esto demuestra que, tras el 11-M, no solo se disputaban unas elecciones. Estaba en juego la memoria democrática; por tanto, la democracia.

Mentiras, silencios e irresponsabilidad

En una democracia asentada, quienes mintieron tras esta masacre habrían salido de la vida pública por una puerta giratoria. Eso, como poco. Nadie les mencionaría ni se les acercaría. Apestados, no aparecerían más en los medios. Ni como periodistas ni como fuentes de autoridad. Una cobertura informativa honesta, sujeta a un protocolo profesional mínimo (no mentir a sabiendas o por miedo), habría supuesto una enmienda a la totalidad. Los conspiranoicos sufrirían el descrédito personal y un considerable golpe profesional y económico. Para evitarlo, se mantienen en sus mentiras. No porque fuesen responsables de casi doscientos muertos. Ni un entrevistado lo insinúa. Esa es una acusación inadmisible contra el presidente José María Aznar y sus ministros.

Transcurridos dos años del 11-M, escribí: «Las víctimas más odiosas para el PP y sus corifeos mediáticos son los afectados del 11-M».[91] No por ser resultado directo de las

91. Víctor Sampedro, «Impunidad y desvergüenza», *Sin permiso*, 11 de junio de 2006. Disponible en <https://www.sinpermiso.info/textos/impunidad-y-desvergenza>.

decisiones del PP. Imputación que exculpa a Al Qaeda y es propia de un ventajista ignorante o maledicente. Sino por constituir «la insoslayable evidencia de un vergonzoso electoralismo».

Nadie considera a quienes mintieron en 2004 *autores intelectuales* del 11-M. Es un término inventado para exculparse, para acusar a una ficción de los errores propios. No existe como figura jurídica, porque en democracia la mente no delinque. Los pecados de pensamiento y conciencia son cosas de inquisidores. Y un intelectual nunca es un terrorista hasta que se demuestre con evidencias. Quien sostenga lo contrario practica el discurso de odio más odioso. Disimula su prepotencia presentándose como víctima de una quimera que justifica desatar una guerra o atarse un cinturón de explosivos. Masacrará a los más vulnerables. Y los intelectuales a sueldo lo justificarán (y hasta celebrarán) con más mentiras.

Los embusteros del 11-M no son autores intelectuales del quebranto infligido a los afectados. La expresión arroja sospechas nunca concretadas y justifica una caza de brujas indiscriminada. WikiLeaks publicó que, a los ocho meses de los atentados en Madrid, el Congreso de EE.UU. contaba con un informe que descartaba a ETA. Sin embargo, en 2007 Aznar reiteró ante el Congreso, que el «autor intelectual» del 11-M no residía «ni en desiertos remotos ni en montañas lejanas». Ya lo había dicho en 2005.[92] La insidia sirvió (aún sirve) de escudo conspiranoico. Los diputados

92. Redacción, «"Los que idearon el 11-m no están ni en desiertos remotos ni en montañas lejanas"», *elpais.com,* 7 de noviembre

españoles se enzarzaron durante años sobre un asunto que los congresistas norteamericanos sabían zanjado.

El cúmulo y la gravedad de estos despropósitos impide reconocer el coste del delirio que supuso la ocupación de Irak y lo que vino después. España abanderó la guerra «global y permanente» contra el terrorismo de EE.UU. Justo un año después, las bombas lanzadas sobre Bagdad estallaban en Madrid. Eso coreaban las multitudes que luego generaron los desobedientes civiles del 13-M. Esta movilización, siendo ilegal, resultaba legítima. La práctica totalidad de los testimonios aquí recogidos niegan que fuese una artimaña desleal del PSOE. Más adelante lo ratificaré con nombres y apellidos. El significado del 13-M, en todo caso, rebasa la política española.

Hace dos décadas la mentira ya se manifestaba como *un virus totalitario*. Al hilo de Irak y el 11-M, un filósofo italiano señalaba que «con Bush, con Aznar (y, por supuesto, con Berlusconi) no tenemos que vérnosla con partidos de derecha, en el sentido tradicional del término, sino con fuerzas extrademocráticas (si no se quiere admitir, por cautela diplomática, que son más exactamente fuerzas antidemocráticas)».[93]

Según Paolo Flores d'Arcais, los mandatarios mencionados «defienden con orgullo y arrogancia su *derecho* a manipular y abolir los hechos. [...] Inoculan de forma masiva un virus totalitario en las democracias liberales. Destruyen

---

de 2007. Disponible en <https://elpais.com/elpais/2007/11/07/actualidad/1194427019_850215.html>.

93. Paolo Flores d'Arcais, «La mentira como virus totalitario», *El País,* 10 de diciembre de 2004.

la base común (la realidad de los hechos) sobre la que dividirse según las diferentes opiniones. Es decir, destruyen los cimientos (como valor irrenunciable) de una convivencia civil». En la práctica, esto se traduce en liderazgos que fabrican una realidad alternativa, conveniente a sus intereses. Les permite alcanzarlos de modo encubierto, sin reconocerlos, sin justificarlos ni justificarse.

El texto de Paolo Flores contrasta con el de Fernando Savater, titulado «Autopsia»,[94] y publicado también en *El País* el día después de los atentados. Savater ratificaba la autoría etarra: «Veo la masacre por fin cumplida, la masacre que se venía buscando desde Navidades [...]: ahora ya no quedan dudas». Interpelaba a quien criticase al Gobierno: «¿Quién habrá sido el primero en decir que la culpa de la matanza de Madrid la tiene la falta de "cintura política" de Aznar?». Y demonizaba a quienes discreparan de su visión nacional: «El país más descentralizado de Europa es el más amenazado por la fragmentación nacionalista, que en todas partes está considerada una abominación reaccionaria salvo aquí, en donde es de izquierdas y constituye una alternativa de progreso». Savater no solo culpaba a ETA. Desautorizaba a los discrepantes, negándoles atención con ironía: «Escuchemos a nuestros intelectuales y artistas para quienes lo verdaderamente intolerable es la política del PP». En suma, imponía silencio al disidente.

Dos días después y también desde *El País*, Manuel Rivas criticó este discurso: «El dolor se comparte. No es un

94. Fernando Savater, «Autopsia», *El País,* 12 de marzo de 2004. Disponible en <https://elpais.com/diario/2004/03/12/opinion/1079046004_850215.html>.

territorio de competencia. Competir por el dolor, apropiárselo, utilizarlo para producir un exceso de sospecha o desacreditar a conciudadanos diferentes en el pensar es una manera de negar la esencia del dolor. Los sanitarios, los bomberos, los ferroviarios, los policías, los miembros de protección civil, toda la población solidaria... Nadie de ellos ha perdido su precioso tiempo en arrojar trozos de dolor contra otros. Nadie se ha dedicado a llenar una saca de reproches para luego repartirlos a discreción. A nadie se le ocurrió medir la intensidad del dolor en función del asentimiento o no a la política gubernamental a lo largo de estos años».[95]

La polarización obedecía a una estrategia. Sánchez Manzano y Rodolfo Ruiz denuncian que se culpabilizó al nuevo Gobierno. Con el resto de testimonios, dejan claro que se impuso el electoralismo. Importó *el después* del 11-M y *no el antes*. Las acusaciones sobre la manipulación de evidencias tenían un primer objetivo incontestable: esquivar el análisis de las causas, de la política antiterrorista aplicada hasta entonces. Queda claro que el PSOE y los medios afines no realizaron esa tarea. Pero tampoco defendieron a la policía que cumplió con su deber. El maltrato a Rodolfo Ruiz y el desamparo que compartió durante demasiados años con Manzano no dejan dudas.

La postura del PSOE no implica, en absoluto, una trama conspirativa con los terroristas. Más bien sugiere cierta connivencia con el PP y sus adláteres periodísticos. Las ra-

95. Manuel Rivas, «Peces que incuban palabras en Madrid», *El País,* 14 de marzo de 2001. Disponible en <https://elpais.com/diario/2004/03/14/opinion/1079218813_850215.html>.

zones pueden resultar tan palmarias como imperiosas en su momento. La mejor manera de rebatir un bulo es identificar los intereses materiales de sus voceros. En primer lugar, encontramos la extrema precariedad de las medidas antiyihadistas. Sin duda, comprometía a altos cargos nombrados tanto por el PP como el PSOE. En segundo lugar, quizás no resultase deseable, siquiera posible, un enfrentamiento frontal con el bando conspiranoico.

A la hora de evitarlo pudieron pesar dos motivos. El primero, las estrechas conexiones de los pseudoperiodistas con altas instituciones del Estado. Su poder recomendaba mantener las relaciones cordiales y de colaboración que se han detallado. El segundo motivo, que apunta Sánchez Manzano: cuanto más extremase el PP su discurso, menos opciones tendría de recuperar el poder.

El Ministerio del Interior de Pérez Rubalcaba no emitió comunicados en favor de Manzano ni de Ruiz. Ni pagó sus querellas contra Losantos y otros pseudoperiodistas. Al contrario, al primero le propusieron asumir haberse equivocado en la identificación de los explosivos. Y al segundo le negaron una merecida medalla. Habría supuesto el refrendo a su labor que nunca llegó. Y un gesto de humanidad que aliviase la tragedia que se cernió sobre su familia.

Sánchez Manzano cita a Iñaki Gabilondo. Tras realizarle a Zapatero una entrevista sobre el 11-M, declaró que: «el presidente de Gobierno, admitió, sin saber que los micrófonos recogían sus palabras [...] "nos conviene que haya tensión"».[96] En suma, el terrorismo no generaba con-

96. Juan Jesús Sánchez Manzano, *op. cit.*

senso para combatirlo. Provocaba extremismo discursivo y sectarismo partidario. Ambos partidos los modulaban para obtener réditos electorales. Y así eludir responsabilidades.

La policía (nombrada por el PSOE o el PP) ni siquiera controlaba los explosivos que se usaron. No vigilaron a la mafia de la droga que entregó la dinamita a los asesinos. Los cartuchos venían de minas asturianas mal custodiadas. Se intercambiaban por hachís. Y fueron a parar a colaboradores y confidentes que resultaron ser agentes dobles. No les entendían cuando hablaban en árabe porque faltaban traductores. Además, los cuerpos de Seguridad, Información e Inteligencia no se coordinaban entre sí. Esta fue una de las carencias que, trece años después, facilitaron el atentado de Las Ramblas.[97]

¿A quién, para qué sirven unos políticos y periodistas que no se interesaban por evitar futuras masacres? Los embustes sobre el 11-M se sumaban a los usados para invadir Irak en marzo de 2003. Aplicaban la misma retórica bélica. Habiendo demonizado al enemigo externo, Sadam Huseín, el atentado tenía que imputarse a ETA, que aquí era el enemigo interno por excelencia.

Justo un año después de iniciarse el bombardeo de Bagdad, el PP pretendía ganar las elecciones ante una población declaradamente antibelicista. El yihadismo planeaba aten-

97. Víctor Sampedro Blanco, «Los ataques a "Público" son una cortina de humo para ocultar los fallos del CNI», *Contexto,* 21 de agosto de 2019. Disponible en <https://ctxt.es/es/20190821/Politica/27904/entrevista-carlos-enrique-bayo-Publico-atentados-iman-Ripoll-CNI.htm>.

tar en España desde antes, pero la guerra aceleró la decisión. Y la ficción de un atentado etarra eximía al Gobierno. Por eso generaron tanta pseudoinformación: para ocultar las víctimas de la «guerra antiterrorista eterna». En el frente y en la retaguardia.

Los infundios sobre las interferencias políticas de ETA acabarían sirviendo de armas de destrucción masiva del debate público. Arrasan frente a cualquier otro asunto, bloqueando la rendición de cuentas. Aún no conocemos a los responsables de no haber dispuesto los efectivos necesarios para prevenir una amenaza yihadista, entonces incrementada. Nadie se responsabilizó de haber desatendido los avisos y las alarmas de los servicios de inteligencia. Ni de menospreciar los atentados precedentes de Bagdad y Casablanca; o las amenazas de Al Qaeda, cada vez más peligrosas. Repasen el testimonio de Sánchez Manzano.

El PP y el PSOE han pasado dos décadas entonando una cantinela fúnebre parecida. Posturean sobre las tumbas. En lugar de rendirles el homenaje debido, tratan a las víctimas como un botín. Las desentierran en cada aniversario para practicarles una autopsia perpetua, reiterada hasta la saciedad. La autopsia de la que escribía Savater. Para disputarse el dolor, como señalaba Rivas. Un dolor que, ¿hace falta recordárselo?, les es ajeno. Y que los conspiranoicos irredentos laceran buscando *la verdad* que se niegan a reconocer. «Tenéis suerte. Sobre los muertos no cae la vergüenza», escribió Mayakovski.

Quienes han gobernado tuvieron tiempo para despejar unas dudas insostenibles desde el arranque. En vez de ello, las repiten y, por tanto, las avalan. O callan y, por tanto, consienten. Y quien consiente, miente. Colabora en que los bulos se extiendan. Si lo hace a sabiendas y cobrando, no es un periodista, sino un mercenario de la pseudoinformación. Tampoco un político, sino un mercader mendaz de votos.

Al final resulta que no había ninguna pifia que purgar. Nada que mejorar en la política antiterrorista ni en cómo comunicarla. El silencio de las Asociaciones de la Prensa resulta clamoroso como avalista de los escribas a sueldo. Y los galardones que recibieron, vejatorios con los afectados. Además de vergonzantes para quienes los concedieron. Los periodistas y policías entrevistados nos hablan de un pacto implícito del bipartidismo para ocultar errores, fuesen de uno o varios partidos. Tanto da, porque de eso se trata: de que nadie los asuma.

Habrán constatado que este no es un libro de periodismo de investigación ni quien escribe un reportero. Pero lo aquí expuesto reclama que se desentrañe la trama beneficiada con las teorías conspiranoicas. Todos los testimonios señalan la cooperación falaz y fraudulenta entre periodistas-empresarios de la comunicación, administraciones públicas, mandos y sindicatos policiales, asociaciones de víctimas oficialistas y determinados jueces. Esas relaciones permanecen activas.

A la altura de 2021 y en un programa de televisión supuestamente crítico,[98] José María Aznar todavía achacaba la desinformación del 11-M a periodistas próximos al PSOE. También negó las memorias, aquí citadas, de exministros

98. «Lo de Évole: José María Aznar», *La Sexta,* 28 de febrero de 2021.

y cargos políticos, algunos del PP, que reconocieron haber hecho cálculos electorales: «Nunca pensamos en ganar o perder las elecciones, eso lo pensaron otros», dijo Aznar echando balones fuera y metiéndole un gol al supuesto entrevistador.

También entonces, Aznar reiteró el mantra de los *actores intelectuales* del 11-M: «Los que lo hicieron tuvieron una información muy detallada de gente que conocía muy bien el terreno y lo que pasaba en España». Un año después, en 2022, el expresidente repetiría estas declaraciones, en un documental de una productora ligada a *El Mundo*.[99]

El 11-M desató una de las campañas de *fake news* más longeva. No tiene parangón. Ni siquiera Trump cuestionó la nacionalidad norteamericana de Obama durante más de siete años. Tanta insidia reviste extrema gravedad. Más penoso aún resulta que la alienten políticos con capacidad de gobernar. Actúan en comandita o con el beneplácito de medios con gran alcance y supuesto prestigio. Y esta es, sin duda, una peculiaridad patria.

¿Se imaginan a los *tories,* la BBC y *The Daily Telegraph* atribuyendo al IRA el atentado yihadista de 2005 en Londres? ¿Lo mantendrían aún hoy? ¿Creen que François Hollande, la radiotelevisión pública francesa y *Liberation* se atreverían a endilgar la carnicería de Bataclan al terrorismo corso? ¿Podrían sostenerlo desde 2015? ¿Lo permitiría

99. Carlos Agulló, *El desafío: 11M,* en Amazon Prime Video, 2022.

la oposición? Algo peor ocurrió aquí, y algo tendrá que ver con nuestra historia.

Transición, comunicación política y antipolítica

El sistema político e informativo se demostró incapaz de procesar aquel atentado. Ni siquiera emitió con claridad una verdad fáctica: quién había atentado. Esta información era vital (podía salvar vidas) y clave para votar. En vez de un cauto silencio, se lanzó un relato ficticio que contradecía todas las evidencias y a toda la prensa extranjera. Carecía de sustento y de una mínima lógica argumental.

La incapacidad del periodismo español para hacer que las élites rindan cuentas, según sus cuotas de poder, resulta manifiesta. También se aplica a los medios públicos y los considerados *progresistas*. La Transición facilitó el olvido de las cuentas pendientes. Permitió pactar una reforma política exitosa, pero supervisada por quienes controlaban el anterior régimen.

Los profesionales de la política y el periodismo colaboraron para implantar la democracia, único escenario en el que podían ejercer. Aparte de idealistas, fueron pragmáticos: se necesitaban. Y se intercambiaron favores. Martínez Soler ilustra las represalias por desafiar a los poderes fácticos: los que mandaban de hecho, más allá de la dictadura y de las urnas.

Zarzalejos y Lafuente denuncian la complicidad corrupta de los medios conspiranoicos con las administraciones que les financiaron. Y el resto de entrevistados aluden a fondos irregulares, pactos de silencio y mordazas. Al mantenerse demasiado tiempo, los bozales que antes servían resultaron sofocantes. El 11-M casi ahogaron la verdad antes de votar.

La Transición instaló un periodismo *contemplativo* y *declarativo*. Atendía a las escenificaciones de las élites. Reproducía comunicados oficiales como si fuesen noticias y *destapaba* escándalos con dosieres filtrados. Por tanto, carecía de un protocolo profesional que asumieran los periodistas dignos de ese nombre. En temas como el terrorismo no resultaba fácil distinguir las redacciones de los gabinetes de prensa de Interior, cuando no de *las cloacas*. En lugar de drenarlas, los conspiranoicos chapotearon en ellas. Blindaron así al llamado «estado profundo»: opaco e impune. Ahí se enlodan aún los pseudoperiodistas más insidiosos, que se dicen conservadores. Pero la crítica también se aplica los profesionales autoproclamados progresistas.[100]

El viejo sistema comunicativo, que aún pervive, implosionó el 11-M. En esas ruinas se asienta, en gran medida, el desprestigio (y, por tanto, la crisis) de los medios y los partidos. El 13 de marzo de 2004, la ciudadanía ensayaba la tecnopolítica del «Pásalo». Experimentó con blogs y portales de contrainformación, listas de correo y mensajes de móviles. Pero en dos décadas pasamos de la innovación a la regresión antipolítica. En la actualidad, la ultraderecha

100. Víctor Sampedro, «La CPT: Cultura Periodística de la Transición», *Contexto,* 4 de agosto de 2022. Disponible en <https://ctxt.es/es/20220801/Firmas/40469/victor-sampedro-politica-debate-estado-de-la-nacion-medios-cloacas-ferrerasgate-periodismo.htm>.

ha cooptado los recursos digitales. El balance resulta, sin embargo, ambivalente.

Los tres periodistas entrevistados renovaron la prensa escrita. *20 Minutos* anticipaba la información digital gratuita, costeada con publicidad. Pero aplicaba un filtro periodístico riguroso. Sus dueños extranjeros demostraron una independencia sin parangón. Por otra parte, los medios que renovarían la prensa de centroderecha (*El Confidencial*) y centroizquierda (*eldiario.es*) acogieron, respectivamente, a Zarzalejos y Lafuente.

Pagaron cara su profesionalidad, pero cobraron el capital periodístico más importante: credibilidad. Tras ser cesado de *elmundo.es,* Sindo convirtió a *El País* digital en líder como antes había hecho con *El Mundo*. Y *20 Minutos* sería el único diario con una tirada millonaria. Si la conspiración renta ganancias vergonzantes, combatirla confiere crédito profesional y un salario limpio. No conlleva la inmolación. Hace real el lema de los jefes de Martínez Soler: «*Have fun, make money and do it with integrity*».

A nivel de calle y en 2004, la ciudadanía *digital,* entonces en ciernes, se movilizó en la primera multitud *online* de nuestra historia: el 13-M. El tejido social se autoconvocó con ordenadores y teléfonos móviles. Denunció la manipulación y reclamó la verdad antes de votar. Repito lo que académicamente sostuvimos en el libro de 2005.[101] El 13-M y *20 Minutos* confieren legitimidad a los resultados de las elecciones generales de 2004. Los conspiranoicos sostienen, precisamente, lo contrario. Pero sin activistas sociales y perio-

101. Víctor Sampedro Blanco, *op. cit.*

distas indomables, la victoria de Rodríguez Zapatero habría sido ilegítima. Porque, hasta que ellos hablaron, quienes decían la verdad sobre los atentados eran los terroristas: ETA desmintió dos veces su participación y la yihad la reclamó otras tantas.

El sentido del voto en una democracia no puede basarse en *información* proporcionada por terroristas y fundamentalistas. Porque son portavoces de verdades únicas; es decir, totalitarias. Era, pues, necesario que el electorado se salvase a sí mismo. Interpeló a las autoridades en la manifestación del día 12. Y desobedeció la prohibición de concentrarse al día siguiente. Esto no contradice las críticas que haré más adelante a la convocatoria del «Pásalo».

Frente a los avances del periodismo y la ciudadanía, después del 11-M arraigó la *incomunicación antipolítica.* Hemos visto medios que encubrían con sensacionalismo amarillista su verdadero rol de prensa de partido. Dejaron como legado un pseudoperiodismo mentiroso. Ejerce de propagandista encubierto, al servicio del mejor postor. Recoge la herencia de *El Mundo*, que boicoteó al *ABC*, desplazándole como el segundo diario más leído. Y la de la COPE, que relegó a Onda Cero como la segunda cadena de radio más oída. Quienes capitanearon aquellas operaciones practicaban el trumpismo que arraigó en la escena actual. Pero ya se mostraba pujante entonces.

Los ciudadanos más conspiranoicos impugnaron las elecciones, manipulados por los Peones Negros. Eran los troles del 11-M, una suerte de *Tea Party* macabro y desquiciado. Fueron las primeras comunidades negacionistas *online*. Se anticiparon a las que apoyan a los autoritarismos digitales.

Resultan equiparables a las hordas de QAnon: los trumpistas que asaltaron el Capitolio. Buscando *la verdad,* convirtieron en una aventura lúdica *investigar* el 11-M, como si participasen en un juego *online.* Alguno de aquellos «frikis» llegaría a diputado y tertuliano.

La conspiración supuso una regresión del discurso público. El día de las votaciones, *El Mundo* infringió la ley electoral publicando una entrevista al candidato Mariano Rajoy. Este declaraba su «convicción moral» de la autoría etarra.[102] Entonces, ¿la moral establece lo que es real? ¿Un partido es una comunidad de fe? ¿En qué se diferencia, entonces, de una célula integrista?

En el diez aniversario del 11-M escribí que los pseudoperiodistas supusieron «un retroceso civilizatorio, sin precedentes».[103] Decía que negaban dos principios científicos de la Modernidad. «Primero está la navaja de Guillermo de Ockham (siglo XIV). Sostenía este monje franciscano (sí, el protagonista de *El nombre de la rosa*) que la hipótesis con menos suposiciones es probablemente la más correcta. ¿Cuántas tramas, cuántos actores y motivaciones, manejan los conspiranoicos? Y después vino la falsabilidad de K. Popper (1934) que dice que las hipótesis (afirmaciones que deben contrastarse) no son verdaderas ni falsas, sino falsables. Se aceptan

102. Agencia EFE, «Mariano Rajoy: "Tengo la convicción moral de que fue ETA"», *elmundo.es,* 13 marzo de 2004. Disponible en <https://www.elmundo.es/elmundo/2004/03/13/espana/1079151420.html>.

103. Víctor Sampedro Blanco, «Periodistas inmundos, non gratos. Pseudoperiodistas y pseudocracia (y III)», *Público,* 3 de abril de 2014.

como válidas mientras no se desmientan o corrijan con nuevas pruebas. Si no, no hay quien avance. Ni en un laboratorio científico, ni en una comisaría, ni en un juzgado... ni en una redacción. ¿Qué hipótesis sostienen Pedro J. y sus adláteres? Ninguna y todas al mismo tiempo».

De las redes conspiranoicas del 11-M nació la retórica de la ultraderecha digital. Pero la incomunicación antipolítica se ha extendido tanto que no es patrimonio de un solo actor. Cuantas menos razones les asisten, más la practican. Esto incluye, por supuesto, a abanderados del quincemayismo y del independentismo soberanista.

Nos incomunica quien considera al contrincante un enemigo a batir y renuncia a debatir con él sobre una realidad compartida, se trate de virus, terroristas o resultados electorales. La trama digital conspiranoica del 11-M coincide con la que propagó bulos antivacunas sobre la Covid en Internet.[104] Como en 2004, no se someten a los hechos, que pueden ser contradictorios o inventados. No emplean argumentos lógicos, porque mantienen tesis incoherentes. Se saben capaces de imponerse, imponiendo su mentira.

En 2006 publiqué otro artículo titulado «Tribunos, dennos una tregua». Les pedía: «[...] sopesen, por favor, la pertinencia de deponer las armas. El 11-M casi todos ustedes quedaron en evidencia. Abrieron fuego desde sus trincheras cuando aún humeaban los trenes de cercanía. [...].

104. Víctor Sampedro, *Desigualdad, polarización y (ultra)derecha digital. Con una coda madrileña y latinoamericana,* Barcelona, Universitat Oberta de Catalunya, 2023. Disponible en <http://materials.cv.uoc.edu/daisy/Materials/PID_00296638/pdf/PID_00296638.pdf>.

Reconozcan que continuaron haciéndoles la campaña electoral a sus aliados políticos, a costa y en nombre de nuestros muertos (que también eran suyos)».[105]

Siguen sin darnos tregua. Viven de dividir a la población. Su superioridad moral les exime y la maldad intrínseca de a quien combaten lo justifica todo. Nos emplazan en una contienda permanente. Desde 2004 libran una guerra cultural *por la verdad del 11-M* que conciben eterna. Las asociaciones mayoritarias de víctimas de ETA exigen que el caso no prescriba. Pretenden que siga abierto, junto con el de Miguel Ángel Blanco, icono de la barbarie etarra. Quisieran confundir los dos tipos de víctimas. Incriminando a ETA hasta el fin de los tiempos, persiguen otros propósitos que acabar con ella. Abandonó las armas en 2011, siete años después del 11-M. Y en 2004 no tenía capacidad para provocar aquella matanza.

Guerra cultural y electoral: Gobierno, partidos y asociaciones de víctimas

El relato conspiranoico convierte a todas las víctimas del terrorismo en mártires de España, inmolados por ETA. Pero, de hecho, son munición electoral. Varias memorias de cargos relevantes del PP y del PSOE atestiguan la intención de engaño antes de las votaciones. Esa sinceridad de-

105. Víctor Sampedro, «Tribunos, dennos una tregua», *Diagonal*, 2006. Disponible en <https://www.diagonalperiodico.net/la-plaza/tribunos-dennos-tregua.html>.

morada en el tiempo revela interés por pasar a la historia con cierta dignidad. Pero sin pagar el peaje de quienes hemos escuchado. Y todavía negándoles, como en los casos de Rodolfo y Aitziber, el reconocimiento; incluso, la existencia.

Claro que pudieron surgir dudas tras la conmoción inicial. Sánchez Manzano revela un posible origen. Pero ni él ni Rodolfo Ruiz dudaron. Desde la crítica moderada, Zarzalejos y Manzano también reprochan a Aznar no haberse retractado nunca. Decíamos que después del atentado, la línea *dura* del PP planteó una guerra cultural de doble signo: antiterrorista y patriótica. Combatía a una ETA inmortal, defendiendo la unidad nacional. Pero el verdadero objetivo era otro. El PP perdió las elecciones. Y, con todo lo que pasó, mantuvo un suelo de votos sorprendente, que le permitió recuperar la mayoría absoluta en 2011.

A fin de cuentas, los dirigentes populares más extremistas controlaron el partido y apenas pasaron siete años en la oposición. Conservaron sus cargos gracias a un discurso antiterrorista, victimista y frentista; sensible solo al terrorismo etarra. Les granjeó considerables dividendos electorales. Fueron inmediatos: evitó la debacle en 2004. Y lo convirtieron en un efectivo recurso de las campañas del PP.

Tras el 11-S, el Gobierno de José María Aznar presumía de haber incluido a ETA (y las marcas electorales del independentismo vasco) en la lista de enemigos de EE.UU. Eran objetivos a batir en «la guerra global contra el terrorismo» a la altura de Al Qaeda. Después de los atentados de Madrid, ETA entró en tromba en la disputa electoral. Recabó un protagonismo impensable y del todo injustificado, justo cuando perdía capacidad letal.

La guerra electoral se inició con la manifestación institucional del 12 de marzo. La cabecera reunió a todas las fuerzas del arco parlamentario. Nadie faltó. Era el último espacio de visibilidad pública antes de votar. Además, Ángel Acebes había incriminado a ETA: «El Gobierno no tiene ninguna duda». Y tachó de «absolutamente intolerable cualquier tipo de intoxicación que vaya dirigida a desviar el objetivo y los responsables de esta tragedia».[106]

El lema de la cabecera primero invocaba a las víctimas y luego a la Constitución en un marco antiterrorista: «Con las víctimas, con la Constitución, por la derrota del terrorismo». Las dos primeras adhesiones resultaban incuestionables y legitimaban la tercera: combatir a los terroristas, sin distinguir entre los de dentro y fuera. Se impuso el maniqueísmo belicista del *conmigo o contra mí. Conmigo* significaba estar con las víctimas y la Constitución. Y *contra mí* implicaba alinearse con ETA, Al Qaeda y Sadam Huseín; amalgamados e indiferenciados. La insania y la crueldad de ese enemigo común justificaban cualquier exceso de violencia armada o verbal.

En el ámbito doméstico, quien se arrogaba defender a las víctimas se apropiaba de la Constitución. Apelaba a la solidaridad con los afectados, para falsificar los objetivos de

106. Ángeles Afuera, «Las veces que Ángel Acebes insistió en la autoría de ETA», Cadena SER, 5 de mayo de 2004. Disponible en <https://cadenaser.com/ser/2004/05/05/espana/1083714617_850215.html>.

unos asesinos a quienes nada importaba el texto constitucional. El PP, en suma, se presentaba como (¿único?) garante de una victoria *constitucionalista y antiterrorista*. Este binomio sería inseparable, convirtiéndose en el mensaje hegemónico de las siguientes campañas electorales.

Lo mejor del negacionismo yihadista es haber evitado la islamofobia. Lo peor, que daba alas a ETA cuando estaba en su ocaso, sin capacidad operativa para perpetrar un atentado de aquellas proporciones. Una y mil veces cabe preguntar si los conspiranoicos aportaron algo para acelerar el fin de ETA. O evitar futuros atentados. Quizás no haga falta.

El 12 de marzo de 2004 tuvo lugar la mayor manifestación celebrada en España. Y eso que hacía una noche fría y lluviosa; acorde con el duelo que escenificaron los ciudadanos. Cuando inundaron las calles, ETA había desmentido su participación por segunda vez. Pero el Gobierno la seguía presentando como «principal línea de investigación». A pesar de contar con evidencias incontestables de la autoría yihadista.

Un comando terrorista seguía libre y podía volver a actuar. Quienes luego intentaron volar una línea de AVE y acabaron suicidándose en Leganés pudieron provocar una masacre mayor que el 11-M. Se manifestaron dos millones de madrileños. La población se encontraba, de nuevo, desamparada. Eran manipulada electoralmente, como los afectados del 11-M, y con una desatención de la seguridad pública rayana en el desprecio a sus vidas. Los tribunos más serviles afirmaban que daba igual quién hubiera atentado. Todos los terrorismos son lo mismo, añadían. En realidad, manifestaban no sentir heridas ni pérdida alguna. Ni afectos por los damnificados. En última instancia, se despreocupaban de las próximas masacres.

El 11-M provocó una doble polarización: de la ciudadanía frente a las élites y entre estas últimas. El 13-M inició un ciclo de movilización popular *anticasta,* que desembocaría en el 15-M. Y, en paralelo, viejos y nuevos partidos acabaron formando bloques enfrentados por el modelo nacional. Los nacionalistas periféricos transitarán hacia el independentismo y el nacionalismo español hacia el centralismo.[107]

Los conspiranoicos convirtieron la política y el periodismo en un ejercicio conjunto de distracción, persuasión encubierta y engaño masivo. Y los afectados del 11-M entraron en conflicto con ellos sin pretenderlo. Testigos de la verdad, acabaron criminalizados. El discurso antiterrorista devino en electoralismo y se desvinculó de la realidad. El autoritarismo conspiranoico se disfrazó de victimismo. Y los afectados del 11-M fueron ninguneados y acosados sin piedad.

Quienes se resistieron vieron destruida su imagen pública y su vida privada. Aquellas portadas justificaron aquelarres jurídicos y el hostigamiento cotidiano. Las patrañas de los conspiranoicos y sus cómplices agravaron secuelas mentales y físicas. Liquidaron trayectorias profesionales y

107. Víctor Sampedro Blanco (Coord.), *Comunicación política digital en España. Del «Pásalo» a Podemos y de Podemos a Vox,* Barcelona, Universitat Oberta de Catalunya.

mortificaron a las familias de los afectados y de quien testificaba a su favor.

Tras secuestrar el debate público, el discurso conspiranoico desembocó en agresiones y crímenes de odio. Perpetrados a mansalva y desde muchos frentes. Insisto, no solo contra los afectados más irreductibles. El bipartidismo se mostraba menguante y sobrevivió gracias a la creciente polarización que señalaba Zarzalejos. El PP negará que el PSOE gane elecciones o gobierne de forma legítima, por pactar con «los terroristas vascos» (y, luego, «los golpistas catalanes»). El PSOE, por su parte, impugnará el origen, los valores y el talante democrático del PP.

La polarización permitía al bipartidismo escamotear el debate de un estado unionista o plurinacional. En el quince aniversario del 11-M sostuve que «la política territorial fue absorbida por la política antiterrorista. Y esta se transformó en política de víctimas; pero solo de ETA. Invocarlas suple la carencia de un modelo de estado inclusivo. España se defiende con la demonización de los verdugos etarras (y «su entorno») para teñir de ilegítimo cualquier proyecto secesionista».[108] Las principales asociaciones de víctimas de ETA se convirtieron, entonces, en apéndices partidarios; sobre todo, del PP o la ultraderecha.

La ausencia de un discurso nacional compatible para el PP y el PSOE facilitó que se disputasen la representación de las víctimas. Respondían a una retroalimentación perversa. Los etarras habían comenzado a asesinar cargos políticos

108. Víctor Sampedro Blanco, «*A* fake news *patriótica: 11-M, vítimas e cloacas*», *Luzes de Galiza,* n.º 70, julio de 2019.

para cobrar visibilidad. Y la obtuvieron. Así que los afectados del yihadismo eran inservibles y prescindibles electoralmente. Sobre todo, allí donde se concentraron. El Ayuntamiento y la Comunidad de Madrid les dieron un reconocimiento y apoyo insuficientes. Recordemos que los afectados del 11-M representan a uno de cada dos muertos por terrorismo en Madrid.[109]

La polarización del tema nacional también responde a la lucha por controlar el partido conservador. La facción más extremista se identifica con el PP madrileño y financió la conspiración. Los miembros más moderados contemporizaron, pero sin mostrar grandes diferencias. Uno de ellos, Alberto Ruiz-Gallardón, cesó al director de informativos de Telemadrid en 2001 por un reportaje sobre el País Vasco que consideró que no era lo bastante *beligerante* con ETA. Incluir voces independentistas le costó el cargo.[110] Tres años después, Telemadrid formó con *El Mundo*, la COPE y *Libertad Digital* el frente mediático más conspiranoico.

Las familias del PP mantuvieron diferencias de matiz respecto a las víctimas del terrorismo. En distinta medida,

109. De las 412 víctimas totales en la Comunidad de Madrid, un 46 % se deben al 11-M (193). «Grande-Marlaska propone a la CAM y al Ayuntamiento de Madrid incorporarse al Centro Memorial de las Víctimas del Terrorismo», Ministerio del Interior. Disponible en <https://www.interior.gob.es/opencms/eu/detalle/articulo/Grande-Marlaska-propone-a-la-CAM-y-al-Ayuntamiento-de-Madrid-incorporarse-al-Centro-Memorial-de-las-Victimas-del-Terrorismo/>.

110. Víctor García Guerrero, «Beligerancia informativa y terrorismo en las televisiones públicas españolas», en Víctor Sampedro (ed.), *La pantalla de las identidades*, Barcelona, Icaria, 2003, págs. 179-204.

podríamos sostener algo parecido sobre el PSOE. Los miembros de ambos partidos calcularon lo que más les convenía. Antepusieron el partido a la sociedad y, para mantener sus cargos, renunciaron a la integridad exigible para ejercerlos. Basta recordar el abandono en el que el José Bono dejó a Rodolfo Ruiz, sin siquiera testificar a su favor.

La prensa conspiranoica, las asociaciones de víctimas de ETA y el PP desataron un ciclo de movilización conjunta. El decano de la prensa catalana, *La Vanguardia*, relataba que, tres años después de los atentados, «la AVT se había manifestado ocho veces en Madrid con una veintena de asociaciones de víctimas del terrorismo y de plataformas ciudadanas, entre las que se encontraban los Peones Negros, así como con el respaldo del PP. Algunos miembros del PP como Rajoy o Ruiz-Gallardón excusaban su presencia. No así el secretario general del partido, Ángel Acebes, el portavoz parlamentario del Grupo Popular, Eduardo Zaplana y el secretario de Seguridad y Libertades Públicas, Ignacio Astarloa, entre otros personajes claves de la manipulación del 11-M. Se les sumaban la presidenta de la Comunidad de Madrid, Esperanza Aguirre, el exministro del Interior Jaime Mayor Oreja o la presidenta del PP vasco, María San Gil».[111]

La manifestación que originó el caso Bono fue la pri-

111. Redacción, «La AVT se manifiesta por octava vez en Madrid para pedir la ilegalización de ANC y PCTV», *La Vanguardia,* 24 de noviembre de 2007. Disponible en <https://www.lavanguardia.com/politica/20071124/53413492587/la-avt-se-manifiesta-por-octava-vez-en-madrid-para-pedir-la-ilegalizacion-de-anv-y-pctv.html>.

mera de muchas: le siguieron otras seis en los tres siguientes años. La agresión al ministro socialista revelaba que el PP monopolizaría en exclusiva esas movilizaciones de víctimas. Incurría en un extremismo que sería capitalizado por la ultraderecha. Esperanza Aguirre llegó a imputarle a Rodolfo Ruiz actuar como Gestapo del PSOE.[112] Vox hizo de estos exabruptos una marca de identidad. En su primera intervención parlamentaria (2019), Santiago Abascal definió a Pedro Sánchez como «usufructuario» de «un proceso» que arrancó el 11-M.

La nueva izquierda no cambió demasiado el panorama. Recordemos la nula sensibilidad del Ministerio de Asuntos Sociales, dirigido por Ione Belarra de Podemos, hacia la asociación que preside Eulogio Paz. Este señala que un error burocrático conllevó una debacle financiera. También es cierto que la alcaldía de Manuela Carmena aprobó el monumento de la calle Téllez en Madrid. Se inauguró en 2023. Los memoriales del 11-M delatan el ninguneo y la tergiversación histórica. El de Atocha añade la chapuza técnica, el nepotismo y el saqueo de las arcas públicas.

La coartada y el disfraz victimista de los conspiranoicos comportan ultrajes más allá de lo simbólico. La suplantación de los afectados del 11-M requería ningunearles y un trato despiadado, sin piedad. «Indigno e inhumano», como sentencia Zarzalejos. Fruto, puntualiza, de la «cosificación

112. Agencias, «El Supremo anula la condena a tres policías por detención ilegal de dos militantes del PP», Cadena SER, 29 de junio de 2007. Disponible en <https://cadenaser.com/ser/2007/06/29/espana/1183074615_850215.html>.

de la víctima al romper la relación entre víctima y victimario».

Los otros frentes de guerra: iglesias, redacciones, comisarías y tribunales

Los obispos dieron micro abierto a Losantos para que convocase a los feligreses y a los militantes del PP a manifestarse con las asociaciones de víctimas de ETA. Lograron movilizaciones sin precedentes, aunando integrismo religioso, conservadurismo político y nacionalismo español. Los unía el rechazo a la ley del matrimonio entre personas del mismo sexo y la asignatura de Educación para la Ciudadanía. Así que la radio de los obispos difundió la conspiranoia con ahínco y contumacia. Hasta Sánchez Manzano creía que los conspiranoicos debían tomar las clases de religión que impartía su mujer. Y Zarzalejos no escatima críticas hacia la jerarquía eclesial que colaboró en descabezarle.

Estas disputas tuvieron correlato mediático en batallas por la audiencia y el mercado publicitario. La publicidad institucional sirvió, más que nunca, para dopar a los aliados. Con fondos irregulares del PP se financió Libertad Digital, propiedad de Losantos, para difundir las teorías conspirativas. Hemos dado constancia sobrada y documental de ello. Las licencias de las televisiones y radios digitales estaban en la picota y acabaron en las mismas manos, o parecidas. La disputa cobró tal calado que no solo se enfrentaron medios de la derecha y la izquierda, sino entre los afines al PP. Cuando *ABC* hizo frente a la conspiranoia, Zarzalejos fue despedido por presiones de Esperanza Aguirre; alguien a quien Lafuente imputa, de forma velada, su cese. Era preciso callar a los verdaderos profesionales.

En el diez aniversario del 11-M denuncié que los medios conspiranoicos «se tiraron a lo fácil: cuestionar a policías, peritos y testigos. Fabricar pruebas falsas y guionizar falsos testimonios. [...]».[113] De hecho, Los medios conspiranoicos aplicaron un método antagónico al del reporterismo de investigación o denuncia: recabar pruebas contrastadas, publicarlas y, acto seguido, acudir con la evidencia ante los jueces. Los conspiranoicos, en cambio, invalidaban el sumario del juicio del 11-M y la sentencia de la Audiencia Nacional, incluso cuando la avaló el Tribunal Supremo.

En otra entrega del artículo antes citado señalé cinco rasgos y ventajas de la pseudoinformación; y de los bulos del 11-M en particular. «La conspiración es una mercancía muy barata y rentable, en términos políticos y económicos. (1) Fácil de elaborar, no precisa aportar hechos ni seguir ninguna lógica. (2) Fácil de entender, presenta a los buenos y a los malos, con un relato personalizado y maniqueo. (3) Se justifica y mantiene por sí misma. Si no hay nuevas pruebas, las habrá. Manteniendo la tensión narrativa, todo acabará encajando».

El contenido conspiranoico es barato y simplista, autorreferencial y adictivo. Mete al público en un bucle: «(4) Se alimenta de los desmentidos. Porque, al rebatirla, se le confiere entidad y verosimilitud. (5) Cierra filas en torno a los

113. Víctor Sampedro Blanco, «Periodistas inmundos, non gratos. Pseudoperiodistas y pseudocracia (y III)» *Público, op. cit.*

seguidores, que se sienten amenazados o expuestos a la debacle anunciada. En suma, con mínimo esfuerzo y pocos costes, fideliza las audiencias. Las convierte en espectadores aterrados o *crispados*. Nada pueden hacer, excepto seguir pendientes de que les den las claves de cómo y cuándo actuar. Serán meros peones guerracivilistas, lanzados contra las trincheras enemigas».

En los cuerpos y las fuerzas de seguridad también se libraron disputas soterradas. Los mandos intentaron, como sus jefes políticos, eludir responsabilidades. Los dos policías entrevistados aluden a rencillas y deslealtades internas. Los sindicatos policiales interfirieron en sus juicios. Y acusaciones cruzadas, más o menos veladas, liaron más la situación.

Resulta, por último, revelador que las primeras publicaciones de algunos implicados (véanse el libro de Sánchez Manzano y las memorias de Dezcallar, que dirigía el CNI) no viesen la luz hasta que transcurrieron diez años. Algo semejante ocurre con los trabajos de Fernando Reinares: los más completos y precisos, con diferencia. Su primer libro sobre el 11-M aparece en 2014[114] y el último en 2021.[115] Es en la segunda obra donde Reinares señala la guerra de Irak como detonante de los atentados, aunque contando los antecedentes que en el primer libro tenían más peso. Estos lapsos tan dilatados denotan unos silencios que, de nuevo, nos remiten a una *agenda oculta*: fuera del radar público y pactada con el poder. Los libros citados corresponden al mayor cargo policial en materia de explosivos, al director

114. Fernando Reinares, *¡Matadlos!, op. cit.*

115. Fernando Reinares, *11-M La venganza de Al Qaeda, op.cit.*

del servicio de inteligencia y al académico más relevante en este tema.

Los procesamientos judiciales completan, por fin, las hostilidades contra los afectados del 11-M. El caso de Rodolfo Ruiz ilustra la guerra jurídica o judicial. También Sánchez Manzano y, de manera más trágica, las familias Paz Manjón y Berrueta Mañas sufrieron indefensión frente a sus agresores. Las denuncias a los acosadores no eran admitidas por los fiscales ni investigadas por la policía. Y perdieron casi todos los recursos que, sin apoyo institucional, presentaron contra los pseudoperiodistas. Ni siquiera Ruiz Gallardón. Solo Zarzalejos ganó, en última instancia, una querella a Losantos.

Los últimos infundios para reabrir el caso del 11-M revelan, otra vez, una estrecha conexión con las cloacas del Estado. En el quince aniversario, señalé que: «El *policía patriótico* J. M. Villarejo [...] había declarado ante la Audiencia Nacional que [...] España puso explosivos, Marruecos terroristas y Francia Inteligencia». No aportó ningún documento, pero el entonces presidente del PP, Pablo Casado, prometió «llegar a la verdad si hay alguien que la oculta».[116]

La coordinación entre el comisario corrupto y los pseudoperiodistas era evidente. Losantos declaraba en el libelo de Pedro J. Ramírez que: «Los servicios secretos marroquíes actuaron en venganza por la reconquista del peñón de Perejil. [...] Las cloacas del Estado español hicieron lo posible por ocultar las pruebas que conducían a la pista marroquí porque nos hubiera llevado a una guerra».[117]

116. Víctor Sampedro, «*A* fake news *patriótica*», *op. cit.*

117. Mariano Gasparet, «Jiménez Losantos: "El 11-M fue la ven-

Rebatí aquellas falacias:[118]

> Josu Ternera y/o Bin Laden y/o Mohamed VI y/o Rubalcaba auparon al Gobierno a R. Zapatero tras colaborar con ETA en 2004. Los tándems de copulativas y disyuntivas soportan el todo vale de un infundio que se estira sin fin, hasta la náusea. Va un vómito reciente. El presidente de Melilla, J. J. Imbroda, regurgitaba en febrero de 2019 que «ustedes llegaron al Gobierno por dos bombas: una el 11 de marzo de 2004 [...] y, ahora, por el apoyo de los catalanes separatistas, los de Bildu y todo lo peor que no quiere España».[119]

Como señalaba Eulogio Paz, los ataques al Gobierno de Pedro Sánchez reproducirían, sin apenas modificaciones, los dirigidos contra Zapatero en 2004. Transcurridos diecinueve años, la presidenta de honor de la AVT, Ángeles Pedraza, declaró: «Señor Sánchez, qué caro nos va a salir a las víctimas del terrorismo sus pactos para asegurarse su permanencia en la Moncloa».[120]

---

ganza de Marruecos por lo de Perejil y las cloacas lo taparon"», *El Español,* 10 de abril de 2016. Disponible en <https://www.elespanol.com/espana/20160409/115988529_0.html>.

118. Víctor Sampedro, «*A* fake news *patriótica*», *op. cit.*

119. Redacción, «Imbroda dice que habló "en sentido figurado" cuando dijo que el PSOE llegó "por las bombas" al Gobierno en 2004 y 2018», Europapress, 4 de febrero de 2019. Disponible en <https://www.europapress.es/ceuta-y-melilla/noticia-imbroda-dice-hablo-sentido-figurado-cuando-dijo-psoe-llego-bombas-gobierno-2004-2018-20190204224218.html>.

120. Redacción, «La AVT carga contra el Gobierno en el aniver-

Con el 11-M se instaló la barra libre para el uso electoral del terrorismo. Encubría la disputa entre proyectos nacionales incapaces de reconocerse y, por tanto, de trabar consensos mínimos. Siquiera para coexistir. Este contexto normalizó la politización de la justicia, cuyos sesgos critican Martínez Soler y tantos otros entrevistados. Asuntos tan serios como la memoria democrática acaban enquistándose si se judicializan. Y ese quiste casi provocó una metástasis del Estado de derecho.

La línea de flotación del Estado de derecho

Los pseudoperiodistas engañaron a la opinión pública hasta el día de hoy. En 2004 y según el CIS, casi la mitad de la población (42 %) creía que «existía algún tipo de colaboración o relación» entre ETA y el terrorismo islamista. Quince años después, a la altura de 2019, todavía uno de cada tres españoles (35 %) sostenía que «ETA estuvo involucrada en los atentados terroristas del 11-M». Lo suscribía la mitad de los votantes del PP (53 %). La intención de votar a ese partido era el mejor predictor de creencias conspiranoicas.[121] ¿Quedan claros los intereses electorales en juego? ¿Y los incentivos para mantener la conspiranoia?

---

sario del 11-M: "Qué caro nos va a salir a las víctimas del terrorismo sus pactos"», *Heraldo,* 11 de marzo de 2013. Disponible en <https://www.heraldo.es/noticias/nacional/2023/03/11/aniversario-atentados-11m-asociacion-victimas-terrorismo-atv-critica-gobierno-1637298.html>.

121. Carol Galais y Marc Guinjoan, «Una teoría de la conspira-

Con perspectiva, el 11-M se revela como el huevo de la hidra de *fake news* que envenena los telediarios, las tertulias y las redes. Después emponzoña las charlas del bar, en el trabajo y en casa. Resulta imposible encontrar un bulo más insidioso, de tal entidad y calado, en un país que se reclama democrático. Sostiene que cierto partido hizo campaña y llegó al Gobierno atentando contra el electorado; incluyendo, claro está, al que pretendía votarle.

Según convenga, ciertos cargos políticos del PP, Vox y Ciudadanos todavía mantienen, sugieren o no descartan que el PSOE ordenó, colaboró con, encubrió y/o permitió a ETA atentar. No existe peor acusación ni losa más pesada bajo la que sepultar a un rival político. Respecto a la policía y la Judicatura, los conspiranoicos acusaron (y siguen acusando) a Sánchez Manzano y a Rodolfo Ruiz (junto a peritos, jueces y fiscales) de cometer un crimen de lesa humanidad. Habrían colaborado por activa (destruyendo o alterando pruebas) o por pasiva (ocultándolas). ¿Cabe mayor delito en un funcionario público?

Los comunicados del Gobierno sobre el 11-M eran pura pseudoinformación. Supuestamente, transmitían notas e informes oficiales de las fuentes antiterroristas. En realidad, era propaganda electoral elaborada por un comité de crisis sin representación siquiera del CNI; que llevaba advirtiendo de las amenazas de Al Qaeda hacía tiempo. Aquellas *informaciones* (inventadas o desvirtuadas) pretendían generar zo-

---

ción española: creencias sobre el 11M». *eldiario.es,* 13 de marzo de 2019. Disponible en <https://www.eldiario.es/piedrasdepapel/teoria-conspiracion-espanola-creencias_132_1650919.html>.

nas de confort o de odio. Las pasiones (el ardor patriótico, la animadversión a ETA y al independentismo) reemplazarían a las razones en las urnas. En última instancia, se impondría una pseudorrealidad: la realidad mentirosa en la que aún cree una parte muy significativa (¿irreductible?) del electorado.

El Ejecutivo salido de las urnas fue criminalizado, hasta el punto de referirse al presidente Zapatero como «zETAp». Quizás sea el primer meme español. Jaqueaba el acróstico de ZP con el que el jefe de Gobierno quería popularizarse. Lo minimizaba, engrandeciendo a ETA: toda una metáfora de la estrategia de la facción del PP que convirtió el hemiciclo en una cámara de eco de insidias y falsas exclusivas periodísticas. En cuanto al poder judicial, la incontinencia conspiranoica puso en peligro el castigo a los culpables. Las controversias y la publicidad excesiva sobre las pruebas del sumario beneficiaron a las defensas. Además, de los pagos, presiones y chantajes a los testigos y abogados, que algún medio conspiranoico practicó.

Los pseudoperiodistas costearon declaraciones falsas. Acosaron a las fuentes más vulnerables para que cometieran perjurio, como fue el caso de dos migrantes rumanas.[122] Buscaron abogados conspiracionistas para defender a los inculpados, coordinándose con las asociaciones mayoritarias de víctimas de ETA y la oficialista del 11-M. Todos

122. Irene Castro, «Desmontada la teoría de la conspiración de las testigos del 11M que promocionó *El Mundo*», *eldiario.es,* 12 de febrero de 2014. Disponible en <https://www.eldiario.es/politica/desmontada-confabulacion-testigos-promociono-mundo_1_5028471.html>.

ellos, dijo el juez, ejercieron más como defensores que como acusación de los yihadistas.

Los últimos estertores de bulos retuercen las sentencias que desestimaron las querellas que Manzano y Ruiz interpusieron contra los pseudoperiodistas. Apelan al dictamen de juicios sobre libertad de expresión, que favorecen a los comunicadores porque protegen el derecho a la crítica. Y, entonces, los conspiranoicos convierten la no sanción de una *crítica periodística,* permisible al margen de su fundamento, en la confirmación de sus patrañas.

La jurisdicción de 2004 no contemplaba el terrorismo de perfil yihadista. La situación no mejoró hasta 2015, con un nuevo Código Penal que endureció las penas. Las impuestas a los verdugos y las indemnizaciones (no digamos las ayudas de la CAM y del Ayuntamiento de Madrid) fueron menores que si hubieran sufrido un atentado etarra.

Con todo, los afectados acataron unas sentencias que no les hacían justicia. Respaldaron a jueces, fiscales y magistrados; a la policía y a los testigos y peritos. No contentos, promovieron avances legales, como el reconocimiento de víctimas de las parejas de hecho y la regularización administrativa de los migrantes. Más derechos, pues, para las víctimas independientemente de su estado civil y nacionalidad. Además (esta vez, sin éxito), impulsaron las leyes de confidentes y testigos protegidos; indispensables para acabar con la corrupción y las cloacas.

Los afectados y quienes les apoyaron materializan valores cívicos con enorme potencial democrático. Los representantes de la Asociación 11-M Afectados del Terrorismo militaron contra la dictadura. Ese rasgo, que comparten con Juan Antonio Martínez Soler, explica que sus discursos sean tan críticos y audaces. Por otra parte, Pilar Manjón y Eulogio Paz adoptan, de forma inequívoca, posiciones pacifistas y antibelicistas, solidarias e internacionalistas, apartidistas y laicas.

Desde el primer momento mostraron su oposición a la guerra de Irak y la solidaridad con las víctimas árabes, a pesar del origen de sus verdugos. Nunca dijeron que sus familiares hubiesen muerto por España y los valores occidentales o la Cristiandad, ni siquiera para defender la democracia. En los aniversarios, arropados siempre por los sindicatos, se definen apenas como migrantes, trabajadores y estudiantes.

Rehuyeron la política profesional. No aceptaron sueldos institucionales ni figurar en listas electorales. Rechazaron cargos públicos o de partido. Ajenos a los altares de la Iglesia, tampoco comieron de los pesebres de las administraciones. Iconoclastas, criticaron a las asociaciones de víctimas que querían suplantarles y subordinarlos a estrategias partidarias.

El apartidismo radical de la Asociación 11-M Afectados del Terrorismo, sin embargo, apuesta por politizar el debate y el tratamiento de esta lacra. Defienden un abordaje político, complementario al policial y judicial. Reconocen las motivaciones ideológicas, económicas y geoestratégicas de los diferentes terrorismos. Esto permite combatirlos en su especificidad; no solo con represión y cárcel. Esto, a su vez, es compatible con la condena sin matices de la violencia política. La entienden como una vulneración injustificable de los derechos humanos. Ante estas posturas y la revictimización sufrida, surge la duda de que este país merezca su sacrificio y semejante ejemplo de civismo, como denunciaba Manjón.

Los afectados por el yihadismo encarnan valores constitucionales y cívicos, que marcan la línea de flotación en un Estado de derecho y de una democracia. Reivindican la sanción penal de sus verdugos, sin revanchas ni resentimiento. No se arrogan un estatus superior como víctimas. Es decir, no practican el victimismo que exime de compromisos y reclama carta blanca.

Tampoco se creen investidos de una autoridad incuestionable, así que no proyectan un narcisismo maniqueo. No le disputan el dolor a nadie, por lo que no incurren en exhibicionismos dolientes. En lugar de asegurarse privilegios con los fuertes, demuestran la fuerza de los débiles. La fraternidad solidaria con todas las víctimas, la ética ciudadana y la talla moral que exhiben son un antídoto frente a las víctimas impostadas y conspiranoicas que degradan moralmente una sociedad.

Violencia política y memoria histórica

Restaurar la memoria de las víctimas exige, al menos, tres cosas. Hemos intentado cumplir con ellas. Ustedes dirán... En primer lugar, importa recoger los testimonios de las diferentes víctimas, para evitar olvidos que provoquen una revictimización. Porque la ausencia provoca olvido. Y la indiferencia resta aún más sentido a una muerte injusta, del todo injustificada. En segundo lugar, se debiera satisfacer la necesidad de justicia, el derecho de conocer la verdad y de reconocimiento de la víctima para que pueda librarse de esa etiqueta. Al rehuir el victimismo, se recobra la libertad. La víctima ya no se define en relación con su verdugo. Este pierde poder sobre ella.

Como sostiene Santiago Alba Rico: «Un humano libre es solo aquel capaz de juzgarse a sí mismo y capaz de juzgar el mundo existente y el mundo que se quiere construir al margen del dolor que le han infligido. Eso es lo que se llama dignidad en el plano moral y democracia en el plano político».[123] El filósofo añade que la retórica victimista solo ofrece punitivismo, reclama castigo eterno y se satisface con venganza: la ley del Talión. De modo que «la centralidad política de la víctima, en realidad, es lo que define al mundo antiguo y a las sociedades mal llamadas primitivas», concluye Alba Rico.

La conspiranoia del 11-M no permite, por tanto, aplicar la tercera función de un relato restaurativo para las víctimas: visibilizar los diferentes prismas del conflicto ofreciendo una narración completa en la que todas las partes puedan sentirse representadas. Se pretende no invisibilizar a ninguna. Se trata de evitar que la historia se cuente solo desde el punto de vista hegemónico; es decir, el de los *vencedores*. Queda claro que el relato conspiranoico no restaura daños ni derechos. Al contrario, continúa generando dolor, negando la dignidad y la justicia. Eterniza la condi-

123. Santiago Alba Rico, «Discurso contra las víctimas», *Contexto,* 25 de febrero de 2018. Disponible en <https://ctxt.es/es/20180221/Firmas/18039/alba-rico-victimas-feminismo-8m-huelga.htm>.

ción de las víctimas de ETA e invisibiliza y revictimiza, sobre todo, a las disidentes.

La crueldad de la conspiranoia acabó dañando a las víctimas que reclama propias. Algunas personas públicas que fueron golpeadas por ETA se han negado, sin éxito, a ser utilizadas en recientes campañas electorales. Hemos visto que el monocultivo de ETA renta. Así que el discurso antiterrorista deviene en efectismo electoralista. Inasequible al desaliento e inmune a cualquier crítica. Basten estas declaraciones y las reacciones de las víctimas para comprobarlo.

En la campaña autonómica de 2023, la presidenta de la Comunidad de Madrid, Isabel Díaz Ayuso, declaró: «ETA está viva, está en el poder, vive de nuestro dinero, mina nuestras instituciones, quiere destruir España, privar a millones de españoles de sus derechos constitucionales, y provocar una confrontación». Le contestó Consuelo Ordóñez, hermana de Gregorio Ordóñez, asesinado por ETA en 1995 cuando era concejal del PP en San Sebastián: «No respetan a los muertos, van a respetar a sus familiares...». La secundó, entre otros, Pablo Romero, a cuyo padre asesinó ETA en 1993, y que escribió en Twitter: «Estimada @IdiazAyuso: deje ya de decir barbaridades. Ahórreme el dolor de ver que ETA sigue viva en su boca. Se lo pido por favor, casi por caridad, si de verdad quiere respetar a los afectados por el terrorismo que luchamos por la memoria y la justicia».

Ni por favor ni por caridad. En las elecciones generales de 2023 el PP hizo campaña con el eslogan: «Que te vote Txapote». Consuelo Ordóñez lo condenó y recriminó haber banalizado el terrorismo al emplear en campaña el mote del asesino de su hermano: Francisco Javier García Gaztelu, alias Txapote. «Esto es lo que pasa cuando la clase política normaliza y banaliza el terrorismo y a los terroristas, a sabiendas del dolor que causa a sus víctimas», escribió en Twitter Ordóñez. Y concluyó: «Este es el nivel de una parte de los votantes de la derecha *abertzale*. Han alcanzado a sus hermanos de la izquierda *abertzale*».

Abertzale significa 'patriota' en vasco. Y, desde *la derecha patriótica,* el senador del PP Rafael Hernando tuiteó: «Yo conocí personalmente a Goyo Ordóñez y fui amigo suyo durante mucho tiempo hasta que lo asesinaron. Respeto la opinión de su hermana, pero ella no puede monopolizar lo que sienten todas las víctimas de ETA. Es más, si Goyo viviera, le diría a @sanchezcastejon: "Q te vote Txapote"». Carmen Ordóñez respondió: «Para ser tan amigo en estos veintiocho años no te he conocido. Lo que es obvio es que no aprendiste nada de él. No hay peor inmundicia que la de aquellos que os atrevéis a decir lo que pensaría Goyo si estuviera vivo. Ni su propia familia lo hemos hecho jamás».[124]

Con esa retórica, los muñidores de la conspiración califican al nacionalismo vasco de terrorista, y, al catalán, de golpista. Insisten en que la violencia ha sido y es patrimonio de la izquierda separatista. En última instancia, resucitan el fantasma de la «España roja y rota» que invocaba

124. Redacción, «Rafael Hernando dice que Gregorio Ordóñez, asesinado por el etarra Txapote, le diría "que te vote Txapote" a Sánchez», *Público,* 9 de julio de 2023. Disponible en <https://www.publico.es/politica/rafael-hernando-dice-gregorio-ordonez-asesinado-etarra-txapote-le-diria-vote-txapote-sanchez.html>.

José Calvo Sotelo, ministro de la dictadura de Primo de Rivera. Una búsqueda en Google confirma su vigencia en los titulares y columnas de opinión de la prensa conservadora.

Pero quien atentó el 11 de marzo de 2004 no fue ETA sino la yihad. Quien gobernaba quiso persuadirnos de lo contrario y se creyó capaz hacerlo. En ocasiones anteriores, había llegado a impedir que periodistas con la trayectoria de Martínez Soler pudiesen trabajar en España. Además, los conspiranoicos operaban con una incultura política y periodística enraizadas en las élites, la población y en todo el espectro ideológico. En caso contrario, no se habrían atrevido a llegar tan lejos ni sus patrañas habrían calado en tanta gente. Han llegado a manipular y humillar a *sus* víctimas, las del bando del que se reclaman. A ellas también les arrebatan la identidad e imponen otra falsa. Sumen si no este ejemplo a los ya señalados.

Entre los jóvenes de dieciocho años que se examinaron de la Evau en 2023 figuraban los hijos de las clases pudientes madrileñas que merecieron un artículo de prensa. Situaban «el secuestro de Ortega Lara y el asesinato de Miguel Ángel Blanco en la oposición al régimen dictatorial».[125] Tiene sentido, puesto que podríamos considerar a ETA el actor más reciente que, después de Franco, exhibió una ideología totalitaria y mayor capacidad letal. Pero

125. Ana Martínez Rus, «La única oposición a Franco la hizo... Juan de Borbón», *eldiario.es,* 22 de junio de 2023. Disponible en <https://www.eldiario.es/opinion/tribuna-abierta/unica-oposicion-franco-hizo-juan-borbon_129_10301408.html>.

se olvida la historia de ETA, disuelta hace doce años. Sus crímenes se magnifican, igualándolos a los del franquismo. Y, mientras, ETA no opera ni se reivindica como tal. Pero la imagen del dictador ha recobrado pujanza, cuenta con defensores desacomplejados y no todos militan en Vox.

Sin negar las tendencias autoritarias de ciertas izquierdas y determinados nacionalismos, la imagen pública de Ortega Lara y Miguel Ángel Blanco como luchadores antifranquistas supone un considerable triunfo ideológico de la dictadura. Lleva aparejado su olvido y el de sus víctimas como luchadores por la democracia. ¿Qué dirían esos jóvenes si les preguntasen por Pilar Manjón? ¿Que dirigía el comando de ETA que atentó el 11-M? Probablemente ni la conozcan, como pasa con la práctica totalidad de *mi* alumnado. El caso que comentamos correspondía a un colegio madrileño privado y de uno de los municipios con más renta en el país. La nota media de estos bachilleres se sitúa entre el 9,70 y el 10. Es decir, que asimila bien los temarios. Lo que nos remite a otro hecho reciente que comentaba Eulogio Paz: el abandono del alcalde de Madrid en el acto central de homenaje a las víctimas en 2019.

Escribí entonces que J. L. Martínez-Almeida «estaba de campaña y el evento no cumplió sus expectativas». Así que se fue. «Le soliviantó el discurso de Eulogio Paz, presidente de la Asociación de Afectados por el 11-M. Colectivo que apela a los afectos, no al rencor. Reniega de la condición subalterna que ocupa la víctima. No se estanca en el victimismo ni practica el chantaje de la deuda impagable. En lugar de reclamarse vulnerables, los afectados por el yihadismo combaten la *ignorancia arrogante* que produce el monopolio de la verdad. En el quince aniversario, Eulogio Paz denunció el relato sesgado del 11-M que ofrece el libro *Breve Historia de España*. Fue pieza clave del revisionismo histórico promovido por el Aznarato (el régimen de Aznar, que diría Juan Pablo Fusi). Es ahora un libro de texto y referencia que afirma, entre otras falsedades, que el Gobierno de Aznar atribuyó «en los primeros momentos de confusión, el atentado a ETA». Sí, *sic:* estaban confundidos y la mentira oficial apenas fue un breve malentendido».

En aquel artículo contaba que, como precisó Eulogio Paz, el PP «mintió durante el corto plazo de tres días para con la mentira intentar ganar las elecciones, y mintió durante mucho más tiempo para deslegitimar y boicotear al Gobierno de Zapatero. Reprochó, además, que a día de hoy no ha pedido perdón por sus mentiras. Palabras que Almeida consideró "un mitin político intolerable". No pudo soltar el suyo y se fue a darlo a los medios afines».[126]

El desprecio del que fueron (y siguen siendo) objeto los afectados del 11-M señala una falta de empatía básica o, más bien, de humanidad. Sería injusto atribuírsela a una sola fuerza política y asignarla a un único tipo de víctimas. ¿Hablamos de quién reivindica la memoria de los anarquistas españoles, uno de los mayores movimientos obreros de Europa? ¿Y la de los falangistas de tradición obrerista, también perseguidos por Franco? La España oficial, las instituciones fundamentales que la representan (desde la Iglesia a los tribunales, pasando por Gobiernos, Parlamentos y la

126. Víctor Sampedro Blanco, «*A* fake news *patriótica*», *op. cit.*

prensa) aplican desde hace siglos tres tipos de ignorancia que señala Boaventura de Sousa.[127]

Ya mencionamos el primero: la ignorancia *arrogante* de quienes creen poseer la verdad y la imponen como única porque disponen del poder para hacerlo. Se le suma la ignorancia *indolente,* basada en el olvido de las víctimas que no encajan en el relato oficial. Quien detenta el poder fomenta la amnesia para superar conflictos o porque es imposible desafiar el poder heredado. Se acepta, pues, anteponer la paz a la justicia y a la dignidad.

El tercer modelo corresponde a la pseudoinformación. Genera ignorancia *malévola* porque disfraza las mentiras de noticias de una forma activa y consciente. Dejo a los lectores la tarea de adjudicar los calificativos de arrogante, indolente y malévolo a los conspiranoicos aquí señalados. Aunque advierto que son ignorancias complementarias que se refuerzan entre sí. Y no olviden que se aplican a numerosos actores y que, seguro, algunos pueden ser de su agrado.

Las setenta y cuatro horas entre las bombas del 11-M y la jornada electoral implicaron una carrera contrarreloj para quienes denunciaron una conspiranoia que se excedió de *arrogante.* Pasó todos los límites y la manipulación electoral resultó evidente. Para quien quiso reconocerla, claro. Las dimensiones y el carácter de la masacre desmentían que fue-

127. Boaventura de Sousa Santos, «Los modos de producción de ignorancia». Disponible en Espejos extraños, en *Público,* 18 de marzo de 2019, <https://blogs.publico.es/espejos-extranos/2019/03/18/los-modos-de-produccion-de-ignorancia/>.

ran obra de ETA. Así que el luto oficial, escenificado en la manifestación del día 12, tuvo el efecto contrario. Las condolencias de las autoridades, en realidad, reflejaban indolencia. De hecho, pretendían generar ignorancia *indolente,* una ciudadanía engañada a la que no le doliesen las víctimas del yihadismo. Y esa falta de empatía se aplicaba también a la población, que buscó y exigió una respuesta creíble al «¿Quién ha sido?».

La arrogancia y la indolencia se hicieron patentes en la jornada de reflexión. Entonces, la ciudadanía más movilizada decidió denunciar una ignorancia que, ya para entonces, resultaba *malévola.* Se intuía o había constancia de que el Gobierno, sus escribas y locutores a sueldo la habían generado a propósito o a sabiendas y, por tanto, de modo fraudulento. Encima, antes de acudir a votar y con algunas detenciones de yihadistas.

¿Hasta cuándo tanta mentira?

Haber participado en la convocatoria del «Pásalo» es para mí motivo de orgullo y de autocrítica. Lo que sigue es un relato en primera persona de cómo se organizaron las concentraciones ante las sedes del PP. El 13 de marzo de 2004, intentamos parar la espiral de mentiras que, desde entonces, no ha cesado de girar.

Quienes decidieron llamarse afectados en vez de víctimas cuestionan la versión dominante sobre la violencia política en España. El discurso más extendido sobre la Segunda República la presenta desgarrada por la violencia. Rasgo que, en cambio, no se atribuye al golpe de Estado del 18 de julio. Por no hablar de la dictadura resultante.

Desde esta óptica cobra sentido que Emilio Silva Barrera convocase las concentraciones del 13-M. Quien recién encabezaba el movimiento cívico por la memoria redactó el «Pásalo». Emilio preside la Asociación por la Recuperación de la Memoria Histórica que exhuma víctimas republicanas. Le acompañé en la primera excavación en el 2000.

En estos años Silva ha comparecido en los medios de forma velada para hablar del 13-M. Nunca dio a conocer su identidad, por miedo (legítimo y justificado) a represalias como las que vimos. Pero contó con una red que se había ido tejido en los años anteriores.[128] Y así, un enjambre masivo de activistas dimos fin a la mentira prudente. Bueno, eso pensábamos entonces. Y nos lo creímos aún más en el 15-M... Ya se sabe, sin esperanza no hay militancia.

La convocatoria transcurrió así: Emilio Silva vio en la tele la manifestación del día 12 y escribió el SMS inicial del

128. En el verano de 2003 organicé mi primer y último curso de verano en la Universidad Rey Juan Carlos. Se tituló «La memoria herida, heridas de la memoria. dictadura, transición y medios de comunicación». Entre el alumnado había gestores del servidor Nodo50, que servía las necesidades digitales de los movimientos sociales desde los noventa. Participaron en la convocatoria del 13-M. Colaboraron en escribir *13-M Multitudes on line* y algunos acabarían en la Academia. Este era uno más de los incontables nodos de la red que convocó el 13-M. De ningún modo, se arroga otro protagonismo que haber sido de los primeros en viralizar el SMS de Silva. Fue apenas el detonante de las protestas, que pronto rebasaron la convocatoria.

«Pásalo»: «¿Aznar de rositas? ¿Lo llaman jornada de reflexión y Urdaci trabajando? Hoy 13M, a las 18h. Sede PP, c/Génova 13. Sin partidos. Silencio por la verdad. ¡Pásalo!». Eran ciento sesenta caracteres. Justo los que cabían en un mensaje de entonces. Aquel exigía a Aznar rendir cuentas y al jefe de informativos de TVE (Alfonso Urdaci) que dejase de desinformar. Emilio propuso realizar una concentración apartidista y muda frente a la sede del PP en Madrid. La llamada se hizo extensiva a toda España con las incipientes redes de mensajería e Internet. Y el impacto fue enorme, en asistencia y en el mapa de las concentraciones que abarcó casi todas las capitales de provincia.

El mensaje de Silva fue viralizado por un tejido social que antes combatió la desinformación del Gobierno sobre el ecocidio del Prestige e Irak. Siete años después, el 13-M se transformó en el 15-M. Incorporó jóvenes activistas, masificó las movilizaciones y sacudió el campo político y comunicativo.

Limito al máximo mi relato que, en ningún caso, es equiparable al de los ocho entrevistados. Pretendo cerrar así el libro, pero ustedes pueden hacerlo ahora. Ofrezco mi visión para reafirmar que el 13-M supuso un gesto colectivo de compromiso democrático. Fue una expresión genuina de la sociedad civil, no una maniobra electoral. Hicimos desobediencia civil no violenta, con la cara descubierta y asumiendo los costes penales.[129] Finalmente, señalo algunas discrepancias con aquella convocatoria.

129. Los coautores del libro de 2005 nos autoinculpamos publicando nuestros números de DNI en la última página. Cabe precisar

Vivíamos en plena plaza del barrio de Lavapiés. El 11 de marzo despedí a mi compañera de vida, que tomaba el autobús frente a la estación de Atocha. Quedé viendo los telediarios y asistí estupefacto a las primeras noticias. Llamé al instituto donde trabajaba y les informé de las explosiones. Rogué que le dijeran a mi compañera que me llamase en cuanto llegase. Cuando lo hizo, salí corriendo hacia Atocha con una cámara de vídeo. No pude grabar nada.

En los primeros momentos asumí la autoría de ETA. Cuando nos comunicaron que Otegi lo había desmentido, no le creí. No recuerdo cuándo cambié de opinión. En todo caso, muy pronto en casa decidimos no acudir a la manifestación del Gobierno. Envié un correo a esas redes de activismo de las que antes hablaba. Había hecho algo semejante cuando el Prestige con cierto eco.

De: Víctor Sampedro Blanco
Asunto: Contra la manifestación de hoy EN MADRID.
Fecha: viernes, 12 de marzo de 2004 11:36

No estamos muertos, ni heridos, ni hemos perdido a nadie de quien supiéramos el nombre y los apellidos. Pero nos sentimos víctimas del clima que se ha generado y que se estaba gestando. Madrid parece que está de puente. Nos han

---

que quienes años después lideraron Podemos secundaron la convocatoria, pero no partió de ellos; aunque estuvieron en primera línea de los teclados y las concentraciones. Pablo Iglesias tomó parte en uno de los grupos de discusión del libro colectivo del 13-M. No desvelo sus declaraciones por deontología académica.

dicho que no nos moviéramos de casa. Hasta que suene su toque a rebato para manifestarnos: «Con las víctimas, con la Constitución y por la derrota del terrorismo».

Nosotros guardaremos luto y silencio. ¿Cómo pueden decir que están con las víctimas? No lo estaban hoy de madrugada. Nunca lo han estado. Tienen otros horarios y disfrutan de chófer. [...]

Esta clase de víctimas solo toma cuerpo en momentos como ahora, cuando ya no pueden hablar y son hablados. Eran los corredores de cuarta o quinta categoría, los rezagados en la carrera por el éxito (el tren de Atocha llegaba con retraso) y que, ahora eliminados, pueden enterrarse entre loas a trapos y mapas nacionales. Ellos, que precisamente luchaban para llegar a final de mes vestidos «como la gente bien» o «los españoles». Los herederos de los inmigrantes del desarrollismo franquista y los «ilegales» extracomunitarios. Los que nunca entendieron de otra patria que la que da pan y libertad.

Nos negamos a tomar la voz de los muertos. A arrogarnos su llanto. A electoralizar su dolor, capitalizándolo contra el enemigo interno (ETA) o externo (el moro). Nos negamos a desfilar, como nos negamos antes a entrar en guerra y a fijarnos como único objetivo «derrotar al terrorismo». A fin de cuentas, si algún día vencemos, será convenciendo.

Respetamos el silencio de los muertos, la única voz que hasta ahora se les dio. Y, esa sí, la hacemos nuestra.

En cuanto la decencia y el dolor nos lo permitan, tomaremos de nuevo la palabra propia y los proyectos colectivos. Por de pronto, lo haremos el día 14; que, por una vez (y

> sin servir de precedente), rompemos con la abstención. Emitiremos el mismo voto que habíamos decidido (a duras penas) el día 10, porque si callamos de nuevo en las urnas las hienas acabarán con los despojos.[130]

Recibí alguna contestación airada, reprochándonos no asistir a la manifestación. Intercambiamos llamadas y *e-mails,* preguntándonos qué hacer. Y, de repente, Emilio Silva lanzó el SMS. Desde los servidores de Nodo50.org e Indymedia Barcelona se convocaron las concentraciones, que se expandieron por SMS. Si se sumaron los partidos de la oposición fue a remolque, aparecieron cuando habíamos roto el silencio. No exhibieron símbolos partidarios ni pidieron el voto. En todo caso, fueron una ínfima minoría.[131]

No quería ir a Génova. Pero acabé acudiendo y me fui pronto. Había propuesto, sin ningún éxito, que las concentraciones no sucedieran ante las sedes del PP. Planteé reunirnos en el monumento al soldado desconocido y proponerlo a otros territorios. Así no señalábamos a ninguna

130. Víctor Sampedro, 12 de marzo de 2004. Disponible en <https://www.nodo50.org/multitudesonline/E-mail%20enviado%20el%2012%20de%20marzo%20de%202004%20contra%20la%20manifestaci%f3n%20oficial.pdf>.

131. Lo demás está contado en el dichoso libro: 317 páginas abigarradas de texto, tablas y gráficos de datos. El DVD que lo acompaña recoge imágenes que ninguna cadena difundió. «13-M. ¿Qué nos mostraron las televisiones?», YouTube. Disponible en <https://www.youtube.com/watch?v=1HIFFobT3KI&list=PLphzzdVYgXWQmraMYtkuImdpAvlx9j1e7&index=2>.

candidatura y no se nos podría acusar de electoralismo. Ni el PP aprovecharía, como hizo (entonces y luego), para hacerse la víctima. No crisparíamos más la campaña y denunciaríamos de nuevo la invasión de Irak. Obviamente, era algo más difícil de articular y habría tenido menos eco.

Sigo pensando que no fue del todo correcto («reprochable», dice Zarzalejos) reunirse ante las sedes del PP. De hecho, estando en Génova, mi amigo Ramón llamó: «Os equivocáis, el Gobierno lo está usando a su favor, habla de acoso». Le hice caso, volví a casa. Dejé a muchos conocidos en la calle, celebrando un luto masivo, que se desplazó de madrugada a la estación de Atocha. Ahora creo que, desde el principio, debiéramos habernos reunido allí, donde la multitud se concentró con el eslogan «Vuestras guerras, nuestros muertos»: en las estaciones de tren de toda España.

Termino, ahora sí, con un par de apuntes personales que explican y agradecen la génesis de este libro. Mis intervenciones públicas sobre el 11-M han sido frecuentes. Lo atestiguan los artículos que he citado. Ahora he intentado escuchar antes de hablar. Me reprocho no haber contactado antes a quienes he entrevistado. Lo achaco a mis escasas habilidades sociales. Y reconozco haber cometido un error propio de los académicos: para tomar distancia analítica, nos alejamos de aquellos de quienes hablamos. Hace dos décadas que estoy en deuda con la Asociación 11-M Afectados del Terrorismo. Este libro y los posibles beneficios que de él se deriven no la satisfacen.

Ha sido un privilegio compartir recuerdos tan duros y dolorosos, tan lúcidos y fraternales. El agradecimiento es infinito para quienes afrontan situaciones de vulnerabilidad y daño. En mi descargo cuento con que accedí a ellos gracias al trabajo previo. Cuando presenté en Pamplona el susodicho libro del 13-M, reconecté con Helena Bengoechea, amiga con la que había estudiado Periodismo. Ella y las compañeras de *Eguzki Bideoak* realizaron el documental sobre Ángel Berrueta que hemos mencionado. Usaron mis palabras profusamente y eso creo que ayudó a que Aitziber me recibiese. Sin su presencia y la memoria de su padre, este sería un libro fallido.

Unos años después publiqué tres artículos con el título de «Periodistas inmundos, *non gratos*».[132] Era el diez aniversario del 11-M y propuse declarar a Ramírez, Losantos y García-Abadillo personas *non gratas* en las facultades de Comunicación. No recibí acuse de recibo ni contestación de un solo colega; se sobreentiende académico. Catorce años después, el Congreso de los Diputados me eligió para un puesto (que nunca ocupé) en el Consejo de Administración de TVE. Entonces, en *El Español* publicaron una *noticia* difamatoria sobre mí.[133]

132. Víctor Sampedro Blanco, «El 4º poder en red», *Público,* 27 de marzo de 2014. Disponible en <https://blogs.publico.es/el-cuarto-poder-en-red/>.

133. Claudia Marqués, «Sampedro, consejero de RTVE por Podemos, propuso declarar "non gratos" a Pedro J. Ramírez y a Losantos», *El Español,* 9 de julio de 2018. Disponible en <https://www.elespanol.com/espana/20180709/sampedro-consejero-rtve-podemos-pedro-ramirez-losantos/321217898_0.html>.

Otro libelo, *Periodista Digital,* reproducía el infundio: J. M. Báez, «Víctor Sampedro, el otro podemita colocado por Iglesias en RTVE, tiene un historial repleto de insultos a Jiménez Losantos y otros perio-

Al menos, pensé ufano, me habían leído, reconociéndose «periodistas inmundos». La pieza me presentaba como comisario político de Podemos. Conste que jamás he ocupado cargo ni responsabilidad alguna en ese partido. El infundio incluía un vínculo a un artículo mío imputándome expresiones denigratorias contra ellos que nunca escribí.

La afrenta es nimia comparada con las infligidas a quienes aquí comparecen. Además, la usamos en clase. El alumnado se descacharra. Y es un orgullo presentársela. Porque luego cuento que los artículos me valieron que Eulogio Paz y Sánchez Manzano me llamaran sin conocerme antes de nada. Eulogio hace honor a su nombre: 'el del buen discurso'. Seguido de su apellido, le retrata a la perfección. Juan Jesús seguirá siendo el tecnociudadano que reivindicamos desde hace años. Sus conocimientos y talla moral le convierten en un profesional insobornable. Así que también vemos en el aula algún vídeo que le hicimos.[134] Ayuda a reconocer las fuentes valiosas. Esas por las que cualquier periodista debiera jugarse un despido.

Termino agradeciendo al resto de entrevistados su participación. Juan Antonio Zarzalejos fue el primero en aceptar con una generosidad impagable: recibiéndome en su casa (a portagayola, que diría) y abriéndonos la de Planeta.

---

distas», *Periodista Digital,* 9 de julio de 2018. Disponible en <https://www.periodistadigital.com/periodismo/tv/20180709/victor-sampedro-podemita-colocado-iglesias-rtve-historial-repleto-insultos-jimenez-losantos-periodistas-noticia-689401359360/>.

134. «IV. 13M. Teoría de la conspiración», YouTube. Disponible en: <https://www.youtube.com/watch?v=J9Bd1oLINB8&list=PLphzzdVYgXWSuMbAIImHWQ0wjWb7pqtRy&index=4>.

José Antonio Martínez Soler fue incorporado a última hora. Cuando Rodolfo Ruiz, cuya bonhomía no conoce igual, me descubrió la amistad que mantenían. Habíamos reivindicado el papel de *20 Minutos* en 2005. Y bien presente que lo tenía JAMS. Me vanaglorio de haber compartido los fogones en su casa, igual que de la invitación de Sindo para reivindicar a WikiLeaks hace ya muchos años. La presencia de Pilar Manjón y Aitziber Berrueta, dos mujeres y dos voces imprescindibles, era obligada. Son madre e hija afectadas, memoria viva y doliente, digna e indignada. Junto a los mencionados, encarnan un coraje cívico que merece muchísimo más reconocimiento que el aquí prestado. Por no hablar de los seres a quienes aún lloran.